权威·前沿·原创

皮书系列为
"十二五""十三五""十四五"时期国家重点出版物出版专项规划项目

BLUE BOOK

智 库 成 果 出 版 与 传 播 平 台

谨以此书纪念金砖国家合作 15 周年

金砖国家蓝皮书
BLUE BOOK OF BRICS

金砖国家综合创新竞争力研究报告（2021）

ANNUAL REPORT ON BRICS COMPREHENSIVE INNOVATION COMPETITIVENESS
(2021)

中国科学技术交流中心
主　编／赵新力　李闽榕　黄茂兴
副主编／〔巴西〕约瑟夫·卡西奥拉托　梁　正　王鹏举

社会科学文献出版社
SOCIAL SCIENCES ACADEMIC PRESS (CHINA)

图书在版编目（CIP）数据

金砖国家综合创新竞争力研究报告 . 2021 / 赵新力，
李闽榕，黄茂兴主编 . -- 北京：社会科学文献出版社，
2022.10

（金砖国家蓝皮书）

ISBN 978 - 7 - 5228 - 0095 - 0

Ⅰ.①金…　Ⅱ.①赵…②李…③黄…　Ⅲ.①国家创
新系统 - 国际竞争力 - 研究报告 - 世界 - 2021　Ⅳ.
①F204②G321

中国版本图书馆 CIP 数据核字（2022）第 076561 号

金砖国家蓝皮书

金砖国家综合创新竞争力研究报告（2021）

主　　编／赵新力　李闽榕　黄茂兴
副 主 编／〔巴西〕约瑟夫·卡西奥拉托　梁　正　王鹏举

出 版 人／王利民
责任编辑／黄金平
责任印制／王京美

出　　版／社会科学文献出版社·政法传媒分社（010）59367156
　　　　　　地址：北京市北三环中路甲 29 号院华龙大厦　邮编：100029
　　　　　　网址：www.ssap.com.cn
发　　行／社会科学文献出版社（010）59367028
印　　装／天津千鹤文化传播有限公司

规　　格／开　本：787mm × 1092mm　1/16
　　　　　　印　张：23.25　字　数：347 千字
版　　次／2022 年 10 月第 1 版　2022 年 10 月第 1 次印刷
书　　号／ISBN 978 - 7 - 5228 - 0095 - 0
定　　价／198.00 元

读者服务电话：4008918866

国家社会科学基金项目"'一带一路'倡议实施中的科技创新开放合作重点与难点研究"（项目编号：18BGJ075）的阶段性成果

中国科学技术部二级专技岗研究员专项经费部分资助

金砖国家综合创新竞争力研究报告（2021）
编 委 会

编著人员名单

主　　　编　赵新力　李闽榕　黄茂兴

副　主　编　〔巴西〕约瑟夫·卡西奥拉托
　　　　　　梁　正　王鹏举

执　行　编　辑　刘润达　辛秉清

其他编著人员　（排名不分先后）

　　　　　　柏　杰　段黎萍　方　慈　高昌林
　　　　　　高塔姆·戈斯瓦米（印度）

　　　　　　谷　芃　郭　栋　郭滕达　韩亨达
　　　　　　贺　崴　贾　伟　康　琪　李俊杰
　　　　　　李沐谦　林茜妍　刘　顿　刘亚丽
　　　　　　迈克尔·卡恩（南非）　　潘　旭
　　　　　　潘云涛　庞　宇　单祖华　沈　龙
　　　　　　施小峰　王　键　王　涛　王学勤
　　　　　　杨　修　叶　晗　叶　琪　负　涛
　　　　　　詹西·艾亚斯瓦米（印度）
　　　　　　张　璋　郑楚华　周代数

翻　　　译　李志强　黄　磊　郑　薇　马慧勤
　　　　　　夏欢欢　陈禹衡

主要编撰者简介

赵新力　男，1961年生，辽宁沈阳人，航空宇航工学博士，系统工程博士后，中智科学技术评价研究中心主任，清华大学中国科技政策研究中心资深顾问、研究员，中国科学技术部原二级专技岗研究员，中国科学技术交流中心原三级职员，国际欧亚科学院院士，博士生导师。享受国务院政府特殊津贴专家。曾任国家专利协调小组成员、中国信息协会常务理事、中国地方科技史学会副理事长等。主持完成"863"计划、自科基金、社科基金、攻关、标准化等国家级课题数十项，参加国家级或主持省部级课题数十项，获得省部级奖励多项。发表中英俄文论文200多篇、著作40多部。曾在北京航空航天大学、沈阳飞机工业集团、美国洛克希德公司、清华大学、原国家科委、澳门中联办、中国科技信息研究所、中共中央党校、中国常驻联合国代表团等机构学习或工作。金砖国家智库合作中方理事会理事。国家金砖国家新工业革命伙伴关系创新基地专家委员会委员。

李闽榕　男，1955年生，山西安泽人，经济学博士。福建省新闻出版广电局原党组书记，现为中智科学技术评价研究中心理事长，福建师范大学教授、博士生导师，金砖国家智库合作中方理事会理事。主要从事宏观经济学、区域经济竞争力等研究，已出版著作《中国省域经济综合竞争力研究报告（1998~2004）》等20多部（含合著），并在《人民日报》《求是》《管理世界》等国家级报刊上发表学术论文200多篇。科研成果曾获福建省科技进步一等奖、福建省第七届~第十届社会科学优秀成果一等奖、福建省第六届社会科学优秀成果二等奖等 10 多项省部级奖励（含合作），并有 20 多篇论文和主持完成的研究报告荣获其他省部级奖励。

黄茂兴 男，1976 年生，福建莆田人。教授、博士生导师。福建社会科学院副院长，享受国务院政府特殊津贴专家。曾先后担任福建师范大学经济学院院长，校党委常委、宣传部部长。主持国家、省部级课题 60 多项，出版著作 70 多部（含合作），在《经济研究》《管理世界》等权威刊物上发表论文 170 多篇，科研成果荣获 20 多项省部级奖励。入选"国家首批'万人计划'青年拔尖人才""国家第 2 批'万人计划'哲学社会科学领军人才""中宣部全国文化名家暨'四个一批'人才""人社部国家百千万人才工程国家级人选"等多项人才奖励计划。2015 年获人社部授予的"国家有突出贡献的中青年专家"荣誉称号。带领的科研团队被评为"全国教育系统先进集体"。2018 年 1 月当选为十三届全国人大代表。国家金砖国家新工业革命伙伴关系创新基地专家委员会委员。

摘　要

  《金砖国家综合创新竞争力研究报告（2021）》是金砖国家蓝皮书的第三本报告。相对于2017年和2019年的报告，本报告的主要特点：一是将金砖五国放到了148个"一带一路"倡议参与国和17个亚投行成员国中进行测评，二是以新工业革命伙伴关系为主线做了综合分析和专题报告，三是把国别的分析进一步条理化，以便更好地进行国与国之间的对比。

  报告认为，2011～2019年，金砖五国综合创新竞争力变化趋势各异，印度增长最快，俄罗斯、南非其次，中国增长较缓，巴西有所下降；估测到2030年，金砖五国综合创新竞争力发展趋势呈分化态势，印度、俄罗斯、南非、中国将持续增强，巴西不确定性较强。金砖国家应重点关注基础学科、信息科学/数字经济、材料科学、环境科学、能源、医学、生物技术、半导体、航空航天等领域，上述领域是金砖国家深化新工业革命伙伴关系的重要基础。

  金砖国家新工业革命伙伴关系是着眼全局、面向未来发出的重大倡议，为金砖合作第二个"金色十年"开辟了新方向、新征程、新领域。构建金砖国家新工业革命伙伴关系需要在科学研究、技术开发与工程化、产业化等创新链各环节探索以国际循环提升国内循环效率、促进开放发展的新模式。金砖国家应以"信息物理系统"相关技术作为各自工业化转型的创新驱动力，充分发挥各国生产和创新体系的独特优势，通过科技创新催生更多发展动能；围绕科技创新重点合作领域，加大技术研发和应用布局，探索建立金砖国家技术银行，加快建立"金砖国家知识产权保护网络"，推进金砖国家

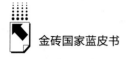
科技创新高端智库建设，常态化金砖国家创新人才交流机制，完善金砖国家治理体制。

建立金砖国家新工业革命伙伴关系创新基地，是深化金砖国家贸易投资、数字经济、科技创新、能源、气候变化等领域务实合作的重要措施，需在综合平台、科技创新基地与中心、人才教育培训、文化创意以及配套服务等方面设计实施项目。金砖国家应发挥金砖国家新工业革命伙伴关系创新基地的引领示范作用，加强政策沟通协调，压实产业合作基础，坚持和维护多边主义，推动合作方式多样化、参与主体多元化，完善信息共享与交流平台、服务体系网络平台、人才交流网络平台，优化科技创新合作环境。

2007~2019年，金砖五国信息化水平均有较大程度提升，金砖国家信息与通信技术（ICT）平均水平在2015年超过了全球平均水平。国际电信联盟信息通信发展指数（IDI）显示，在金砖五国中，俄罗斯和巴西的信息化发展较早，中国在近十年进步迅速，其ICT应用指数方面发展最快，俄罗斯在ICT技能指数上遥遥领先。

技术转移对金砖国家科技创新发挥了积极作用，建议加强金砖国家技术转移中心建设、深化金砖国家新工业革命伙伴关系重点技术领域合作、探索适用金砖国家的行业标准与国际机制、建设技术需求侧主导的技术转移模式。

报告认为，近年来，巴西进行了一系列科技体制改革，在包括生命科学、疫情防控、人工智能、航空航天和极地科考等领域的科技创新取得了明显的进展；巴西重视国际合作，在多边、双边机制下开展了卓有成效的科技合作。俄罗斯拥有良好的科技创新基础，政府高度重视科技工作，发挥科技对经济社会发展的支撑作用；俄罗斯的研发投入持续上升，研发机构、学术论文、PCT专利等科研产出数量呈增长态势，在生物医药、先进制造、航空航天、高能物理等领域进展显著。印度的科技创新具有较大发展潜力和空间；在政府支持下，印度的科技创新能力不断提升，研发产出呈持续增长态势，在信息技术、生物医药、航空航天、能源等领域的科技水平具备优势。中国加快实施创新驱动发展战略，进入创新型国家行列；科技创新赋能高质量发展，为中国经济发展、社会进步、民生改善、国家安全、应对新冠肺炎疫情的巨大挑战等提供了强有力支撑，为中国脱贫攻坚战、乡村振兴、全面建成小康社会作出了重要贡献。南非政府高度重视科技创新，通过科技创新发展数字经济和生物经济，推动减贫、就业和社会平等，促进包容性增长和经济社会可持续发展；南非在天文学、古人类学、航空航天、生物医药、先进制造等领域取得了明显进展。

关键词： 金砖国家　科学技术　创新竞争力

序

2006 年 9 月第 61 届联合国大会期间，巴西、俄罗斯、印度和中国举行首次金砖国家外长会晤，开启金砖国家合作序幕。2011 年，南非加入金砖国家。从 2006 年至 2021 年，金砖国家合作已经走过 15 年历程。回首来时路，五国始终坚持开放包容、平等相待，始终坚持务实创新、合作共赢，共同支持多边主义，参与全球治理。作为"世界范围内新兴经济体群体性崛起的产物"，金砖国家合作在国际舞台上提升了新兴经济体国家的地位和作用。

科技创新是金砖国家合作的重要领域。多年来，金砖国家的科技创新合作在平台建设、创新政策交流、联合研究项目、青年科学家交流等方面取得了很多成果，为五国科技进步、经济增长、社会发展、改善民生和整体安全提供了重要支撑。金砖国家的科技创新合作拥有巨大潜力和光明前景，尤其是在当下，金砖各国都面临应对新冠肺炎疫情、优化产业结构、促进经济增长、改善民生福祉的迫切需求，在推动传统产业转型升级、培育壮大新兴产业集群和发展数字经济、绿色经济等方面高度契合，在科技和产业发展战略对接等方面合作潜力巨大。

对金砖国家的科技创新进行研究，探讨科技支撑金砖国家经济社会发展和如何深化金砖国家的科技合作十分必要。正是基于此，金砖国家蓝皮书编委会聚焦金砖国家综合创新竞争力的研究，通过对世界上现有主要评价模型和结果的融合吸收和数据分析，研究提出金砖国家综合创新竞争力的对比，以及金砖国家在 G20、"一带一路"共建国家等经济体系中的位置，并结合

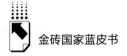
相关热点领域的行业研究报告及各国科技发展的相关热点领域的行业研究报告，形成系统的参考资料。

本系列图书已经出版了 2 本中文版，并基于中文版内容进行增删和数据更新，其后出版了 2 本相应的英文版，分别为《金砖国家综合创新竞争力发展报告（2017）》、*BRICS Comprehensive Innovative Competitiveness Report 2017*、《金砖国家综合创新竞争力研究报告（2019）》和 *BRICS Comprehensive Innovation Competitiveness Report（2020）*。2017 年版作为中英文内部智库报告提交到 2017 年杭州金砖国家科技创新部长级会议。当年，金砖国家智库合作中方理事会将该报告作为中方推荐的 6 本年度智库报告之一。2018 年，Springer 出版社翻译该报告并作为"中国梦和中国发展道路系列研究"报告之一出版发行。在《金砖国家综合创新竞争力发展报告（2017）》取得的良好效果基础上，经过两年的持续跟踪研究，金砖国家蓝皮书编委会编写了《金砖国家综合创新竞争力研究报告（2019）》，该报告为读者提供了更加系统、更加完善、更有参考价值的研究成果。2019 年 10 月，在金砖国家智库首届"金砖国家科技创新合作"国际研讨会上，多位国内外作者交流了《金砖国家综合创新竞争力研究报告（2019）》的主要内容。*BRICS Comprehensive Innovation Competitiveness Report（2020）* 由金砖国家智库合作中方理事会资助出版。在 2020 年金砖国家科技创新部长级会议前夕，该报告由参与编写报告的五国专家提供给本国的科技管理部门，为管理部门决策提供支撑。

2019 年 11 月，在金砖国家领导人第十一次会晤期间，习近平主席发表题为《携手努力共谱合作新篇章》的重要讲话，强调金砖国家要把握改革创新的时代机遇，深入推进金砖国家新工业革命伙伴关系；促进互学互鉴的人文交流。习近平主席指出，这次会晤是在世界经济发展和国际格局演变的关键时刻举行的。新科技革命和产业变革方兴未艾。新兴市场国家和发展中国家的崛起势头不可逆转，为全球经济治理体系变革注入强劲动力。①

---

① 习近平：《携手努力共谱合作新篇章——在金砖国家领导人巴西利亚会晤公开会议上的讲话》，《人民日报》2019 年 11 月 15 日。

在当前国际形势下，新一轮工业革命已经成为金砖国家和其他发展中国家关注的"热词"。从2017年金砖国家领导人厦门会晤，到2018年南非的"金砖之年"，再到2019年的巴西"金砖"领导人会晤，"新工业革命伙伴关系"正成为金砖国家合作的亮点和落脚点，备受国际社会关注。2020年金砖国家领导人第十二次会晤时，中方倡议的金砖国家各方加强建设新工业革命伙伴关系，得到了金砖国家各方的积极响应。2021年，在金砖国家机制成立15周年之际，金砖国家领导人第十三次会晤回顾了包括建立新工业革命伙伴关系和科技创新合作框架等成功合作机制，欢迎在中国建立金砖国家新工业革命伙伴关系创新基地，以及印度提出的金砖国家新工业革命伙伴关系创业活动等倡议。

在此背景下，中国科学技术交流中心和来自中共中央党校、中国社会科学院、中国科学技术发展战略研究院、中智科学技术评价研究中心、福建师范大学、清华大学中国科技政策研究中心、国际欧亚科学院中国科学中心、巴西里约热内卢联邦大学经济学研究所、印度技术信息预测和评估委员会和南非斯坦陵布什大学等中外机构的专家组成编委会和编写团队，根据最新数据对金砖国家的"创新竞争力"和"综合创新竞争力"进行研究，对金砖国家间科技创新合作现状、面临的挑战和具备的潜力等方面进行分析，进行金砖国家科技创新方面的国别研究和领域研究。在编委会指导和编写专家亲力亲为下，在中国驻其他金砖国家科技外交官和巴西、印度、中国、南非等金砖国家科技创新研究智库的共同参与下，完成《金砖国家综合创新竞争力研究报告（2021）》，希望能为金砖国家相关政策和文件的制定提供决策支撑。本书的部分内容在2021年9月厦门举办的金砖国家新工业革命伙伴关系论坛上进行了交流，部分报告来源于对有关专家会议发言的整理。

在本书的编写过程中，近3年来的国际环境、疫情影响，以及金砖国家科技合作的热点是我们考虑的重要因素。本书与之前出版的报告相比，有三个特点：一是将金砖五国放到了148个"一带一路"倡议参与国和17个亚投行成员国中进行测评，二是以新工业革命伙伴关系为主线做了综合分析和

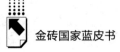

专题报告，三是把国别的分析进一步条理化，以便更好地进行国与国之间的对比。

当然，本书属于学术研究成果，不代表作者所在单位和项目资助方的观点和结论，仅为各篇报告编写人员的学术见解。

编　者

2021 年 11 月

目 录 ↖↘

Ⅰ 总报告

B.1 金砖国家创新竞争力预测及科技创新合作现状与建议

    ………………………………… 王鹏举　李俊杰　赵新力 / 001

  一　金砖国家创新竞争力评价 ………………………… / 004

  二　金砖国家综合创新力指标评价体系及其评价和预测 …… / 017

  附录　金砖国家创新竞争力、综合创新竞争力指标评价体系

    及其评价和预测计算方法概要 ………………………… / 027

Ⅱ 专题报告

B.2 以科技创新为抓手，构建金砖国家新工业革命伙伴关系

    ………………… 郭滕达　康琪　周代数　潘云涛　马峥

          刘亚丽　郑楚华　段黎萍　赵新力 / 030

B.3 金砖国家信息化发展报告 …………… 林茜妍　韩亨达　赵新力 / 058

B.4 金砖国家技术转移中心与金砖国家技术转移发展

    ………… 张璋　王学勤　王键　贺葳　施小峰　李沐谦 / 076

B.5 金砖国家新工业革命伙伴关系（厦门）创新基地研究

………………………………………… 李闽榕　赵新力 / 105

B.6 金砖国家新工业革命创新发展研究

………… 黄茂兴　叶　琪　王珍珍　白　华　陈伟雄 / 123

B.7 科技创新在金砖国家工业4.0进程中的重要性

………〔巴西〕约瑟夫·卡西奥拉托　〔印度〕高塔姆·戈斯瓦米

〔印度〕詹西·艾亚斯瓦米　〔南非〕迈克尔·卡恩 / 143

Ⅲ　国别报告

B.8 巴西科技创新发展报告（2021）

………………………………… 贠　涛　郭　栋　高昌林 / 160

B.9 俄罗斯科技创新发展报告（2021）………… 辛秉清　孙　键 / 186

B.10 印度科技创新发展报告（2021）

………………………… 谷　苀　叶　晗　单祖华　柏　杰 / 209

B.11 中国科技创新报告（2021）………………………… 康　琪 / 241

B.12 南非科技创新发展报告（2021）

………………… 王　涛　庞　宇　潘　旭　刘　顿　沈　龙 / 262

Ⅳ　附　录

B.13 附录一　金砖国家领导人第十三次会晤

新德里宣言（节选）………………………………… / 282

B.14 附录二　金砖国家领导人第十二次会晤

莫斯科宣言（节选）………………………………… / 292

B.15 附录三　金砖国家领导人第十一次会晤

巴西利亚宣言（节选）……………………………… / 300

B.16 附录四 第九届金砖国家科技创新（STI）

部长级会议宣言 ⋯⋯⋯⋯⋯⋯⋯⋯⋯⋯⋯ / 307

B.17 附录五 第八届金砖国家科技创新（STI）

部长级会议宣言 ⋯⋯⋯⋯⋯⋯⋯⋯⋯⋯⋯ / 311

B.18 附录六 2020年金砖国家科技创新框架立项项目：

应对全球新冠肺炎疫情 ⋯⋯⋯⋯⋯⋯⋯ / 314

B.19 附录七 2019年金砖国家科技创新框架立项项目 ⋯⋯⋯⋯ / 318

B.20 后 记 ⋯⋯⋯⋯⋯⋯⋯⋯⋯⋯⋯⋯⋯⋯⋯⋯ / 326

Abstract ⋯⋯⋯⋯⋯⋯⋯⋯⋯⋯⋯⋯⋯⋯⋯⋯⋯ / 328

Contents ⋯⋯⋯⋯⋯⋯⋯⋯⋯⋯⋯⋯⋯⋯⋯⋯⋯ / 331

⌐ 皮书数据库阅读**使用指南** ⌐

总 报 告

General Report

B.1

金砖国家创新竞争力预测
及科技创新合作现状与建议

王鹏举 李俊杰 赵新力*

摘　要： 金砖国家（巴西、俄罗斯、印度、中国和南非）作为世界新兴
经济体的重要组成部分，作为发展中国家在科技创新领域发挥主
导作用的主要群体，已经成为世界科技创新发展和经济增长的重
要引擎，并将在新工业革命发展过程中进一步推动全球科技创新
和经济社会发展。本报告分析了金砖国家在"一带一路"倡议
参与国和亚投行成员国中的 31 个三级指标、5 个二级指标和一
级指标的排名情况；测算了金砖国家科技创新综合竞争力，预测
了其未来科技创新发展水平和趋势。研究表明，2011～2019 年，

* 王鹏举，博士，微志云创（厦门）有限公司合伙人，研究领域为产业经济、海洋文明、科学
史；李俊杰，博士，厦门理工学院应用数学学院讲师，研究领域为统计计算、机器学习、流
变学；赵新力（通讯作者），博士，国际欧亚科学院院士，清华大学中国科技政策研究中心
资深顾问，中国科学技术部原二级专技岗研究员，中国科学技术交流中心原三级职员，博士
生导师，研究领域为管理科学与工程、信息管理、国际关系。

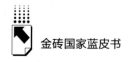
金砖国家创新竞争力变化趋势各异，其中南非升幅最大，印度、中国提升幅度较缓，俄罗斯小幅下降，巴西有所下降。2011~2019年，金砖国家综合创新竞争力变化趋势各异，印度增长最快，俄罗斯、南非其次，中国增长较缓，巴西有所下降；估测到2030年，金砖国家综合创新竞争力发展趋势呈分化态势，印度、俄罗斯、南非、中国将持续增强，巴西的不确定性较强。

关键词： 金砖国家　科学技术　创新竞争力

创新是全球经济社会发展的不竭动力，在减少和消灭贫困、提高社会生产力和经济体竞争力、协同应对全球性问题挑战、促进绿色可持续发展等方面，具有至关重要的作用。金砖国家积极投身全球疫苗免疫联盟（GAVI）、世界卫生组织（WHO）等共同牵头的"新冠肺炎疫苗实施计划"（COVAX），成为计划实施的中坚力量。在研发方面，截至2021年10月，在世卫组织官方认可的20种新冠疫苗中，有12种来自金砖国家，其中俄罗斯2种，印度3种，中国7种。[①] 金砖国家主张在全球范围内公平获取新冠疫苗。2020年10月，印度、南非在世界贸易组织内领导发起豁免新冠疫苗知识产权，确保世界范围内以公平、平等和可负担的方式分配疫苗的议案。该议案获得了国际社会的广泛支持。2021年5月，中国、巴西主导的金砖国家疫苗研发中心中国中心正式启动。[②] 2021年10月习近平主席在二十国集团领导人第十六次峰会上，进一步提出全球疫苗合作倡议，宣布中国2021年已向100多个国家和国际组织提供超16亿剂疫苗，全年将对外提供超过20亿剂疫苗。[③]

---

① WHO, "Status of COVID – 19 Vaccines Within WHO EUL/PQ Evaluation Process," https：//extranet. who. int/pqweb/sites/default/files/documents/Status_ COVID_ VAX_ 20Oct2021. pdf.

② 郑金武：《金砖国家疫苗研发中心中国中心启动》，科学网，http：//news. sciencenet. cn/htmlnews/2021/5/458628. shtm。

③ 《习近平在二十国集团领导人第十六次峰会第一阶段会议上的讲话（全文）》，中国政府网，http：//www. gov. cn/xinwen/2021 – 10/30/content_5647892. htm。

新工业革命为工业特别是制造业及其相关服务业转变生产过程和商业模式、推动中长期经济增长提供了新机遇。物联网、大数据、云计算、人工智能、机器人、增材制造、新材料、增强现实、纳米技术和生物技术等新兴技术取得重大进展。这些技术进步正推动智能制造、个性定制、协同生产和其他新型生产方式和商业模式的发展。在这一新环境下，企业、员工、消费者、政府和其他利益攸关方也面临挑战。①

金砖国家（巴西、俄罗斯、印度、中国和南非）作为新兴经济体的重要组成，是引领发展中国家科技创新的主要群体，已经成为并必将继续成为推动世界科技创新及经济增长的重要引擎。金砖五国国土面积占全世界的29.6%，人口占世界人口的41.1%（2019年）；② GDP占全球总量的24.8%（2020年），贸易额占全球总量的18.9%（2020年）；研发投入占全球总量的21.1%（2018年），高技术产品出口额占全球总量的37.1%（2019年），科技期刊论文发表数占全球总量的32.1%（2018年）。③ 新工业革命带来的挑战和机遇，将会深刻影响金砖国家的产业发展思维和生产形态，带动"金砖+"国家深化科技创新，在供给侧和需求端产生新的经济增长内生动力。

从现有研究来看，多个机构和组织发布了国家创新能力评价报告，内容各有特色，评价各有侧重，结论有所差异。如世界经济论坛（World Economic Forum，WEF）发布的《全球竞争力报告》，世界知识产权组织（World Intellectual Property Organization，WIPO）、康奈尔大学商学院和欧洲工商管理学院（Institut Européen d'Administration des Affaires，INSEAD）联合发布的《全球创新指数》④，中国科学技术发展战略研究院发布的《国家创新指数报告》，彭博新闻社（Bloomberg News）编制的《彭博创新指数》等。各报告对金砖国家科技创新能力的分析和预测，为金砖各国社会经济转型时

---

① 《二十国集团创新增长蓝图》，人民网，http://world.people.com.cn/n1/2016/0906/c1002-28693128.html。

② 国家统计局：《金砖国家联合统计手册2020》，国家统计局官网，http://www.stats.gov.cn/ztjc/ztsj/jzgjlhtjsc/jz2020/jz2020.pdf。

③ 据世界银行数据计算。

④ 全球创新指数的发布方有多次变化，此处为表述方便，仅如此表述。

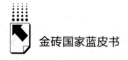

期的国家创新能力评估提供了重要参考。

为更好地发挥金砖国家科技创新合作对发展中国家的引领示范作用，本报告以二十国集团（G20）国家创新竞争力评价指标体系①框架为基础，在148个"一带一路"倡议参与国②和17个未正式加入"一带一路"倡议的亚投行成员国③（"一带一路"倡议部分参与国）中，选取159个国家（加上中国），采用最新数据进行测算，分析金砖国家在159个国家中31个三级指标、5个二级指标④和一级指标的排名情况；基于5种科技创新评价报告，测算金砖各国科技创新综合竞争力，并预测其未来科技创新发展水平。

一 金砖国家创新竞争力评价

（一）总体得分及其变化原因分析

从表1可以看出2011～2019年金砖五国在159个国家创新竞争力方

---

① 李建平、李闽榕、赵新力主编《二十国集团（G20）国家创新竞争力发展报告（2001～2010）》，社会科学文献出版社，2011。

② 《已同中国签订共建"一带一路"合作文件的国家一览》，中国一带一路网，https：//www.yidaiyilu.gov.cn/xwzx/roll/77298.htm。本报告写于2022年2月，当时只有148个"一带一路"倡议参与国。

③ 亚投行成员国中暂时没有正式加入"一带一路"倡议的国家包括：澳大利亚、印度、比利时、加拿大、丹麦、芬兰、法国、德国、冰岛、爱尔兰、荷兰、挪威、西班牙、瑞典、瑞士、英国、巴西。亚投行成员国名单，见亚投行官网，https：//www.aiib.org/en/about-aiib/governance/members-of-bank/index.html。

④ 二级指标"创新基础竞争力"包含"GDP""人均GDP""财政收入""人均财政收入""外国直接投资净值（FDI）""受高等教育人员比重（从业人员受高等教育人员所占比重）""全社会劳动生产率（GDP/从业人员）"7个三级指标，二级指标"创新环境竞争力"包括"互联网用户比例""每千人手机用户数""企业开业程序""企业平均税负水平""在线公共服务指数""ISO 9001质量体系认证数"6个三级指标，二级指标"创新投入竞争力"包括"R&D经费支出总额""R&D经费支出占GDP比重""人均R&D经费支出""R&D人员""研究人员占从业人员比重"5个三级指标，二级指标"创新产出竞争力"包含"专利授权数""科技论文发表数""专利和许可收入""高技术产品出口额""高技术产品出口比重""注册商标数""创意产品出口比重"7个三级指标，二级指标"创新持续竞争力"包括"公共教育经费支出总额""公共教育经费支出占GDP比重""人均公共教育经费支出额""高等教育毛入学率""科技人员增长率""科技经费增长率"6个三级指标。

面的总体得分及变化情况。从分值来看，南非的分值大幅提升，中国、印度的分值有一定幅度的提升，俄罗斯的分值小幅下降，巴西的分值下降幅度较大。在159个国家的整体排名中，南非的排名大幅上升，俄罗斯、印度的排名升幅较大，中国的排名保持不变，巴西的排名微降。

表1　金砖五国国家创新竞争力总体得分及变化情况

国家	分值			排名		
	2011 年	2019 年	变化	2011 年	2019 年	变化
巴西	26.07	19.97	−6.10	25	26	−1
俄罗斯	19.79	19.53	−0.26	40	30	10
印度	16.70	16.91	0.21	55	40	15
中国	45.15	45.49	0.34	1	1	0
南非	13.83	20.61	6.78	72	25	47

注：本表数据根据附录金砖国家创新竞争力评价指标体系计算得出。

我们认为，1994年南非种族和解后，在南非社会走向多元的整合过程中，各种动荡不可避免地影响到其科技创新发展。现在，南非已经度过最艰难的转型期，社会经济转向恢复和发展，其国家创新竞争力大幅上升。2008年国际金融危机后，中国、印度人口众多，国内市场容量大，产业门类繁多，出口以制成品为主，产业生态承受力较强，所以相对较快地修复了损失，国家创新竞争力保持增长；俄罗斯、巴西国内产业结构集中度相对较高，其主要出口品如石油、铁矿石等大宗商品，均为初级产品，经济风险往往随着国际市场价格波动幅度的增大而被大幅放大，社会经济发展不确定性同步提高，进而影响了其国家创新竞争力。

另外，2008年国际金融危机后，发达国家普遍实行低利率政策，造成多数传统产业投资收益率低下，金融持续空转，叠加"难民"、福利等错综复杂的社会问题，部分国家的创新竞争力得分普遍下跌（见表2）。在这种情况下，跌幅相对较小的俄罗斯的排名反而上升10位，巴西的排名也仅下降1位。

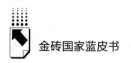

表2　50国国家创新竞争力总体得分和排名及变化情况

序号	国家	分值			排名		
		2011年	2019年	变化	2011年	2019年	变化
1	中国	45.15	45.49	0.34	1	1	0
2	德国	42.71	31.62	-11.09	2	2	0
3	韩国	31.06	30.82	-0.24	18	3	15
4	瑞士	32.37	28.90	-3.47	14	4	10
5	法国	35.68	28.80	-6.88	8	5	3
6	新加坡	34.24	27.86	-6.38	12	6	6
7	卢森堡	31.79	27.74	-4.05	16	7	9
8	丹麦	35.90	26.27	-9.63	7	8	-1
9	荷兰	39.17	25.81	-13.36	4	9	-5
10	奥地利	31.37	25.78	-5.59	17	10	7
11	英国	41.49	25.33	-16.16	3	11	-8
12	瑞典	34.59	24.39	-10.20	9	12	-3
13	以色列	30.98	23.79	-7.19	19	13	6
14	意大利	34.54	23.57	-10.97	10	14	-4
15	马来西亚	21.47	23.50	2.03	36	15	21
16	冰岛	25.71	23.32	-2.39	27	16	11
17	加拿大	36.29	22.96	-13.33	6	17	-11
18	卡塔尔	20.45	22.95	2.50	39	18	21
19	澳大利亚	34.35	22.79	-11.56	11	19	-8
20	挪威	37.92	22.48	-15.44	5	20	-15
21	比利时	32.27	21.66	-10.61	15	21	-6
22	阿联酋	14.78	21.57	6.79	65	22	43
23	爱尔兰	29.74	21.48	-8.26	20	23	-3
24	新西兰	28.45	21.03	-7.42	22	24	-2
25	南非	13.83	20.61	6.78	72	25	47
26	巴西	26.07	19.97	-6.10	25	26	-1
27	芬兰	33.96	19.81	-14.15	13	27	-14
28	马耳他	26.40	19.73	-6.67	24	28	-4
29	哥斯达黎加	21.68	19.69	-1.99	35	29	6
30	俄罗斯	19.79	19.53	-0.26	40	30	10
31	西班牙	29.30	19.36	-9.94	21	31	-10
32	葡萄牙	22.55	19.03	-3.52	30	32	-2

序号	国家	分值			排名		
		2011 年	2019 年	变化	2011 年	2019 年	变化
33	希腊	18.81	18.56	−0.25	43	33	10
34	捷克	22.21	18.55	−3.66	32	34	−2
35	孟加拉国	8.87	17.81	8.94	127	35	92
36	斯洛文尼亚	23.56	17.57	−5.99	28	36	−7
37	波兰	20.55	17.41	−3.14	37	37	0
38	匈牙利	22.46	17.29	−5.17	31	38	−7
39	塞浦路斯	26.00	17.12	−8.88	26	39	−13
40	印度	16.70	16.91	0.21	55	40	15
41	秘鲁	15.56	16.67	1.11	62	41	21
42	伊朗	10.00	16.27	6.27	114	42	72
43	阿根廷	21.82	16.27	−5.55	34	43	−9
44	科威特	17.98	16.23	−1.75	47	44	3
45	斯洛伐克	16.69	15.98	−0.71	56	45	11
46	立陶宛	22.73	15.89	−6.84	29	46	−17
47	爱沙尼亚	27.59	15.72	−11.87	23	47	−24
48	印度尼西亚	12.97	15.46	2.49	80	48	32
49	保加利亚	17.81	15.44	−2.37	51	49	2
50	土耳其	17.12	15.36	−1.76	53	50	3

注：本表数据根据附录金砖国家创新竞争力评价指标体系计算得出。

（二）二级指标得分及其变化分析

根据二十国集团（G20）国家创新竞争力评价指标体系，将国家创新竞争力分解为创新基础竞争力、创新环境竞争力、创新投入竞争力、创新产出竞争力和创新持续竞争力5个二级指标进行评价。

表3为2011年和2019年金砖国家创新竞争力二级指标得分和排名情况表。从表3可以看出，巴西的创新环境竞争力得分、排名提升显著，排名从2011年的第91位提升至2019年的第15位，创新基础竞争力、创新投入竞争力和创新产出竞争力得分均有所下降，创新持续竞争力得分、排名下降明显。俄罗斯的创新环境竞争力得分、排名显著提升，排名从2011年的第69位提升到2019年的第31位，创新产出竞争力排名也有较大提升，创新持续

竞争力排名有所上升，创新基础竞争力、创新投入竞争力得分均有所下滑。印度的创新环境竞争力得分、排名大幅上升，排名从 2011 年的第 138 位上升到 2019 年的第 50 位，创新投入竞争力得分、排名上升，创新基础竞争力、创新产出竞争力和创新持续竞争力得分下降但排名上升。中国的创新环境竞争力排名大幅上升，从 2011 年的第 38 位上升至 2019 年的第 2 位，创新基础竞争力得分、排名上升，创新持续竞争力排名有所提升，创新投入竞争力和创新产出竞争力得分下降。南非的创新持续竞争力得分、排名大幅上升，从 2011 年的第 88 位提升至 2019 年的第 6 位，创新环境竞争力得分、排名有较大提升，创新基础竞争力、创新投入竞争力和创新产出竞争力得分均有所下降。

表3 金砖国家创新竞争力二级指标得分和排名情况

国家	年份	创新基础竞争力		创新环境竞争力		创新投入竞争力		创新产出竞争力		创新持续竞争力	
		分值	排名	分值	排名	分值	排名	分值	排名	分值	排名
巴西	2011 年	29.06	17	25.04	91	16.11	27	10.27	20	51.77	16
	2019 年	18.95	20	39.47	15	13.88	32	6.98	19	20.68	50
	变化	-10.11	-3	14.43	76	-2.23	-5	-3.29	1	-31.09	-34
俄罗斯	2011 年	18.04	27	30.18	69	23.07	18	7.23	36	24.57	30
	2019 年	14.41	28	36.77	31	18.10	23	6.41	20	23.46	24
	变化	-3.63	-1	6.59	38	-4.97	-5	-0.82	16	-1.11	6
印度	2011 年	11.88	45	15.11	138	5.93	44	12.74	16	38.74	38
	2019 年	10.31	44	33.19	50	9.18	42	11.13	11	22.03	30
	变化	-1.57	1	18.08	88	3.25	2	-1.61	5	-16.71	8
中国	2011 年	40.91	5	35.65	38	65.67	1	66.81	1	26.38	30
	2019 年	45.68	1	49.38	2	54.29	2	62.96	1	22.72	25
	变化	4.77	4	13.73	36	-11.38	-1	-3.85	0	-3.66	5
南非	2011 年	7.61	61	23.78	97	7.14	43	4.16	55	26.60	88
	2019 年	7.46	63	31.63	61	6.77	46	2.17	55	46.93	6
	变化	-0.15	-2	7.85	36	-0.37	-3	-1.99	0	28.33	82

图 1~图 5 为 2011 年和 2019 年金砖国家创新竞争力二级指标排名变化雷达图。

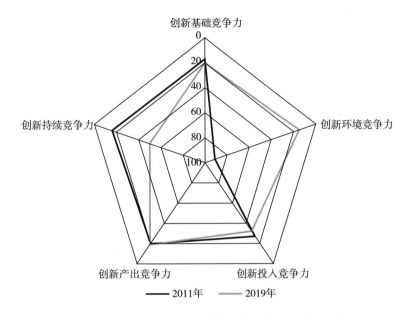

图1 巴西国家创新竞争力二级指标排名变化雷达图

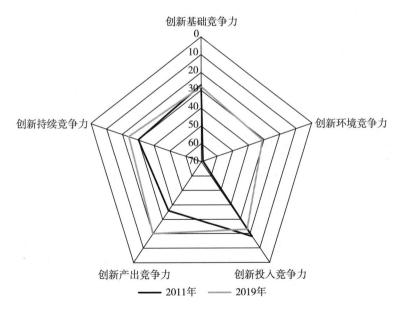

图2 俄罗斯国家创新竞争力二级指标排名变化雷达图

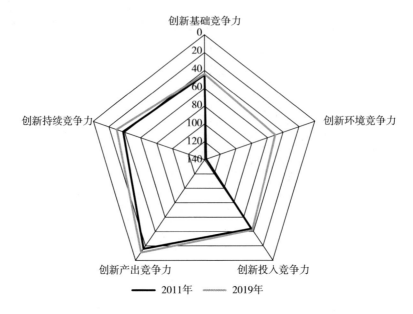

图3 印度国家创新竞争力二级指标排名变化雷达图

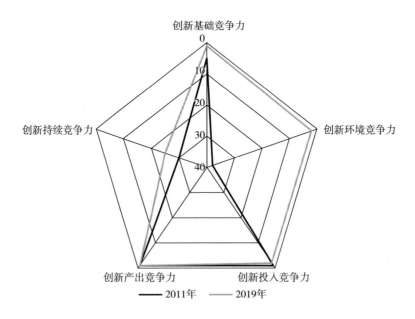

图4 中国国家创新竞争力二级指标排名变化雷达图

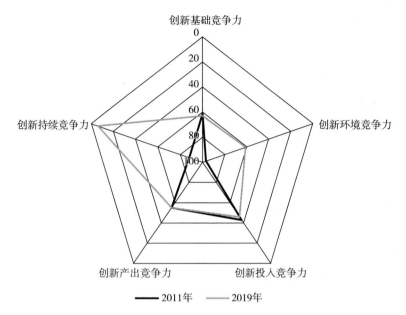

图5　南非国家创新竞争力二级指标排名变化雷达图

　　根据测算数据，可以得出2019年金砖国家创新竞争力二级指标比较情况（见表4）。中国、俄罗斯均以强势指标和优势指标为主，中国有4项强势指标和1项优势指标，俄罗斯有1项强势指标和4项优势指标。巴西有3项强势指标、1项优势指标、1项中势指标。印度有1项强势指标、1项优势指标、3项中势指标成为相对短板，影响印度综合创新能力的发展。南非有1项强势指标、2项中势指标、2项劣势指标，这2项劣势指标影响南非综合创新能力的发展。

表4　2019年金砖国家创新竞争力二级指标比较

国别	强势指标	优势指标	中势指标	劣势指标
巴西	创新基础竞争力、创新环境竞争力、创新产出竞争力	创新投入竞争力	创新持续竞争力	
俄罗斯	创新产出竞争力	创新基础竞争力、创新环境竞争力、创新投入竞争力、创新持续竞争力		

续表

国别	强势指标	优势指标	中势指标	劣势指标
印度	创新产出竞争力	创新持续竞争力	创新基础竞争力、创新环境竞争力、创新投入竞争力	
中国	创新基础竞争力、创新环境竞争力、创新投入竞争力、创新产出竞争力	创新持续竞争力		—
南非	创新持续竞争力		创新投入竞争力、创新产出竞争力	创新基础竞争力、创新环境竞争力

注：排名前 20 名为强势指标，21～40 名为优势指标，41～60 名为中势指标，60 名以后为劣势指标。

（三）三级指标得分及其变化分析

为深入分析金砖国家创新竞争力的变化情况，在二级指标的基础上，分析金砖五国的创新基础竞争力、创新环境竞争力、创新投入竞争力、创新产出竞争力、创新持续竞争力的三级指标得分及变化排名。

如表 5 所示，在创新基础竞争力方面，中国的 GDP、财政收入、外国直接投资净值 3 项指标在 159 个国家中排名保持在前两位。巴西、俄罗斯、南非的 GDP 指标和巴西、俄罗斯的财政收入指标表现突出，得分增幅均超过 100%。金砖五国的外国直接投资净值指标得分均有所下降。2019 年，印度的人均 GDP、人均财政收入、全社会劳动生产率指标的排名有待提高，中国的人均财政收入指标的排名有待提高。金砖五国的全社会劳动生产率得分均有较大上升空间。

表 5　金砖国家在创新基础竞争力中的得分及排名变化

国家	年份	GDP		人均GDP		财政收入		人均财政收入		外国直接投资净值		受高等教育人员比重		全社会劳动生产率	
		排名	得分	排名	得分	排名	得分	排名	得分	排名	得分	排名	得分	排名	得分
巴西	2011 年	7	12.83	64	7.39	2	37.97	44	7.61	3	59.34	—	—	67	7.53
	2019 年	5	34.64	49	11.25	3	82.43	42	7.84	4	32.07	49	24.02	51	11.17
	变化	2	21.81	15	3.86	-1	44.46	2	0.23	-1	-27.27	—	—	16	3.64

续表

国家	年份	GDP		人均GDP		财政收入		人均财政收入		外国直接投资净值		受高等教育人员比重		全社会劳动生产率	
		排名	得分	排名	得分	排名	得分	排名	得分	排名	得分	排名	得分	排名	得分
俄罗斯	2011年	9	11.85	53	9.89	6	23.41	47	6.75	11	38.83	—	—	52	10.15
	2019年	7	27.09	44	12.17	7	51.28	47	6.73	7	18.07	—	—	52	10.92
	变化	2	15.24	9	2.28	−1	27.87	0	−0.02	4	−20.76	—	—	0	0.77
南非	2011年	34	2.45	82	5.02	15	7.48	57	5.41	38	25.32	—	—	76	6.58
	2019年	25	5.51	62	6.72	24	12.05	62	4.35	49	3.00	57	12.88	60	8.78
	变化	9	3.06	20	1.70	−9	4.57	−5	−1.06	−11	−22.32	—	—	16	2.20
印度	2011年	3	20.00	120	1.61	—	—	—	—	6	48.03	—	—	111	2.53
	2019年	8	24.14	122	1.05	15	22.69	135	0.34	12	12.57	53	20.75	116	1.60
	变化	−5	4.14	−2	−0.56	—	—	—	—	−6	−35.46	—	—	−5	−0.93
中国	2011年	1	100.00	57	8.74	1	100.00	82	3.03	1	100.00	—	—	65	8.01
	2019年	1	100.00	80	4.65	2	91.89	103	1.28	2	84.62	—	—	89	3.94
	变化	0	0	−23	−4.09	−1	−8.11	−21	−1.75	−1	−15.38	—	—	−24	−4.07

如表6所示，在创新环境竞争力方面，巴西的互联网用户比例指标和南非的每千人手机用户数指标表现突出。2011～2019年，金砖五国在线公共服务指数表现不佳，得分、排名均有相当幅度的下降，说明金砖五国在线公共服务发展速度低于159国平均水平。2019年在ISO 9001质量体系认证数指标中，中国位列第一，其他金砖国家排名均在第35位以内，这表明金砖五国均高度重视国际化统一标准。

表6 金砖国家在创新环境竞争力中的得分及排名变化

国家	年份	互联网用户比例		每千人手机用户数		企业开业程序		企业平均税负水平		在线公共服务指数		ISO 9001质量体系认证数	
		排名	得分	排名	得分	排名	得分	排名	得分	排名	得分	排名	得分
巴西	2011年	105	29.17	57	27.36	10	55.00	11	29.64	17	90.65	9	5.02
	2019年	44	53.85	53	34.09	—	—	—	—	40	57.15	10	5.14
	变化	61	24.68	4	6.73	—	—	—	—	−23	−33.50	−1	0.12
俄罗斯	2011年	10	53.64	39	37.62	117	20.00	45	21.04	26	87.63	54	0.69
	2019年	20	64.56	36	48.10					32	63.31	11	5.14
	变化	−10	10.92	3	10.48					−6	−24.32	43	4.45

续表

国家	年份	互联网用户比例		每千人手机用户数		企业开业程序		企业平均税负水平		在线公共服务指数		ISO 9001 质量体系认证数	
		排名	得分	排名	得分	排名	得分	排名	得分	排名	得分	排名	得分
南非	2011年	9	54.09	112	5.92	59	35.00	119	13.30	42	79.85	28	1.60
	2019年	38	55.89	94	14.59	109	31.58	100	9.38	97	29.91	34	1.32
	变化	-29	1.80	18	8.67	-50	-3.42	19	-3.92	-55	-49.94	-6	-0.28
印度	2011年	124	23.72	119	2.63	22	50.00	31	22.63	16	91.16	5	8.98
	2019年	114	32.00	121	4.08	—	—	—	—	59	46.48	7	8.13
	变化	10	8.28	-2	1.45	—	—	—	—	-43	-44.68	-2	-0.85
中国	2011年	66	37.20	68	22.83	134	20.00	16	26.96	22	89.28	1	100.00
	2019年	113	32.07	57	32.41	—	—	—	—	51	49.39	1	100.00
	变化	-47	-5.13	11	9.58	—	—	—	—	-29	-39.89	0	0

如表7所示，在创新投入竞争力方面，中国在研发经费总额、研发人员两项指标排名中，位列159国之首，表明中国在科技创新方面对研发经费及研发人员的投入非常重视。2011~2019年，巴西、俄罗斯、南非、印度的研发经费总额指标得分均大幅上升，但排名变化不大，说明"一带一路"共建国家与亚投行成员国均高度重视科技创新，尽力加强研发投资。巴西、俄罗斯、南非、印度的研发经费占比指标得分上升，俄罗斯、南非、印度的研发经费占比指标排名上升，中国的研发经费占比指标得分、排名下降。巴西、南非、中国的人均研发经费指标表现优异，得分大幅上升，排名分别上升30、39、26位；印度的人均研发经费指标排名上升36位；俄罗斯的人均研发经费指标得分大幅下降，但排名上升10位。俄罗斯研发人员指标得分上涨13.00分，涨幅超60%，排名从第4位上升到第2位。巴西、南非、中国的研发人员占比指标得分有一定程度下降，但排名变化不大。

表7　金砖国家在创新投入竞争力中的得分及排名变化

国家	年份	研发经费总额		研发经费占比		人均研发经费		研发人员		研发人员占比	
		排名	得分	排名	得分	排名	得分	排名	得分	排名	得分
巴西	2011年	8	7.76	23	28.02	38	4.19	8	12.90	44	16.55
	2019年	8	22.18	27	28.41	8	8.31	8	11.32	45	10.32
	变化	0	14.42	-4	0.39	30	4.12	0	-1.58	-1	-6.23

国家	年份	研发经费总额		研发经费占比		人均研发经费		研发人员		研发人员占比	
		排名	得分	排名	得分	排名	得分	排名	得分	排名	得分
俄罗斯	2011 年	12	5.65	31	22.20	36	4.46	4	21.59	29	36.61
	2019 年	10	15.41	29	25.24	26	0.68	2	34.59	20	39.43
	变化	2	9.76	2	3.04	10	−3.78	2	13.00	9	2.82
南非	2011 年	32	0.94	40	17.99	48	1.83	33	1.80	51	11.28
	2019 年	28	2.28	36	19.31	9	6.50	31	1.56	49	7.04
	变化	4	1.34	4	1.32	39	4.67	2	−0.24	2	−4.24
印度	2011 年	13	5.58	44	13.25	63	0.47	6	19.41	59	7.18
	2019 年	14	10.24	32	18.82	27	0.60	—	—	—	—
	变化	−1	4.66	12	5.57	36	0.13				
中国	2011 年	1	100.00	9	45.90	28	8.15	1	100.00	42	17.40
	2019 年	1	100.00	17	44.38	2	72.85	1	100.00	44	11.14
	变化	0	0	−8	−1.52	26	64.70	0	0	−2	−6.26

注：创新投入竞争力指标仅选取 78 个国家。表中"R&D 经费支出总额""R&D 经费支出占GDP 比重""人均 R&D 经费支出""R&D 人员""研究人员占从业人员比重"分别用"研发经费总额""研发经费占比""人均研发经费""研发人员""研发人员占比"来表示。

如表 8 所示，在创新产出竞争力方面，中国表现优异，在专利授权数、科技论文发表数、高技术产品出口额、注册商标数 4 项指标中位列 159 个国家之首。巴西在专利授权数、科技论文发表数、注册商标数 3 项指标中表现优秀，在 159 个国家中位居前列。俄罗斯在专利授权数、科技论文发表数 2 项指标中表现优秀，在 159 个国家中位居前列。印度在专利授权数、科技论文发表数、注册商标数 3 项指标中表现突出，在 159 个国家中稳居前 4 位。南非的专利授权数指标表现较好。金砖各国的创意产品出口比重指标普遍表现不佳，均有待加强。

表8　金砖国家在创新产出竞争力中的得分及排名变化

国家	年份	专利授权数		科技论文发表数		专利和许可收入		高技术产品出口额		高技术产品出口比重		注册商标数		创意产品出口比重	
		排名	得分	排名	得分	排名	得分	排名	得分	排名	得分	排名	得分	排名	得分
巴西	2011 年	7	13.71	9	11.61	26	1.09	25	1.69	40	22.71	3	9.63	132	1.53
	2019 年	5	21.66	11	13.57	24	1.53	29	1.32	31	9.65	4	7.63	130	3.42
	变化	2	7.95	−2	1.96	2	0.44	−4	−0.37	9	−13.06	−1	−2.00	2	1.89

续表

国家	年份	专利授权数		科技论文发表数		专利和许可收入		高技术产品出口额		高技术产品出口比重		注册商标数		创意产品出口比重	
		排名	得分	排名	得分	排名	得分	排名	得分	排名	得分	排名	得分	排名	得分
俄罗斯	2011年	8	9.45	5	15.62	21	2.01	28	1.08	49	17.80	13	2.61	105	2.61
	2019年	7	13.49	12	10.99	20	2.42	27	1.52	32	9.45	14	2.19	90	4.22
	变化	1	4.04	-7	-4.63	1	0.41	1	0.44	17	-8.35	-1	-0.42	15	1.61
南非	2011年	13	4.56	25	2.61	32	0.49	34	0.51	65	13.08	22	1.53	56	5.03
	2019年	11	5.96	31	2.54	37	0.26	42	0.29	65	3.97	24	0.94	150	2.60
	变化	2	1.40	-6	-0.07	-5	-0.23	-8	-0.22	0	-9.11	-2	-0.59	-94	-2.43
印度	2011年	3	21.61	2	26.13	24	1.09	20	2.69	53	16.52	2	13.85	120	2.09
	2019年	3	30.25	4	22.69	23	2.08	19	3.30	44	7.49	2	13.61	117	3.68
	变化	0	8.64	-2	-3.44	1	0.99	1	0.61	9	-9.03	0	-0.24	3	1.59
中国	2011年	1	100.00	1	100.00	19	2.69	1	100.00	6	63.81	1	100.00	142	1.19
	2019年	1	100.00	1	100.00	10	15.78	1	100.00	9	22.38	1	100.00	151	2.51
	变化	0	0	0	0	9	13.09	0	0	-3	-41.43	0	0	-9	1.32

如表9所示,在创新持续竞争力方面,巴西在公共教育经费支出总额方面表现优异。俄罗斯在公共教育经费支出总额、高等教育毛入学率、科技人员增长率3项指标上表现突出。印度在公共教育经费支出总额方面表现突出。中国的公共教育经费支出总额指标得分位列159个国家之首,并在科技经费增长率方面表现突出。南非的公共教育经费支出占GDP比重指标得分位列159个国家之首(2019年),在公共教育经费支出总额、人均公共教育经费支出额、科技人员增长率、科技经费增长率方面表现突出。

表9 金砖国家在创新持续竞争力的得分及排名变化

国家	年份	公共教育经费支出总额		公共教育经费支出占GDP比重		人均公共教育经费支出额		高等教育毛入学率		科技人员增长率		科技经费增长率	
		排名	得分	排名	得分	排名	得分	排名	得分	排名	得分	排名	得分
巴西	2011年	2	83.08	20	56.94	28	11.70	48	34.03	51	77.12	62	57.73
	2019年	5	34.64	49	11.25	23	12.43	50	30.78	50	82.00	85	22.10
	变化	-3	-48.44	-29	-45.69	5	0.73	-2	-3.25	1	4.88	-23	-35.63

续表

国家	年份	公共教育经费支出总额		公共教育经费支出占GDP比重		人均公共教育经费支出额		高等教育毛入学率		科技人员增长率		科技经费增长率	
		排名	得分	排名	得分	排名	得分	排名	得分	排名	得分	排名	得分
俄罗斯	2011年	14	29.88	30	50.23	44	7.85	14	49.40	16	83.02	55	53.83
	2019年	14	21.44	27	16.46	42	7.82	15	47.28	13	86.07	49	37.10
	变化	0	−8.44	3	−33.77	2	−0.03	−1	−2.12	3	3.05	−4	−16.73
南非	2011年	12	31.25	14	67.90	13	17.92	70	16.89	17	82.87	13	69.40
	2019年	9	24.01	1	100.00	11	15.83	75	14.28	10	87.00	3	68.69
	变化	3	−7.24	13	32.10	2	−2.09	−5	−2.61	7	4.13	10	−0.71
印度	2011年	10	38.31	63	37.68	72	0.85	66	19.82	35	77.12	48	57.73
	2019年	9	24.14	45	12.36	68	0.88	72	17.52	14	85.88	23	46.30
	变化	1	−14.17	18	−25.32	4	0.03	−6	−2.30	21	8.76	25	−11.43
中国	2011年	1	100.00	38	50.37	31	11.58	64	22.50	21	81.88	12	74.40
	2019年	1	100.00	30	14.65	26	11.75	52	29.84	26	83.77	14	52.55
	变化	0	0	8	−35.72	5	0.17	12	7.34	−5	1.89	−2	−21.85

二 金砖国家综合创新力指标评价体系及其评价和预测

（一）五种科技创新评价报告对金砖国家的评测情况

1. 全球竞争力报告

世界经济论坛发布的《全球竞争力报告》（*The Global Competitiveness Report*）始于1979年。在1997～1999年的指标体系中，以经济对国际金融贸易的开放程度、政府预算管理及税收情况、金融市场的发展、基础设施质量、科学技术、企业管理、劳动力情况、法律政治制度等8个方面作为二级指标。从2000年开始，世界经济论坛对全球竞争力评价指标体系做出重大调整，加大科技创新能力在评价体系中的比重，以"技术指数"排名表征"创新指数"排名，以"创新及其复杂程度"表征"创新指数"，等等。由于《全球竞争力报告 2020 特别版》①受新冠肺炎疫情影响，没有进行全球排名，我们采用《全球竞争力报告 2019》②的排名数据。2019 年，金砖国家在 141 个经济体中的排名为：中国第 28 位（73.9 分）、俄罗斯第 43 位（66.7 分）、南非第 60 位（62.4 分）、印度第 68 位（61.4 分）、巴西第 71 位（60.9 分）。2011 年，金砖国家在 142 个经济体中的排名为：中国第 26 位（4.90 分）、南非第 50 位（4.34 分）、巴西第 53 位（4.32 分）、印度第 56 位（4.30 分）、俄罗斯第 66 位（4.21 分）。③

2. 全球创新指数

2007 年，欧洲工商管理学院和联合国大学（United Nations University, UNU）合作完成首部《全球创新指数》（Global Innovation Index），此后每年发布一次。从 2012 年起，世界知识产权组织成为报告联合发布方。从 2013 年起，美国康奈尔大学商学院（SC Johnson College of Business, Cornell University）成为报告联合发布方。2021 年，全球创新指数由世界产权组织、Portulans 研究所联合发布。全球创新指数通过研发投入 GDP 占比、专利数和商标数量等重要传统指标，以及基础设施、营商环境、人力资源等多维指标，全面评估全球创新活动和各经济体的创新能力。2021 年，世界知识产权组织、Portulans 研究所等联合发布的《全球创新指数 2021》④对 132 个经济体的创新表现进行排名，其中，中国排名第 12 位（54.8 分）、俄罗斯排名第 45 位（36.6 分）、印度排名第 46 位（36.4 分）、巴西排名第 57 位（34.2 分）、南非排名第 61 位（32.7 分）。2011 年，金砖国家在 125 个经济体中的排名为：中国第 29 位（46.43 分）、巴西第 47 位（37.75 分）、俄罗

① Klaus Schwab, Saadia Zahidi, World Economic Forum, *The Global Competitiveness Report Special Edition 2020: How Countries are Performing on the Road to Recovery*, Geneva, Switzerland: World Economic Forum, 2020.

② Klaus Schwab, World Economic Forum, *The Global Competitiveness Report 2019*, Geneva, Switzerland: World Economic Forum, 2019.

③ Klaus Schwab, World Economic Forum, *The Global Competitiveness Report 2011 - 2012*, Geneva, Switzerland: World Economic Forum, 2011.

④ S. Dutta, B. Lanvin, L. Leòn, S. Wunsch-Vincent, *Global Innovation Index 2021: Tracking Innovation Through the COVID - 19 Crisis*, Geneva, Switzerland: WIPO, 2021.

斯第 56 位（35.85 分）、南非第 59 位（35.22 分）、印度第 62 位（34.52 分）[1]。

3. 世界创新竞争力发展报告和二十国集团（G20）国家创新竞争力发展报告

中国社会科学院和福建师范大学 2010 年联合发布《二十国集团（G20）国家创新竞争力发展报告（2001～2010）》（黄皮书），逐年评价了 2001～2010 年二十国集团成员的国家创新竞争力，2013 年发布《世界创新竞争力发展报告（2001～2012）》和《二十国集团（G20）国家创新竞争力发展报告（2011～2013）》两本黄皮书，2014 年发布《二十国集团（G20）国家创新竞争力发展报告（2013～2014）》黄皮书，2016 年发布《二十国集团（G20）国家创新竞争力发展报告（2015～2016）》黄皮书，2018 年发布《二十国集团（G20）国家创新竞争力发展报告（2017～2018）》和《世界创新竞争力发展报告（2011～2017）》两本黄皮书。这些报告从科技、经济和教育等多个角度出发，构建出创新基础竞争力、创新环境竞争力、创新投入竞争力、创新产出竞争力和创新持续竞争力 5 个二级指标组成的指标评价体系，对世界 100 多个国家和二十国集团成员进入 21 世纪以来的国家创新竞争力进行了评价。在世界创新竞争力排名中，2017 年金砖国家排名为：中国第 10 位（31.2 分）、俄罗斯第 17 位（30.0 分）、巴西第 64 位（17.9 分）、南非第 68 位（17.5 分）、印度第 75 位（16.0 分）；2011 年金砖国家排名为：中国第 14 位（33.7 分）、俄罗斯第 20 位（30.2 分）、巴西第 63 位（19.6 分）、南非第 65 位（19.3 分）、印度第 84 位（15.7 分）。[2]

4. 国家创新指数

2011 年，中国科学技术发展战略研究院开始发布《国家创新指数报告》。该报告参考《全球竞争力报告》《全球创新指数》等国际权威报告，结合国际科技创新能力最新研究成果，采用国际通用的标杆分析法，通过创

---

[1] S. Dutta, *Global Innovation Index 2011: Accelerating Growth and Development*, Fontainebleau, France: INSEAD, 2011.

[2] 李建平、李闽榕、赵新力主编《世界创新竞争力发展报告（2011～2017）》，社会科学文献出版社，2017。

新资源、知识创造、企业创新、创新绩效和创新环境 5 个一级指标和 30 个二级指标，分析测算了全球 40 个主要国家（R&D 经费投入之和占全球总量 95% 以上）的国家创新指数，评估其综合创新能力。国家创新指数系列报告指标体系结构稳定，在 30 个二级指标中，20 个定量指标关注创新的规模、质量、效率和国际竞争，10 个定性指标侧重考察创新环境。2020 年，金砖国家的国家创新指数排名为：中国第 14 位、俄罗斯第 33 位、南非第 36 位、印度第 39 位、巴西第 40 位。[①] 2011 年，金砖国家的国家创新指数排名为：中国第 20 位、俄罗斯第 34 位、巴西第 36 位、南非第 37 位、印度第 40 位。[②]

5. 彭博创新指数

2012 年，彭博新闻社首次发布《彭博创新指数》（*Bloomberg Innovation Index*），利用世界银行、世界知识产权组织、美国经济咨商局（The Conference Board）、经合组织和联合国教科文组织等的数据，通过分析考察研发支出、研发强度、产业附加值、制造能力（manufacturing capability）、生产效率、第三产业效率（tertiary efficiency）、高科技公司密度（hi-tech density）、原创研究者集中度（researcher concentration）、科技人员比例和专利利用率（patent activity）等具体指标，对多个经济体的整体创新能力进行定量分析和排序。在《彭博创新指数 2021》排名中，金砖国家排名情况为：中国第 16 位（79.56 分）、俄罗斯第 24 位（72.84 分）、巴西第 46 位（57.21 分）、南非第 47 位（54.06 分）、印度第 50 位（51.79 分）。[③]

表 10 是金砖国家在《全球竞争力报告》《全球创新指数》《世界创新竞争力发展报告》《国家创新指数报告》《彭博创新指数》5 种科技创新评价报告中的最新年份排名情况。

---

① 中国科学技术发展战略研究院：《国家创新指数报告 2020》，科学技术文献出版社，2021。
② 中国科学技术发展战略研究院：《国家创新指数报告 2013》，科学技术文献出版社，2014。
③ Michelle Jamrisko, Wei Lu, Alexandre Tanzi, "South Korea Leads World in Innovation as U. S. Exits Top Ten," https：//www.bloombergquint.com/global－economics/south－korea－leads－world－in－innovation－u－s－drops－out－of－top－10.

表 10　金砖国家在全球主要科技创新评价报告中的排名情况

报告名称	排名年份	巴西	俄罗斯	印度	中国	南非
《全球竞争力报告》	2018 年排名	72	43	58	28	67
	2019 年排名	71	43	68	28	60
《全球创新指数》	2020 年排名	62	47	48	14	60
	2021 年排名	57	45	46	12	61
《世界创新竞争力发展报告》	2016 年排名	61	15	85	11	70
	2017 年排名	64	17	75	10	68
《国家创新指数报告》	2019 年排名	38	32	39	15	36
	2020 年排名	40	33	39	14	36
《彭博创新指数》	2020 年排名	46	26	54	15	50
	2021 年排名	46	24	50	16	47

（二）排名和得分变化

金砖国家综合创新竞争力排名以与发展中国家或新兴经济体的相对排名比较为主，以 122 个"一带一路"参与国家（包括共建签约国与部分参与的亚投行成员国）为参照标准。如图 6 所示，2019 年金砖国家综合创新竞争力评价指数在"一带一路"参与国家中的排名依次为中国、俄罗斯、印度、南非和巴西，2011 年金砖国家综合创新竞争力评价指数在"一带一路"参与国家中的排名依次为中国、俄罗斯、巴西、南非和印度。与 2011 年相比，2019 年中国、俄罗斯、印度、南非的综合创新竞争力评价指数排位上升，其中印度上升的幅度最大，上升 23 位；南非其次，上升 12 位；俄罗斯上升 8 位；中国上升 5 位。同期，巴西排名下降 18 位。

如图 7 所示，2011～2019 年，巴西、印度综合创新竞争力评价指数得分波动相对较大，俄罗斯、中国、南非的得分曲线相对平缓。金砖国家综合创新竞争力整体水平呈平稳上升趋势，平均分增加 0.50 分。

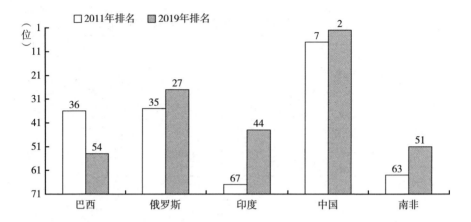

图 6　2011 年、2019 年金砖国家综合创新竞争力评价指数排位变化情况

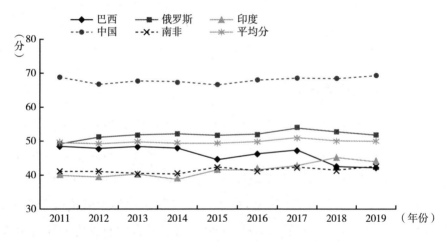

图 7　2011～2019 年金砖国家综合创新竞争力评价指数得分变化情况

从表 11 可以看出，金砖国家有 4 国的综合创新竞争力总体水平提升，巴西的综合创新竞争力得分、排名均下降。各国的综合创新竞争力增长率参差不齐，印度最快，得分上升 4.07 分，年增长率 1.22%，排名上升 23 位；俄罗斯其次，得分上升 2.62 分，年增长率 0.65%，排名上升 8 位；南非得分上升 1.56 分，年增长率 0.47%，排名上升 12 位；中国得分上升 0.48 分，年增长率 0.09%，排名上升 5 位。南非排名上升较多得益于排位所在区间国家较多且得分相近，中国排名上升则得益于之前强势国家的退步。

表11 2011～2019年金砖国家综合创新竞争力评价指数比较

项目	国家	巴西	俄罗斯	印度	中国	南非	"一带一路"参与国家最高分	"一带一路"参与国家最低分	"一带一路"参与国家平均分
2011年	得分	48.45	49.18	39.89	68.80	41.10	75.00	24.53	44.17
	排名	36	35	67	7	63	—	—	—
2012年	得分	47.88	51.15	39.49	66.72	41.11	75.54	25.58	44.11
	排名	39	32	65	11	61	—	—	—
2013年	得分	48.39	51.85	40.34	67.74	40.52	75.23	25.39	44.10
	排名	38	29	67	9	64	—	—	—
2014年	得分	47.97	52.14	38.71	67.58	40.39	74.71	25.54	43.78
	排名	40	28	71	8	64	—	—	—
2015年	得分	44.54	51.72	41.59	66.55	42.40	75.14	26.50	44.08
	排名	46	28	60	10	56	—	—	—
2016年	得分	46.26	52.08	41.54	67.98	41.37	76.77	23.64	43.82
	排名	42	29	59	9	61	—	—	—
2017年	得分	47.41	53.83	42.81	68.58	42.38	75.77	24.52	44.40
	排名	39	27	57	7	60	—	—	—
2018年	得分	42.56	52.76	45.21	68.39	41.51	74.32	25.04	44.13
	排名	57	29	48	4	61	—	—	—
2019年	得分	42.20	51.80	43.96	69.28	42.66	69.80	23.55	42.64
	排名	54	27	44	2	51	—	—	—
综合变化	得分	−6.25	2.62	4.07	0.48	1.56	−5.20	−0.98	−1.54
	排名	−18	8	23	5	12	—	—	—
	年增长率	−1.52%	0.65%	1.22%	0.09%	0.47%	—	—	—

综合表11和表1，我们注意到，2011～2019年巴西的综合创新竞争力呈下降状态。这表明，2008年国际金融危机对巴西产生了很大的影响，很可能导致了一些短期不易修复的结构性问题，导致巴西经贸形势恶化，进而损害科技、文化等在很大程度上依托二次分配的事业（如2018年9月2日巴西国家博物馆展馆空调年久失修，短路漏电造成的毁灭性火灾），综合创新竞争力得分也相应下行。同期，中国的综合创新竞争力年增长率均只有0.09%。这一现象，极有可能与中国日益严重的人口老龄化和低生育率等结

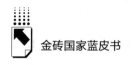

构性问题、中国全要素市场制度业已确立但进一步深化发展有待综合改革推进等形势性因素有较强的关联。

（三）金砖国家综合创新竞争力预测

我们以金砖国家2011～2019年综合创新竞争力的得分数值作为基础，对金砖国家在2022～2025年未来时段的综合创新竞争力得分及各国在122个"一带一路"参与国家中的排名情况进行测算，结果见表12。

表12　2022～2025年金砖国家综合创新竞争力得分及排名变化情况预测

年份	项目	巴西	俄罗斯	印度	中国	南非
2022	综合创新竞争力得分	41.13	54.13	46.49	69.01	42.92
	得分较2019年变化	－1.07	2.33	2.53	－0.27	0.26
	排名	63	22	37	3	53
	排名较2019年变化	－9	5	7	－1	－2
2023	综合创新竞争力得分	40.46	54.47	47.26	69.16	43.13
	得分较2019年变化	－1.74	2.67	3.30	－0.12	0.47
	排名	66	21	35	3	53
	排名较2019年变化	－12	6	9	－1	－2
2024	综合创新竞争力得分	39.80	54.81	48.04	69.31	43.34
	得分较2019年变化	－2.40	3.01	4.08	0.03	0.68
	排名	67	21	35	3	50
	排名较2019年变化	－13	6	9	－1	1
2025	综合创新竞争力得分	39.16	55.16	48.84	69.47	43.55
	得分较2019年变化	－3.04	3.36	4.88	0.19	0.89
	排名	72	22	33	3	51
	排名较2019年变化	－18	5	11	－1	0
	2022年起得分年增长率	－1.22%	0.63%	1.65%	0.22%	0.49%

从表12中的数据来看，金砖各国的综合创新竞争力得分、排名变化趋势各异。相比2011～2019年的平均得分，2022～2025年俄罗斯、印度、南非、中国的综合创新竞争力预测得分均呈上升态势，巴西得分有所下降。印

度的综合创新竞争力提升相对较快,年增长率达 1.65%;俄罗斯、南非的综合创新竞争力提升速度尚可,年增长率分别为 0.63% 和 0.49%。中国的综合创新竞争力在 2022~2025 年恢复持续缓慢上升态势,年增长率约为 0.22%。2022~2025 年印度的综合创新竞争力预测排名上升较多,相对 2019 年提升 11 位;俄罗斯的预测排名有所提高,上升 5 位;南非的排名保持不变;中国、巴西的排名均有所下降。

我们推测,巴西很有可能在 2022~2025 年还将继续应对国际金融危机带来的深层问题,综合创新竞争力仍处于下行周期。中国同期人口老龄化趋势难以扭转,但可能逐步扭转了生育率下跌的颓势,从而推动综合创新竞争力转入缓慢增长态势。

2022~2025 年二十国集团部分成员国综合创新竞争力得分及排名预测情况见表 13。我们注意到,表 13 中超半数国家的得分呈下降趋势。

表 13　2022~2025 年二十国集团部分成员国综合创新竞争力得分及排名预测

国家	项目	2022 年	2023 年	2024 年	2025 年
阿根廷	得分	35.80	35.13	34.48	33.84
	排名	87	92	96	100
澳大利亚	得分	57.08	56.47	55.88	55.29
	排名	19	20	20	21
巴西	得分	41.13	40.46	39.80	39.16
	排名	63	66	67	72
德国	得分	72.15	71.79	71.44	71.09
	排名	1	1	1	1
俄罗斯	得分	54.13	54.47	54.81	55.16
	排名	22	21	21	22
法国	得分	69.69	69.83	69.97	70.12
	排名	2	2	2	2
韩国	得分	67.33	67.54	67.76	67.98
	排名	5	4	4	4
加拿大	得分	53.59	52.70	51.82	50.96
	排名	24	26	29	29

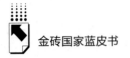
续表

国家	项目	2022 年	2023 年	2024 年	2025 年
南非	得分	42.92	43.13	43.34	43.55
	排名	53	53	50	51
沙特阿拉伯	得分	44.42	43.75	43.08	42.42
	排名	46	49	52	56
土耳其	得分	42.87	42.79	42.71	42.62
	排名	54	54	54	55
意大利	得分	53.71	53.38	53.06	52.74
	排名	23	23	24	24
印度	得分	46.49	47.26	48.04	48.84
	排名	37	35	35	33
印度尼西亚	得分	42.11	42.39	42.67	42.95
	排名	57	56	55	53
英国	得分	63.37	62.55	61.74	60.95
	排名	7	7	9	10
中国	得分	69.01	69.16	69.31	69.47
	排名	3	3	3	3

　　通过进一步延伸计算，我们估测到 2030 年，金砖国家的综合创新竞争力得分为：巴西 36.08 分，俄罗斯 56.91 分，印度 53.00 分，中国 70.24分，南非 44.62 分。印度的综合创新竞争力显著提升，俄罗斯、中国、南非的综合创新竞争力保持稳步增长，巴西的综合创新竞争力仍处于下行状态。考虑到巴西经济发展中存在显著的周期（10~20 年）波动特性，2008 年进入经济下行周期后，巴西在 2030 年有可能进入新的经济增长周期。因此，巴西 2030 年的综合创新竞争力得分具有较强的不确定性。

附录　金砖国家创新竞争力、综合创新竞争力指标评价体系及其评价和预测计算方法概要

（一）金砖国家创新竞争力评价指标体系

一级指标	二级指标	三级指标	主要数据来源
创新竞争力	创新基础竞争力	GDP	WB
		人均 GDP	WB
		财政收入	IMF
		人均财政收入	IMF
		外国直接投资净值（FDI）	WB
		受高等教育人员比重 （从业人员受高等教育人员所占比重）	UNESCO
		全社会劳动生产率（GDP/从业人员）	WB
	创新环境竞争力	互联网用户比例	WB
		每千人手机用户数	WB
		企业开业程序	WB
		企业平均税负水平	WB
		在线公共服务指数	UNESCO
		ISO 9001 质量体系认证数	ISO
	创新投入竞争力	R&D 经费支出总额	UNESCO
		R&D 经费支出占 GDP 比重	UNESCO
		人均 R&D 经费支出	UNESCO
		R&D 人员	UNESCO
		研究人员占从业人员比重	UNESCO
	创新产出竞争力	专利授权数	WIPO
		科技论文发表数	WB
		专利和许可收入	WB
		高技术产品出口额	WB
		高技术产品出口比重	WB
		注册商标数	WIPO
		创意产品出口比重	UNCTAD

续表

一级指标	二级指标	三级指标	主要数据来源
创新竞争力	创新持续竞争力	公共教育经费支出总额	WB
		公共教育经费支出占 GDP 比重	WB
		人均公共教育经费支出额	WB
		高等教育毛入学率	WB
		科技人员增长率	UNESCO
		科技经费增长率	UNESCO

数据来源及其说明：UNESCO 为联合国教科文组织，UNCTAD 为联合国贸易和发展组织，WB 为世界银行，IMF 为国际货币基金组织，WIPO 为世界知识产权组织，ISO 为国际标准化组织。

创新竞争力模式用于计算各国创新竞争力的评价分数，其具体模型为：

$$Y = \sum\sum x_{ij}w_{ij} \qquad\qquad 式（1）$$

$$Y_i = \sum x_{ij}w_{ij} \qquad\qquad 式（2）$$

其中，Y 为创新竞争力综合评价分值，Y_i 为第 i 个要素指标的评价分值，x_{ij} 为第 i 个要素第 j 项基础指标无量纲化的数据值，w_{ji} 为该基础指标的权重。

（二）金砖国家综合创新竞争力评价指数数学模型

本报告所采用的综合创新竞争力评价方法能够体现评价体系的时变规律，数学模型如下所示：

$$NIC_i = \beta_0 + \beta_1 X_{i1} + \beta_2 X_{i2} + \cdots + \beta_k X_{ik} + \frac{N-k}{N}nic_i + \mu \qquad 式（3）$$

其中，k 代表评价体系中评价方法的变化数量，新增评价方法时 $k > 0$，减少评价方法时 $k < 0$，评价体系不变时 $k = 0$；N 代表当前评价体系中评价方法数量；X_{ik}（$i = 1，2，\cdots，n$），代表第 i 个国家在变化的评价方法下获得的创新竞争力得分；β_k（$k = 1，2，\cdots，n$）代表回归系数；μ 代表随机干扰项；nic_i 代表基于原有评价体系获得的创新竞争力得分；NIC_i 代表基于当前评价体系获得的创新竞争力得分。

为降低由于评价体系变化而产生的评价结果波动，本报告通过最小化基于当前评价体系预测的创新竞争力得分与基于原有评价体系计算的创新竞争力得分之间误差的平方和寻找数据的最佳函数匹配。

（三）金砖国家综合创新竞争力评价指数预测方法和合理性说明

采用指数平滑法和霍尔特双参数线性指数平滑模型进行了简单数值预测。上述方法在建立预测模型时对历史各期数据进行合理加权，近期权数大，远期权数小，各期权数由近及远按等比级数衰减，这与社会经济现象变化的实际相符合。同时，该方法利用全部历史数据建模，避免了移动平均法仅利用部分数据信息的局限性，能够更好地弱化不规则变动因素的影响，揭示现象的变化规律。

研究组认为，预测结果合理。从数据来源看，相关数据来源于5个得到国际社会和国内外专家广泛认可的报告，数据权威。从可扩展性看，相关数据能够弥合"不同报告的侧重点不同"的问题，体现综合趋势性。从历史规律看，相关数据符合历史特点和经济活动对创新竞争力影响的一般认知，既有横向的国际比较，也有纵向的历史比较。

专题报告

Special Reports

B.2

以科技创新为抓手，构建金砖国家
新工业革命伙伴关系

郭滕达　康琪　周代数　潘云涛　马峥　刘亚丽　郑楚华　段黎萍　赵新力*

摘　要： 金砖国家新工业革命伙伴关系是着眼全局、面向未来发出的重大
　　　　倡议，为金砖国家合作第二个"金色十年"开辟了新方向、新
　　　　征程、新领域。构建金砖国家新工业革命伙伴关系已有一定基

* 郭滕达，博士，中国科学技术发展战略研究院副研究员，研究领域为科技政策、技术治理；
康琪，博士，中国科学技术发展战略研究院副研究员，研究领域为国家创新体系、科技体制
改革、科技创新治理；周代数，博士，中国科学技术发展战略研究院助理研究员，研究领域
为科技金融与金融科技；潘云涛，博士，中国科学技术信息研究所研究员、科学计量与评价
研究中心主任，研究领域为情报学、科学计量学、科研管理、科技评价、期刊研究；马峥，
博士，中国科学技术信息研究所研究员、科学计量与评价研究中心副主任，研究领域为情报
学、科学计量学、科研管理、科技评价、期刊研究；刘亚丽，博士，中国科学技术信息研究
所助理研究员，研究领域为管理科学与工程、科学计量学、科研机构管理与评价；郑楚华，
博士，中国科学技术信息研究所助理研究员，研究领域为社会心理学、科技人才管理与评
价；段黎萍，博士，中国科技人才交流开发服务中心三级研究员，研究领域为国际科技政策
研究和国际科技合作管理工作；赵新力（通讯作者），博士，国际欧亚科学院院士，清华大
学中国科技政策研究中心资深顾问，中国科学技术部原二级专技岗研究员，中国科学技术交
流中心原三级职员，博士生导师，研究领域为管理科学与工程、信息管理、国际关系。

础，但仍面临很多挑战。建议金砖国家以科技创新为抓手，坚持
"开放、包容、合作、共赢"的原则，积极探索可能引发新工业
革命的关键技术的合作互动机制，最大程度把握新工业革命带来
的机遇。具体而言，面向重点科技创新合作方向推动金砖国家之
间的开放创新，建立金砖国家技术银行，主动融入全球创新网
络；进行人工智能、大数据、区块链领域的联合研发和应用布
局，加快建设金砖国家金融科技创新中心；建立"金砖国家知
识产权保护网络"，设立孵化器、加速器或联合基金；推进金砖
国家科技创新高端智库建设，构建虚拟知识社区；常态化金砖国
家创新人才交流机制，为金砖国家人才在各国之间的入境通关、
工作、学术交流等提供便利；完善治理体制，稳步构建多层次成
员国体系；以金砖国家新工业革命伙伴关系创新基地为中心重构
创新合作空间。

关键词： 金砖国家　科技创新　新工业革命

　　当今世界正在经历新一轮工业革命，对于发展中国家来说，既是机遇又
是挑战。习近平总书记提出："我们将共同建设金砖国家新工业革命伙伴关
系，加强宏观经济政策协调，促进创新和工业化合作，联手加快经济新旧动
能转换和转型升级。"[①] 充分发挥科技创新对金砖国家可持续工业生产能力
的支撑作用，促进经济增长和转型，共同构筑新工业革命伙伴关系[②]，十分
关键。

[①]　《习近平：顺应时代潮流 实现共同发展——在金砖国家工商论坛上的讲话》（2018 年 7 月
　　25 日，约翰内斯堡），中国共产党新闻网，http://cpc.people.com.cn/n1/2018/0726/
　　c64094 - 30170246. html。
[②]　新工业革命一词源自"二十国集团领导人杭州峰会"公报及《二十国集团创新增长蓝图》，
　　《金砖国家领导人第十次会晤约翰内斯堡宣言》首次提出"新工业革命伙伴关系"。

一 新工业革命发展的主要判断

从 18 世纪第一次工业革命的机械化，到 19 世纪第二次工业革命的电气化，再到 20 世纪第三次工业革命的信息化，一次次颠覆性的科技革新，带来社会生产力的解放和人们生活水平的跃升，从根本上改变了人类历史的发展轨迹。

（一）新工业革命将通过主导技术群的"更新"和商业基础设施的"革新"引发国际经济竞争格局的改变

21 世纪初以来，新一轮工业革命已经孕育兴起。新工业革命的"新"字可从如下角度理解。一是引发新工业革命的主导技术群正在迅速"更新"，人工智能、云计算、5G、区块链的快速发展使信息技术的供给端发生变化，信息技术的交叉融合又在催生新的技术突破；同时，生物、新能源、新材料等技术可能引发的经济增长新动能雏形已经开始显现。二是建构在主导技术群之上的商业基础设施正在自我"革新"，以人工智能、区块链等为代表的颠覆性技术在工业、金融、贸易等领域的深度应用，将改变传统的价值创造和传递方式，打破固态的组织边界；分布式智能生产网络将出现在工业领域，数字经济、共享经济、信任经济等新经济形态加速形成，人类生产生活方式将发生巨大变化。

在新工业革命下，生产方式、商业模式和产业组织形态的变革必将引起产业链的融合、分解与消失，进一步导致国际经济竞争格局的改变（见图 1）。

（二）发达国家最有可能在新工业革命中占据先机

尽管美国在全球经济中的主导地位受到来自诸多国家的挑战，全球秩序看似进入了支离破碎的阶段，但是，不可否认，以美国为主的发达国家仍然掌握着全球秩序的话语权。

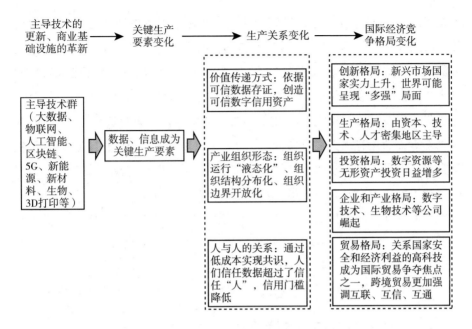

图1　新工业革命对国际经济竞争格局的影响分析

从研发投入角度看，根据美国《2020年科学与工程指标》，2000～2017年，全球研发投入总额增长了3倍，2017年达到2.2万亿美元。其中，美国是2017年全球研发投入最高的国家。以色列、韩国的研发强度为世界之最，近年保持在4%以上；日本的研发强度也比较高，2000年以来一直保持在3%以上；美国的研发强度维持在2.6%～2.8%；中国的数值仅约2.23%（2019年）。

从科技人力资源的国际竞争情况看，高技术人才的跨国流动非常活跃，欧洲、北美洲和大洋洲对人才的吸引力仍然很强。经合组织国家的人口只占全球的1/5，但这些国家吸引了全球2/3的高技能移民。美国、英国、加拿大、澳大利亚等西方发达国家基本上是"人才净流入国"，它们是高技能移民的主要目的地。①

从引发新工业革命的关键技术看，以人工智能为例，美国是全球人工智

---

① 中国科学技术部：《全球创新下的世界科技竞争格局》，中国科学技术部内部报告，2018。

能技术的先行者。2019 年，美国、德国、日本、韩国等国均强化人工智能发展战略迭代，对其国家人工智能战略进行了更新，以便更好地迎接快速发展的人工智能科技创新和经济社会发展新形势。美国在涉及人工智能发展的各个方面都处于领先位置。中国在科研产出、产业发展和政策环境方面有一定优势，但在科技领先实力、人才（尤其是高端人才的储备）、人工智能开源生态等方面还有很大提升空间。[①] 再如，美欧日成为 3D 打印技术创新的领头羊。世界主要国家都出台了大量举措，支持 3D 打印技术发展。美国国防部和国家实验室开展了很多 3D 打印研究项目。20 世纪 80 年代，日本 3D 打印技术专利申请量最大；到 2000 年，美国超过日本成为 3D 打印技术专利申请量最多的国家。3D 打印技术标准由美欧主导，它们在有关 3D 打印的术语、过程、界面和制造技术标准化方面发挥了引领作用。

综上所述，笔者认为，发达国家仍最有可能在新工业革命中占据先机。

（三）金砖国家新工业革命伙伴关系的建立已有基础

金砖国家承接着"南北"及"南南"两个生产要素的经济环流,[②] 有强劲的发展潜力。金砖国家人口占世界人口比重为 41.1%[③]（2019 年），国土面积占世界土地面积比重为 29.6%[④]（2018 年），GDP 占世界 GDP 比重为 24.8%[⑤]（2020 年）。2019 年初，渣打银行根据购买力评价预测全球国内生产总值，并给予世界经济体排名顺序；预测指出，到 2030 年，世界十大经济强国中有 7 个将由新兴市场国家占据，分别是中国、印度、印尼、俄罗

[①] 中国科学技术发展战略研究院、中国科学技术部新一代人工智能发展研究中心编著《中国新一代人工智能发展报告 2020》，2020。

[②] 中国国家开发银行研究院：《"一带一路"沿线国家经济发展报告》，2017。

[③] 中国国家统计局等编《金砖国家联合统计手册 2020》，中国统计出版社，2020。

[④] 中国国家统计局等编《金砖国家联合统计手册 2020》，中国统计出版社，2020。

[⑤] 根据世界银行数据，以现价美元为计量单位，中国内地 GDP（2020 年）1472273070 万美元，中国香港 GDP（2020 年）34658588 万美元，中国澳门 GDP（2020 年）2558611 万美元，俄罗斯 GDP（2020 年）148349778 万美元，印度 GDP（2020 年）266024525 万美元，巴西 GDP（2020 年）144473326 万美元，南非 GDP（2020 年）33544210 万美元，世界 GDP（2020 年）8474697912 万美元。

斯、土耳其、巴西和埃及。① 世界知识产权组织（WIPO）发布的 *Global Innovation Index 2021* 显示，中国全球创新指数排名第 12 位，位居中等收入经济体首位，超过日本、以色列、加拿大等发达经济体；印度（第 46 位）在过去 10 年中排名上升明显，有望改变国际创新格局；巴西（第 57 位）、中国、印度和俄罗斯（第 45 位）都是中等收入经济体中拥有顶级科技集群的国家；南非（第 61 位）在市场成熟度、商业成熟度、知识和技术产出方面居撒哈拉以南非洲地区第一位。② 此外，中国、俄罗斯、印度已经开始参与全球顶层治理设计，在某些重要的全球机构中发挥着独特作用。

历史经验表明，科技创新总是能够深刻改变世界的发展格局，深刻塑造国家前途和命运。通过科技创新合作深化金砖国家新工业革命伙伴关系十分重要。然而，如果未能对治理框架和关键领域合作进行合理设计，金砖国家很可能错失新工业革命机遇。

（四）促进国内国际双循环是金砖国家新工业革命伙伴关系的重要支撑

从技术的角度来讲，全球化产业链分工主要是由以下两个因素推动的：其一是互联网技术与大容量集装箱运输技术的发展大幅度降低了市场交易成本；其二是中间品标准化与可贸易。③ 在这两个因素的共同推动下，一国充分参与全球产业链分工进而形成外循环发展模式已经成为必须。当前，创新催生了全新的贸易商品和服务，促进了更快的贸易增长；自动化和 3D 打印技术有利于提高生产率、扩大生产规模；数字平台企业正在降低贸易成本，促使小企业更容易地走出本土市场、向全世界销售商品和服务。④

然而，在经济复苏缓慢、贸易摩擦、疫情冲击等多重因素影响之下，依靠国外市场循环拉动的经济模式也面临一些挑战，这些挑战正在破坏各国实

---

① https：//www.sc.com.

② WIPO，*Global Innovation Index 2021*，Geneva，2021.

③ 华民：《全球产业链分工与经济增长》，中华人民共和国商务部官网，http：//zys.mofcom.gov.cn/article/zxw/201911/20191102917959.shtml。

④ World Bank，*Trading for Development：In the Age of Global Value Chains*，Washington D.C.，2020.

现生产率增长的途径，但也为各国提供了进行深层结构性改革和更好地重建创新和贸易系统的机会。例如，潜在的全球产业链重组可能为一些发展中国家创造机会，这些国家靠近主要市场，受益于可能的近岸外包，在相关行业中具有一些比较优势。[①] 中国在一系列结构性改革措施的推动下，正在加快形成以国内大循环为主体、国内国际双循环相互促进的发展新格局。此举既是顺势而为的战略举措，更是强国之路的必然选择，可以为金砖国家的发展提供借鉴。

金砖国家是世界上最具代表性的五个发展中国家，金砖五国一直在全球产业链分工中占据重要位置。2019 年，金砖国家占发展中国家对外直接投资存量的 40%。[②] 大国经济的优势就是内部可循环。金砖国家应探索以国际循环提升国内大循环效率、促进开放发展的新模式，通过科技创新催生更多国内发展动能，巩固国家间的信任，确保从对外直接投资和全球产业链的参与中分享利益，这是金砖国家建立新工业革命伙伴关系，实现经济增长的关键。

二 金砖国家构建新工业革命伙伴关系的进展及挑战

（一）主要进展

金砖国家高度重视科技创新合作和包容发展，共同抓住机遇、应对风险，在合作机制建设、创新政策共享、联合资助研发、专题领域合作、青年学者交流方面取得了一些成果。[③]

1. 科技创新合作机制建设逐渐稳定

金砖各国以召开联委会和科技部高层互访为契机，不断优化科技创新合作长效机制。迄今为止，金砖国家已经签署了《金砖国家政府间科技创新

---

① World Bank, *An Investment Perspective on Global Value Chains*, Washington D. C., 2021.

② World Bank, *An Investment Perspective on Global Value Chains*, Washington D. C., 2021.

③ 中国科学技术部：《科技创新助力落实金砖国家新工业革命伙伴关系》，2019。

合作谅解备忘录》《金砖国家创新合作行动计划（2017—2020 年）》等一系列科技创新合作文件。利用金砖国家科技创新合作机制进行大项目的征集和资助工作也取得了一些进展。2016 年，金砖五国成立了科技创新资金资助方工作组，签署了《金砖国家科技创新框架计划》，金砖五国科研资助机构达成开展联合资助合作研究项目协议，支持与促进来自至少 3 个国家合作伙伴的合作。金砖五国支持专题领域如表 1 所示。

表 1　金砖五国支持专题一览（2016 年）

序号	专题领域	巴西	俄罗斯			印度	中国		南非	
		CNPq	FASIE	MON	RFBR	DST	MOST	NSFC	DST	NRF
1	自然灾害管理	▲	▲	▲	▲	▲	▲			▲
2	水资源和污染治理	▲	▲	▲	▲			▲		▲
3	地理空间技术及其应用	▲	▲	▲	▲	▲				▲
4	新能源、可再生能源及能效	▲	▲	▲	▲	▲				▲
5	天文学		▲	▲	▲	▲				▲
6	生物技术与生物医药，包括人类健康与神经科学	▲	▲	▲	▲	▲		▲		▲
7	信息技术与高性能计算	▲	▲	▲	▲	▲				▲
8	海洋与极地科学技术	▲		▲	▲	▲		▲		▲
9	材料科学，包括纳米技术		▲	▲	▲	▲		▲		▲
10	光电学	▲	▲	▲	▲	▲				▲

注：CNPq 为巴西国家科学技术发展委员会；FASIE 为俄罗斯小型创新企业援助基金会，MON 为俄罗斯教育与科学部，RFBR 为俄罗斯基础研究基金会；第一个 DST 为印度科技部；MOST 为中国科技部，NSFC 为中国国家自然科学基金委员会；第二个 DST 为南非科技部，NRF 为南非国家研究基金会。

资料来源：中国科学技术部网站，http：//www. most. gov. cn/tztg/201605/t20160527_125839. html。

2. 科技园区和中小企业网络建设取得一定进展

2017 年，巴西提出建立金砖国家科技园、技术企业孵化器和中小企业网络的倡议，金砖五国希望借此汇聚各国创新资源，联通五国创新主体，助力金砖五国成为创新创业的热土。2018 年，中方在昆明举办第二次金砖国家科技创新创业伙伴关系工作组会议，设置专题讨论完善该倡议。

3.金砖国家技术转移中心落户昆明

2018 年，在第六届金砖国家科技创新部长级会议上，中方提出建立金砖国家技术转移中心的倡议获得各国一致同意，并写入《德班宣言》。金砖五国希望依托金砖国家技术转移中心，加强从事技术转移的人才培养、搭建产学合作平台，逐步实现创新成果在金砖国家间广泛、有序的转移转化。同年 9 月，中国科学技术部会同昆明市人民政府，依托昆明市科技局和国际技术转移网络建设金砖国家技术转移中心，金砖五国的代表齐聚昆明为其揭牌。

4.金砖国家信息通信技术和高性能计算创新合作中心建设有序推进

中国与南非共同牵头信息通信技术和高性能计算领域的合作，于 2017 年召开了首届金砖国家信息通信技术和高性能计算工作组会议暨创新合作论坛。会议形成决议，希望加强该领域人员、设施与信息互联互通，共同打造旗舰型项目。基于决议，中国于 2018 年召开的金砖国家科技创新部长级会议上提出了建立金砖国家信息通信技术和高性能计算创新合作中心的倡议，并写入《德班宣言》。

5.金砖国家未来网络研究院中国分院已成立

为更加深入推进金砖国家在信息通信技术领域的务实合作，2018 年，第四届金砖国家通信部长会议正式批准建立金砖国家未来网络研究院，鼓励和支持金砖各国建立分支机构。2019 年，金砖国家未来网络研究院中国分院成立仪式在深圳举行。中国、柬埔寨、埃及、老挝、俄罗斯、南非、菲律宾等金砖国家和其他发展中国家的通信部门，以及国际电信联盟、全球移动通信系统协会等国际组织的有关负责人出席会议。

6.科技人才交流取得一定成效

2016 年，印度举办了首届金砖国家青年科学家论坛。发展至今，该论坛形式由最初的青年科学家学术交流逐渐扩展，目前已经涵盖青年创新奖、女性科学家对话、创新创业政策探讨会等多种形式。2020 年，第五届金砖国家青年科学家论坛在线上举行，来自金砖国家的 100 多名青年科学家和创客参会，通过科技人才交流夯实了金砖五国科技创新合作基础，促进了民心相同。

7.新冠肺炎疫情促进了公共卫生领域的科技创新合作

面对全球新冠肺炎疫情严峻的外部形势，金砖国家开展了多层次国际科技合作和交流。2020年，第八届金砖国家科技创新部长级会议以线上方式举行；同年，金砖国家科技和创新框架计划在新冠病毒研究领域联合支持金砖五国科学家携手开展科研合作与攻关。金砖国家在相关领域的双边科技创新合作开展得如火如荼，例如，中俄两国科学家共同举办了"中俄联合应对新冠病毒学术研讨会""中俄新冠病毒学术线上研讨会"等学术会议，中俄在新冠肺炎疫情防控、诊疗方案、检测试剂、特效药物、生物安全等方面也进行了广泛的抗疫科研合作，现已启动数十个合作项目。

（二）主要挑战

1.大国博弈等因素对金砖国家科技创新合作造成冲击

金砖国家在自然资源禀赋、发展模式、公共政策框架和社会形态等方面的异同点十分显著。金砖各国正在以不同方式、不同速度，甚至是相互竞争的模式实现经济增长。百年大变局、大国博弈、权力较量、全球经济复苏缓慢、新冠肺炎疫情冲击等因素，加剧了金砖国家资源禀赋等方面的差异性对科技创新合作的负面影响，在一定程度上制约了金砖国家科技创新合作的深入。

2.金砖国家科技创新合作机制尚待成熟

（1）金砖国家科技创新合作机制与已有双边机制的角色界限不清

在金砖国家科技创新合作机制建立之前，中国和俄罗斯、巴西等国家均已建立了长期的双边合作关系。金砖国家科技创新合作机制在已有双边机制下究竟扮演什么角色？是有益的补充，还是另起炉灶？金砖国家各自拥有独特的国际合作格局，虽然金砖五国在很多科技创新领域合作热情很高，也签署了一系列合作协议，但从具体实施角度看，金砖国家科技创新合作机制与已有的金砖五国双边机制界限不清，政府的配套支持措施也不够明晰，导致部分合作进展不尽如人意。

（2）金砖五国在科技创新合作优先级等方面尚需磨合

金砖国家目前的科技创新合作框架基本是以金砖国家科技创新部长级会

议、金砖国家科技创新高官会和金砖国家科技创新工作组为依托，以《开普敦宣言》确定的 19 个主要合作领域和《莫斯科宣言》确定的 10 个科技创新主题领域为基础①，结合金砖五国优势学科领域和科技发展、科技外交战略等确定的。这种合作框架更多的是基于领导人峰会主导下的交流，科技创新合作的执行意愿往往依赖于当年金砖国家部长级会议轮值主席国的政治和科技发展意图。当轮值主席国的意图与其他国家产生矛盾或优先级冲突时，科技创新合作便不能有效开展。金砖国家的行动很少超出联合发表宣言或声明的范畴。

（3）金砖国家科技创新合作机制缺乏约束力

缺少有效的集体行为约束机制，国家之间难以建立相互信任，进而建立可持续的合作。② 新工业革命伙伴关系对金砖五国承担科技、工信、财政等职能的部门的协调能力要求非常高，金砖国家科技创新合作机制缺乏有效的约束力，缺乏对各成员国在合作决议的执行积极性和力度等方面的一致性要求以及考评手段，只能依靠各成员国的自觉，没有具有法律约束力的推进手段。如果长期缺乏约束手段，金砖国家科技创新合作的广度和深度将十分有限，新工业革命伙伴关系的推进也将受到阻碍。

三 以科技创新为突破口，构建金砖国家新工业革命伙伴关系

金砖国家合作的意义已超出五国范畴。"坚持以公平正义为理念引领全球治理体系变革"③ 是金砖国家参与全球治理的重要共识。金砖国家应加强团结合作，共同捍卫多边主义，以新工业革命伙伴关系为突破口，共同迎接百年未有之大变局。

---

① 《莫斯科宣言》确定的 10 个科技创新主题领域是在《开普敦宣言》确定的 5 个科技创新主题领域基础上的扩充。

② C. A. Kupchan, *How Enemies Become Friends : The Sources of Stable Peace*, Princeton：Princeton University Press，2010；R. Jervis, *Perception and Misperception in International Politics*, Princeton：Princeton University Press，1976.

③ 《习近平谈治国理政》第 3 卷，外文出版社，2020，第 427 页。

（一）总体思路

坚持"开放、包容、合作、共赢"的原则，金砖国家应积极探索可能引发新工业革命的关键技术的合作互动机制，在"常态化、多边化"上下功夫；立足各国发展实际，提升金砖国家创新能力，构筑金砖国家新工业革命伙伴关系，最大程度把握新工业革命带来的机遇，应对相关挑战；在合作机制建设中顺势而为、乘势而上，推动金砖国家在更大范围内进行外部循环，在国际舞台上凝聚金砖国家的共同声音，提高金砖国家话语权。

（二）重点科技创新合作方向

金砖国家科技创新合作领域选择的基本方法是：基于官方文件对金砖国家科技创新合作领域的描述，通过评估金砖国家优势学科分布、分析金砖国家论文和专利合作进展等，确定金砖国家未来科技创新合作的重点领域。所采用的信息来源如下：文献计量分析；金砖各国政府批准的（双边和多边）科技创新合作官方文件；涉及金砖国家科技创新发展规划的国家文件。

1. 学科重点合作领域

据统计，2020 年，中巴合作论文分布在 174 个学科中，中俄合作论文分布在 174 个学科中，中印合作论文分布在 185 个学科中，中南合作论文分布在 174 个学科中，巴俄合作论文分布在 133 个学科中，巴印合作论文分布在 139 个学科中，巴南合作论文分布在 161 个学科中，俄印合作论文分布在 149 个学科中，俄南合作论文分布在 126 个学科中，印南合作论文分布在 158 个学科中。[①]

具体而言，2020 年，金砖国家相互合作发表论文的领域分布见表 2 ~ 表 11。[②] 表 12 显示，金砖国家合作发表论文主要集中在物理学、环境科学、

---

① 对 Web of Science 核心合集中收录的金砖国家 SCI 论文数据进行统计。文献类型选择 Article 和 Review，出版年选择 2020 年，检索时间为 2021 年 8 月 19 日。

② 以 Web of Science 核心合集中收录的金砖国家 SCI 论文数据进行统计。文献类型选择 Article 和 Review，出版年选择 2020 年，检索时间为 2021 年 8 月 19 日。

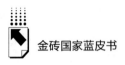

材料科学、电气电子工程、纳米技术、机器仪表、计算机科学、电信、能源等领域，而这些领域几乎都与新工业革命关系密切。

表2 中巴合作发表论文的前十名学科领域分布

序号	学科	论文数量(篇)	占比(%)
1	Physics Particles Fields 粒子物理领域	246	14.72
2	Astronomy Astrophysics 天文学、天体物理学	155	9.28
3	Physics Nuclear 核物理	95	5.69
4	Environmental Sciences 环境科学	94	5.63
5	Materials Science Multidisciplinary 材料科学及交叉学科	74	4.43
6	Multidisciplinary Sciences 交叉学科	69	4.13
7	Engineering Electrical Electronic 电气电子工程	60	3.59
8	Physics Multidisciplinary 物理及交叉学科	56	3.35
9	Physics Applied 应用物理学	50	2.99
10	Geosciences Multidisciplinary 地球科学及交叉学科	49	2.93

表3 中俄合作发表论文的前十名学科领域分布

序号	学科	论文数量(篇)	占比(%)
1	Materials Science Multidisciplinary 材料科学及交叉学科	369	13.34
2	Physics Particles Fields 粒子物理领域	315	11.39
3	Astronomy Astrophysics 天文学、天体物理学	255	9.22
4	Chemistry Physical 化学物理	212	7.66
5	Physics Applied 应用物理学	209	7.56
6	Chemistry Multidisciplinary 化学及交叉学科	173	6.26
7	Physics Multidisciplinary 物理及交叉学科	144	5.21
8	Nanoscience Nanotechnology 纳米科学、纳米技术	123	4.45
9	Physics Nuclear 核物理	115	4.16
10	Multidisciplinary Sciences 交叉学科	109	3.94

表4 中印合作发表论文的前十名学科领域分布

序号	学科	论文数量(篇)	占比(%)
1	Materials Science Multidisciplinary 材料科学及交叉学科	353	9.09
2	Environmental Sciences 环境科学	281	7.24
3	Engineering Electrical Electronic 电气电子工程	275	7.08

序号	学科	论文数量（篇）	占比（%）
4	Astronomy Astrophysics 天文学、天体物理学	236	6.08
5	Chemistry Physical 化学物理	228	5.87
6	Physics Particles Fields 粒子物理领域	225	5.79
7	Chemistry Multidisciplinary 化学及交叉学科	207	5.33
8	Physics Applied 应用物理学	201	5.18
9	Computer Science Information Systems 计算机科学与信息系统	171	4.40
10	Telecommunications 电信	159	4.09

表5　中南合作发表论文的前十名学科领域分布

序号	学科	论文数量（篇）	占比（%）
1	Astronomy Astrophysics 天文学、天体物理学	142	11.00
2	Physics Particles Fields 粒子物理领域	113	8.75
3	Environmental Sciences 环境科学	87	6.74
4	Chemistry Physical 化学物理	71	5.50
5	Materials Science Multidisciplinary 材料科学及交叉学科	68	5.27
6	Engineering Chemical 工程化学	51	3.95
7	Physics Multidisciplinary 物理及交叉学科	50	3.87
8	Multidisciplinary Sciences 交叉学科	46	3.56
9	Physics Nuclear 核物理	46	3.56
10	Energy Fuels 能源燃料	44	3.41

表6　巴俄合作发表论文的前十名学科领域分布

序号	学科	论文数量（篇）	占比（%）
1	Physics Particles Fields 粒子物理领域	248	30.58
2	Astronomy Astrophysics 天文学、天体物理学	141	17.39
3	Physics Nuclear 核物理	79	9.74
4	Physics Multidisciplinary 物理及交叉学科	63	7.77
5	Materials Science Multidisciplinary 材料科学及交叉学科	44	5.43
6	Physics Applied 应用物理学	30	3.70
7	Multidisciplinary Sciences 交叉学科	29	3.58
8	Instruments Instrumentation 仪器仪表	25	3.08
9	Mathematics 数学	22	2.71
10	Physics Condensed Matter 凝聚态物理	22	2.71

表7 巴印合作发表论文的前十名学科领域分布

序号	学科	论文数量(篇)	占比(%)
1	Physics Particles Fields 粒子物理领域	94	13.62
2	Astronomy Astrophysics 天文学、天体物理学	65	9.42
3	Infectious Diseases 传染病	43	6.23
4	Environmental Sciences 环境科学	42	6.09
5	Immunology 免疫学	40	5.80
6	Physics Nuclear 核物理	39	5.65
7	Ecology 生态	32	4.64
8	Multidisciplinary Sciences 交叉学科	31	4.49
9	Public Environmental Occupational Health 公共关系、环境和职业健康	29	4.20
10	Microbiology 微生物学	28	4.06

表8 巴南合作发表论文的前十名学科领域分布

序号	学科	论文数量(篇)	占比(%)
1	Physics Particles Fields 粒子物理领域	94	12.26
2	Astronomy Astrophysics 天文学、天体物理学	65	8.48
3	Environmental Sciences 环境科学	43	5.61
4	Infectious Diseases 传染病	43	5.61
5	Immunology 免疫学	40	5.22
6	Physics Nuclear 核物理	39	5.09
7	Public Environmental Occupational Health 公共关系、环境和职业健康	37	4.82
8	Ecology 生态	34	4.43
9	Multidisciplinary Sciences 交叉学科	34	4.43
10	Microbiology 微生物学	28	3.65

表9 俄印合作发表论文的前十名学科领域分布

序号	学科	论文数量(篇)	占比(%)
1	Physics Particles Fields 粒子物理领域	204	17.59
2	Astronomy Astrophysics 天文学、天体物理学	169	14.57
3	Materials Science Multidisciplinary 材料科学及交叉学科	128	11.03
4	Physics Nuclear 核物理	91	7.85
5	Physics Applied 应用物理学	77	6.64
6	Chemistry Multidisciplinary 化学及交叉学科	73	6.29
7	Physics Multidisciplinary 物理及交叉学科	65	5.60

序号	学科	论文数量(篇)	占比(%)
8	Chemistry Physical 化学物理	63	5.43
9	Physics Condensed Matter 凝聚态物理	54	4.66
10	Biochemistry Molecular Biology 生物化学、分子生物学	47	4.05

表10　俄南合作发表论文的前十名学科领域分布

序号	学科	论文数量(篇)	占比(%)
1	Astronomy Astrophysics 天文学、天体物理学	108	18.09
2	Physics Particles Fields 粒子物理领域	95	15.91
3	Physics Multidisciplinary 物理及交叉学科	50	8.38
4	Physics Nuclear 核物理	45	7.54
5	Optics 光学	26	4.36
6	Zoology 动物学	21	3.52
7	Materials Science Multidisciplinary 材料科学及交叉学科	19	3.18
8	Multidisciplinary Sciences 交叉学科	19	3.18
9	Physics Applied 应用物理学	16	2.68
10	Entomology 昆虫学	14	2.35

表11　印南合作发表论文的前十名学科领域分布

序号	学科	论文数量(篇)	占比(%)
1	Astronomy Astrophysics 天文学、天体物理学	106	9.59
2	Materials Science Multidisciplinary 材料科学及交叉学科	74	6.70
3	Chemistry Physical 化学物理	69	6.24
4	Physics Particles Fields 粒子物理领域	68	6.15
5	Environmental Sciences 环境科学	60	5.43
6	Multidisciplinary Sciences 交叉学科	48	4.34
7	Pharmacology Pharmacy 药理学与药学	48	4.34
8	Chemistry Multidisciplinary 化学及交叉学科	46	4.16
9	Biochemistry Molecular Biology 生物化学、分子生物学	45	4.07
10	Infectious Diseases 传染病	45	4.07

表12 金砖国家合作发表论文的前十名学科领域分布

合作国 排序	中巴	中俄	中印	中南	巴俄	巴印	巴南	俄印	俄南	印南
1	粒子物理领域	材料科学交叉学科	材料科学及交叉学科	天文学、天体物理学	粒子物理领域	粒子物理领域	粒子物理领域	粒子物理领域	天文学、天体物理学	天文学、天体物理学
2	天文学、天体物理学	粒子物理领域	环境科学	粒子物理领域	天文学、天体物理学	天文学、天体物理学	天文学、天体物理学	天文学、天体物理学	粒子物理领域	材料科学及交叉学科
3	核物理	天文学、天体物理学	电气电子工程	环境科学	核物理	传染病	环境科学	材料科学及交叉学科	物理及交叉学科	化学物理
4	环境科学	化学物理	天文学、天体物理学	化学物理	物理及交叉学科	环境科学	传染病	核物理	核物理	粒子物理领域
5	材料科学及交叉学科	应用物理学	化学物理	材料科学及交叉学科	材料科学及交叉学科	免疫学	免疫学	应用物理学	光学	环境科学
6	交叉学科	化学及交叉学科	粒子物理领域	工程化学	应用物理学	核物理	核物理	化学及交叉学科	动物学	交叉学科
7	电气电子工程	物理及交叉学科	化学及交叉学科	物理及交叉学科	交叉学科	生态	公共关系、环境和职业健康	物理及交叉学科	材料科学及交叉学科	药理学与药学
8	物理及交叉学科	纳米科学、纳米技术	应用物理学	交叉学科	仪器仪表	交叉学科	生态	化学物理	交叉学科	化学及交叉学科
9	应用物理学	核物理	计算机科学与信息系统	核物理	数学	公共关系、环境和职业健康	交叉学科	凝聚态物理	应用物理学	生物化学、分子生物学
10	地球科学及交叉学科	交叉学科	电信	能源燃料	凝聚态物理	微生物学	微生物学	生物化学、分子生物学	昆虫学	传染病

结合对金砖各国优势学科和重点发展领域的分析（详见国别报告），以及金砖国家合作宣言等对金砖国家科技创新合作的表述，我们认为，金砖国家学科重点领域合作既应关注各国优势学科领域，也要统筹考虑各国共同弱势领域，尤其是关键核心技术领域，可重点关注基础学科、信息科学、材料科学、环境科学、能源、医学、生物技术、半导体、航空航天等领域。这些领域将是金砖国家深化新工业革命伙伴关系的重要基础。

2. 技术重点合作领域

我们根据金砖国家知识产权情况，尤其是申请专利的情况，分析金砖国家技术重点合作领域。

（1）金砖国家专利知识产权总体情况

根据世界知识产权组织（WIPO）发布的 *World Intellectual Property Indicators 2020*[①] 数据，中国、印度、俄罗斯、巴西的专利申请活动相对较为活跃，中国、俄罗斯的实用新型申请活动较为频繁，巴西、俄罗斯商标申请活动近两年增长速度较快，印度、俄罗斯、中国的工业设计申请活动近两年呈正增长态势（见表13~表16）。

表13　2018~2019年金砖国家专利申请活动情况——按照国家申请机构统计

国家	2018年专利申请数量（件）	2019年专利申请数量（件）	增长率（%）	2019年排名（位）
巴西	24857	25396	2.17	24
俄罗斯	37957	35511	-6.44	12
印度	50055	53627	1.14	10
中国	1542002	1400661	-9.17	1
南非	6915	6914	-0.01	41

数据来源：WIPO。

表14　2018~2019年金砖国家实用新型申请活动情况——按照国家申请机构统计

国家	2018年实用新型申请数量（件）	2019年实用新型申请数量（件）	增长率（%）
巴西	- *	2824	- *

---

① WIPO, "World Intellectual Property Indicators 2020", Geneva, 2020.

续表

国家	2018 年实用新型申请数量(件)	2019 年实用新型申请数量(件)	增长率(%)
俄罗斯	9747	10136	4.00
印度	－ *	－ *	－ *
中国	2072311	2268190	9.45
南非	－ *	－ *	－ *

注： － * 表示没有获得相关数据。
数据来源：WIPO。

表 15　2018~2019 年金砖国家商标申请活动情况——按照国家申请机构统计

国家	2018 年商标申请数量(件)	2019 年商标申请数量(件)	增长率(%)
巴西	204419	250022	22.31
俄罗斯	263552	306976	16.48
印度	342698	367764	7.31
中国	7365352	7833081	6.35
南非	38537	37371	－ 3.03

数据来源：WIPO。

表 16　2018~2019 年金砖国家工业设计申请活动情况——按照国家申请机构统计

国家	2018 年工业设计活动申请数量(件)	2019 年工业设计活动申请数量(件)	增长率(%)
巴西	6111	5850	－ 4.27
俄罗斯	8943	9208	2.96
印度	12632	13710	8.53
中国	708799	711617	0.40
南非	1943	1884	－ 3.04

数据来源：WIPO。

按照金砖国家研发人员人数来看，巴西有 18 万名研发人员（2014 年）[1]、俄罗斯有 76 万名研发人员（2018 年）[2]、印度有 34 万名研发人员（2018 年）[3]、中国有 480 万名研发人员（2019 年）、南非有 4 万名研发人员（2017 年）[4]，金

---

[1]　巴西《2019 年国家科技创新指标》。
[2]　中国国家统计局等编《金砖国家联合统计手册 2020》，中国统计出版社，2021。
[3]　印度《研发统计一览 2019—2020》，截止时间为 2018 年 4 月 1 日。
[4]　中国国家统计局等编《金砖国家联合统计手册 2020》，中国统计出版社，2021。

砖国家研发人员平均申请知识产权情况如表 17 所示。南非研发人员平均专利申请数量仅次于中国，中国、巴西、印度、南非研发人员平均商标申请数量远远高于俄罗斯。

表 17　2019 年金砖国家研发人员平均申请知识产权情况

国家	专利申请数量 （件/万名研发人员）	实用新型申请数量 （件/万名研发人员）	商标申请数量 （件/万名研发人员）	工业设计申请数量 （件/万名研发人员）
巴西	1410.8889	156.8889	13890.1111	325
俄罗斯	467.2500	133.3684	4039.1579	121.1579
印度	1577.2647	－ *	10816.5882	403.2353
中国	2918.0438	4725.3958	16318.9188	1482.5354
南非	1728.5000	－ *	9342.7500	471

注：－ * 表示没有获得相关数据。

（2）金砖国家专利结构分析

2019 年，金砖国家中中国、印度、俄罗斯在除南非外的其他国家专利局申请的专利数量较多，南非在其他国家的专利申请数量几乎和在本国的专利申请数量相同（见表 18）。

表 18　2019 年金砖国家在金砖国家专利局申请专利数

国别	专利局				
	巴西	俄罗斯	印度	中国	南非
巴西	19526 *	0 *	0 *	0 *	0 *
俄罗斯	64	23337	82	220	0 *
印度	171	63	19454	321	0 *
中国	1204	1071	3767	1243568	25 *
南非	1649 *	1649 *	1649 *	1650 *	1786 *

数据来源：非 * 标数据来自 WIPO；* 标数据来自 Derwent Innovation 专利数据库收录的专利数据。

进一步，将专利申请分为居民专利申请和非居民专利申请进行分析，[①] 2019 年，印度、巴西、南非三个国家非居民专利申请量相对居民更多（见表 19）。

___

① 主要考虑到有的专利申请是以自然人申请，有的是以企业为单位申请，主体不同。

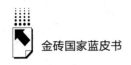

表19　2019 年金砖国家专利申请结构——居民专利申请、非居民专利申请

国家	总计(件)	居民专利申请(件)	非居民专利申请(件)
巴西	25396	5464	19932
俄罗斯	35511	23337	12174
印度	53627	19454	34173
中国	1400661	1243568	157093
南非	6914	567	6347

数据来源：WIPO。

（3）金砖国家专利优势领域

就 WIPO 可获得的完整数据来看，2018 年，全球计算机技术领域的专利申请最为频繁，共有 234667 件公开申请，其次是电机、设备、能源（215828 件），测量（164255 件），医疗技术（147542 件）和数字通信（146416 件）。这五个领域合计占全球所有已发布专利申请数量的 28.4%。2016～2018 年，中国和美国在计算机技术领域的专利申请量最多，俄罗斯在食品化学方面的专利申请量最多，印度在药品方面的专利申请量最多，巴西在其他特种机械方面的专利申请量最多，WIPO 没有统计南非的相关数据。[①] 2011～2019 年美国专利商标局（USPTO）按技术领域授予南非发明者的专利数量显示，南非在医疗、基础材料化学、化学工程、其他特种机械、材料和冶金等领域申请的专利较多。[②]

（4）金砖国家合作专利情况

通过对金砖五国两两之间的专利合作数量分析[③]，发现中印、中俄和中巴专利合作数量较多，分别为 276 件、177 件和 66 件，而南非和巴西在这十年间合作专利数量为 0（见表20）。

---

① WIPO, "World Intellectual Property Indicators 2020", Geneva, 2020.
② National Advisory Council on Innovation of South Africa, "South African Science, Technology and Innovation Indicators Report 2021," 2021.
③ 采用 Derwent Innovation 专利数据库收录的专利数据，申请年选择 2011～2020 年，检索时间为 2021 年 8 月 24 日。

表20 2011～2020年金砖国家合作专利数量

单位：件

国家	巴西	俄罗斯	印度	中国	南非
巴西	—	7	48	66	0
俄罗斯	7	—	20	177	4
印度	48	20	—	276	14
中国	66	177	276	—	25
南非	0	4	14	25	—

数据来源：Derwent Innovation专利数据库。

进一步分析金砖国家合作专利的领域分布，发现2011～2020年，巴俄的合作专利主要在生物、植物方面，印南的合作专利主要在医学、生物、计算机等方面，具体内容如表21所示，不再赘述。

表21 2011～2020年金砖国家合作专利主要领域

国家	巴西	俄罗斯	印度	中国	南非
巴西	—	生物、植物	车辆制造、集成电路、节水、计算机、电机、农业、生物、材料	制造、元器件、变压器、压缩机、农业、医学、材料、生物、环境	无
俄罗斯	生物、植物	—	计算机、集成电路、生物、宝石切割、冶金、船舶	计算机、无线电、材料	环境科学、化学
印度	车辆制造、集成电路、节水、计算机、电机、农业、生物、材料	计算机、集成电路、生物、宝石切割、冶金、船舶	—	医学、制造、计算机、照明灯、晶体管、材料、风力发电、能源	医学、生物、计算机、环境、电机
中国	制造、元器件、变压器、压缩机、农业、医学、材料、生物、环境	计算机、无线电、材料	医学、制造、计算机、照明灯、晶体管、材料、风力发电、能源	—	机械、材料、制造、铁路运输、财务
南非	无	环境科学、化学	医学、生物、计算机、环境、电机	机械、材料、制造、铁路运输、财务	—

数据来源：根据Derwent Innovation专利数据库进行专利逐条分析。

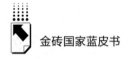
结合金砖国家各自的专利优势领域和金砖国家十年来专利合作领域，我们认为，金砖国家可以采取优势互补或强强联手等合作策略，未来重点技术合作领域仍应落脚在与计算机相关的技术领域，并结合金砖国家专利布局优势，综合考虑制造、材料、生物、环境、能源等领域。

（三）具体政策举措与建议

1. 推动金砖国家之间开放创新，建立金砖国家技术银行，主动融入全球创新网络

一是加大对信息技术、材料科学、医学、环境科学等领域研究项目和研究经费的开放力度，尤其是对金砖国家中小企业联合参与的科研项目提供政策倾斜。

二是鼓励金砖国家在共同弱项的技术领域形成共担风险、共享利益的合作伙伴关系，在上述领域中逐步推出金砖国家技术标准。

三是加快金砖国家科技创新领域的数据集中和共享，坚持数据开放、市场主导，以数据为纽带促进金砖国家产学研深度融合。

四是应重点研究金砖国家科技创新合作机制如何使金砖各国之间（至少三方）获得彼此需要的关键技术或关键功能（这些技术或功能是自身处于劣势却急需，而又可以在金砖各国之间通过多方或多次互换而得来的），而不仅仅是在金砖平台上讲国别故事，这样才能使金砖国家科技创新合作机制成为已有双边机制的有益补充。建议建立金砖国家技术银行，该银行可为虚拟银行，不具备吸储等传统银行功能，而是承载金砖各国技术，并允许金砖各国技术在技术银行中多次交叉转让许可。金砖国家企业在该技术银行中"贷款"的对象不是资金，而是技术。对技术银行中等待交易的技术进行确权、评估十分重要。

五是建立融入全球创新网络的金砖国家稳健合作网络，鼓励金砖国家作为共同体参与由第三方主办的学术会议、论坛，鼓励金砖国家作为共同体与第三方国家合作。借助联合国工发组织、联合国贸发会议、国际电信联盟等平台，推动金砖国家在可持续发展等领域的全方位合作。

六是以金砖国家技术银行为主导，尽早建立以专利技术为主（后期可重点拓展文化创意等领域）的知识产权资产评估平台。整合各国科技园区、产业园区政策，为基于知识产权的创新创业和新兴企业的成长提供金融授信。

2. 进行人工智能、大数据、区块链领域的联合研发和应用布局，加快建设金砖国家金融科技创新中心

一是加强金砖国家在人工智能、云计算、大数据、区块链、5G 等领域的联合研发，提升金砖五国的信息通信技术基础设施建设和互联互通水平。

二是建议在金砖国家信息通信技术和高性能计算创新合作中心、金砖国家未来网络研究院等基础之上，设立金砖国家金融科技创新中心，重点在人工智能、云计算、大数据、区块链、5G 等应用场景设计方面进行研究布局。

三是总结中国等国的数字化建设经验，以金砖国家金融科技创新中心为推手，打破领域壁垒，在行政、管理、商贸、交通等应用场景中，推广大数据、云计算、人工智能等技术手段，提升经济社会工作效率，降低经济社会整体运行损耗。

3. 加快建立"金砖国家知识产权保护网络"，设立孵化器、加速器或联合基金

一是加强金砖国家法律、商业协调，联合保障知识产权。金砖国家对知识产权保护的诉求一直存在，2016 年 10 月，在新德里举办的第六届金砖国家经贸部长会议上通过的《金砖国家知识产权合作机制工作职责》，为金砖国家知识产权合作奠定了基础。建议建立"金砖国家知识产权保护网络"，分享各国知识产权保护法律的建设和落地情况，完善金砖国家之间知识产权保护法律的援助体系，有计划、有步骤地进行金砖国家知识产权保护及安全分析机制的建设和工作部署，设立金砖国家知识产权安全分析报告制度，推动金砖各国在市场化、法治化原则基础上开展技术转移和技术交流合作。

二是针对金砖国家未产业化的科技成果或专利，在已经规划的科技园区，由政府间设置孵化器、加速器，为金砖国家知识产权流动、组合创造良好营商环境。在金砖国家技术银行估值授信背书基础上，由各国政府建立联合基金，引导社会资本投入，促进相关技术在金砖国家内部转移。在指定科技园区统一财税政策，设立包含收益权处置方法在内的配套制度规则，鼓励跨国创新创业。可共同培育和认定一批面向全球的技术转移服务中介，促进金砖国家企业尤其是中小企业的跨国技术转移。

4. 推进金砖国家科技创新高端智库建设，构建虚拟知识社区

一是在已经建立起来的"金砖国家大学联盟""金砖国家网络大学""金砖国家经济智库"这三大平台基础之上，推动金砖国家科技创新高端智库建设。金砖国家科技创新高端智库参与方可由智库和具有智库职能的媒体机构组成，同时包括国际组织、高校研究机构及以个人名义参与的知名学者，要将政治家、企业家和学者均纳入金砖国家科技创新高端智库建设中。

二是金砖国家科技创新高端智库要对金砖国家新工业革命伙伴关系的进展、科技创新合作总体情况进行研究和评估，定期出版发布《金砖国家新工业革命伙伴关系展望》《金砖国家科技创新合作调查》《金砖国家技术发展趋势分析》等报告；对全球顶级科技园区，如美国硅谷、英国剑桥科技园、日本筑波科学城、印度班加罗尔软件园等的创新政策进行跟踪评估和研究，为推动金砖国家科技园区合作提供样本，联合发布《金砖国家科技园区合作报告》等。

三是基于计算机信息处理技术、计算机网络资源共享技术和多媒体信息展示技术等，构建金砖国家科技创新高端智库虚拟知识社区，鼓励专家、学者远程开展学术交流活动。

5. 常态化金砖国家创新人才交流机制，为金砖国家人才在各国之间的入境通关、工作、学术交流等提供便利

一是常态化金砖国家创新人才交流机制，在青年科学家论坛、青年创新创业合作伙伴关系基础上，实施金砖国家创新人才交流项目，鼓励金砖国家高等院校和科研院所展开合作交流、培训和合作研究。

二是以科研项目为抓手，为金砖国家人才在各国之间的入境通关、工作、学术交流等提供便利。积极探索建立金砖国家科技人脉关系数据库，为金砖国家科技人员、创业人员和投资者之间编制紧密的关系网络和人脉网络，为相互提供支持创造便利条件，推动科研项目合作和企业创新创业发展。

6. 完善治理体制，稳步构建多层次成员国体系

一是致力于发展专业化的组织团队，可参考借鉴其他经济合作组织（如亚太经合组织、欧盟等），设立秘书处等专门的常设机构。金砖国家建立秘书处必然会涉及在哪个国家建立秘书处、谁来支付成本的问题。为了解决相关问题，也为了更快更好地推进常设机构的建立，可以将秘书处设在一个国际组织中（如 G20 等），开辟服务金砖国家的相关职能，用以统一协调各成员国之间的科技、工业等相关合作事务。

二是签订统一的具有法律性约束力的文件（可包含评级、评估和奖惩等内容），对金砖各国合作实行全过程、全环节的评估考核，厘清责任和贡献、明晰权责。建立仲裁委员会机制，以便有效地处理合作中的矛盾和冲突。

三是可以考虑把中国 – 中东欧国家合作机制，"一带一路"倡议中的发展中国家发展为对话观察员或伙伴国，逐步构建多层次的成员国体系。

7. 以金砖国家新工业革命伙伴关系创新基地为中心重构创新合作空间

利用好金砖五国优势资源，通过对科学研究、技术开发与工程化、产业化等创新链各环节的整体规划和统筹部署，最大程度地发挥高校和科研院所的作用，培育更多创新型领军企业，将金砖国家新工业革命伙伴关系创新基地建设成为具有国际竞争力的国际合作样板基地。

（1）基本思路

一是围绕金砖国家需求，发现、提出、承担并完成重大科学、技术、工程任务，提升金砖国家的核心竞争力；二是集中金砖五国的优势科技创新资源，建立开放共享和协同创新机制，进行重大原始创新与集成创新，在合作中提高金砖国家的自主创新能力；三是实现创新成果的快速转化与扩散，进一步发展融合法律、金融等内容的科技服务，在合作中支撑金砖国家经济社会健康发展；四是吸引、会聚、培育科学、技术、工程与产业化高水平领军人才与创新队伍，在合作中锻造金砖国家的人才力量。

（2）建设原则

围绕国家目标，实现自立自强。围绕金砖国家合作需求和中国高质量发展要求，加强科技和产业发展的前瞻部署和超前引领，促进自立自强的实现。

保持存量协同，促进增量发展。充分发挥厦门市现有的各类创新载体的优势和作用，结合已有的昆明金砖国家技术转移中心、深圳金砖国家未来网络研究院中国分院等建设基础，以增量投入引导存量发展，科学布局创新基地的各类资源要素，打造创新基地"城市圈"。

推进机制创新，引领和创造需求。在重点领域、关键环节的改革上取得新突破，为释放市场活力和实现高质量发展构建坚实的机制保障。

（3）几点考虑

一是成立金砖国家新工业革命伙伴关系治理小组，做好顶层设计，实体化运营创新基地，构建创新基地在科技创新、产业发展、人才培养、科技金融、贸易投资、法律咨询等方面的一体化政策协调机制，制定每年的具体工作和任务目标。

二是把握好金砖国家创新合作的方向、重点、领域和应用场景，突破某些机制障碍，开辟一些"绿色通道"，为开展相关国际合作项目营造便利条件。用好金砖五国的特长，积极布局国际联合实验室、基础学科研究中心、产业创新基地，探索稳定性和竞争性相适宜的投入机制；可尝试在创新基地建立更具弹性的审慎包容监管制度，积极发展更多融合、杂交型新业态，设立创新发展监管特区。

三是统筹利用好厦门市教育资源和对外宣传资源，着力培养一批科技创新和产业发展领域的战略科学家、科技骨干力量，以及科技辅助力量和配合力量，围绕新工业革命伙伴关系建设主题，打造金砖国家创新型人才教育基地。

四是发挥好市场在资源配置中的决定性作用，尊重科学规律、经济规律、市场规律，鼓励企业、高校、科研院所、行业协会等组织，跨行业、跨学科、跨国家整合力量。支持金砖国家领军企业牵头组建重大创新联合体，集成金砖五国高校、科研院所的科技成果，统筹行业上下游的创新资源，形成体系化、任务型的协同创新模式，承担重大的、战略性的课题，并迅速市场化、产业化。

五是支持厦门市实行更加开放便利的境外人才引进和出入境管理制度，允许取得永久居留资格的国际人才在厦门市或创新基地建设范围内创办科技型企业、担任科研机构法人代表。

B.3
金砖国家信息化发展报告

林茜妍 韩亨达 赵新力 *

摘 要： 2007～2019 年，金砖五国的信息化水平均有较大程度的提升，其中四个国家的信息化水平提高了一个级别。在金砖五国中，俄罗斯的信息通信技术（ICT）接入指数最高，中国、南非的 ICT 接入情况改善最为显著；中国的 ICT 应用指数几乎提高了五倍，于 2015 年取代俄罗斯成为 ICT 应用指数最高的国家；俄罗斯超过 80% 的国民拥有在互联网上交流和工作的能力，巴西、中国和南非也有超过 60% 的国民具有该项技能；俄罗斯和巴西的信息化发展水平长期领先，中国、南非的信息化发展水平居中。金砖国家的 ICT 平均水平在 2015 年超过了全球的 ICT 平均水平，金砖国家信息化水平的提高主要得益于网络建设和普及。据分析，金砖各国信息通信技术发展指数（IDI）与金砖各国在信息通信领域发表的 SCI 论文数存在正相关关系，与金砖各国人均GDP 的关联度不显著。

关键词： 信息通信技术（ICT） 金砖国家 信息通信技术发展指数（IDI）

---

* 林茜妍，中国科学技术部中国科学技术交流中心项目主管，副研究员，研究领域为科技项目管理、国际科技合作、"一带一路"科技创新合作等；韩亨达，华中科技大学能源与动力工程学院，博士后；赵新力（通讯作者），博士，国际欧亚科学院院士，清华大学中国科技政策研究中心资深顾问，中国科学技术部原二级专技岗研究员，中国科学技术交流中心原三级职员，博士生导师，研究领域为管理科学与工程、信息管理、国际关系。

当今时代，以互联网、移动通信为代表的网络信息通信技术不断地影响着一国的经济繁荣、社会发展、人民生活和整体安全，同时也深刻地影响着国与国之间的关系和全球格局。2008 年国际金融危机以后，国际信息化发展呈现新战略、新思路和新竞争。联合国《2030 年可持续发展议程》指出，ICT 蕴藏着极大的潜力，呼吁世界各国大大增加对 ICT 的获取和使用，从而使其在支持落实各项可持续发展目标（SDGs）方面发挥关键作用。

全球经济格局深度调整，新一轮技术革命来临，在这一背景下，各国也纷纷推出信息化和数字化发展战略。高水平的信息化发展是一个国家从第三次工业革命跨越到新工业革命的最重要的桥梁。2016 年 12 月 21 日，联合国大会通过关于"信息和通信技术促进发展"的决议①，决议表明，信息和通信技术是经济发展和投资的关键推进手段，可为就业和社会福祉带来相应的惠益；信息和通信技术在社会中日趋普及对政府提供服务、企业与消费者建立联系，以及公民参与公共和私人生活的方式具有深远影响；信息和通信技术具有潜力，可以提出新的办法应对发展挑战，特别是全球化背景下的发展挑战，并且可以促进持久、包容和公平的经济增长和可持续发展，提高竞争力，增加获取信息和知识的机会，推动贸易与发展，促进消除贫穷和社会融合，从而有助于所有国家特别是发展中国家和最不发达国家加速融入全球经济。

第五届金砖国家工业部长会议声明，金砖国家的新工业革命伙伴关系，首要目标在于深化金砖国家在数字化、工业化和创新领域的合作。金砖国家在信息化和数字化方面的发展水平受到各国经济、社会、文化等各方面的综合影响。提高信息化水平，是金砖国家应对全球化发展挑战、促进经济可持续发展、提高竞争力、增加获取信息和知识的机会、推动贸易与发展、促进消除贫穷和社会融合的重要手段。因此，信息化建设也是金砖国家共同关注的重点内容。②

本报告采用的信息化发展相关指标数据来自国际电信联盟（ITU）的数

---

① 第 71 届联合国大会根据第二委员会（经济和金融）的报告通过的决议清单，编号 A/RES/71/212。

② 冷昕、张少杰：《"金砖五国"信息产业国际竞争力比较研究》，《情报科学》2014 年第 6 期。

据库，主要分析了 2010 年以来的信息化发展状况和变化趋势。本报告试图揭示金砖国家在信息化发展方面的特点和差异性。本报告还分析了金砖各国的优劣势和发展方向，期望为金砖国家信息化建设及发展提供借鉴。

一 测评指标及方法

（一）信息通信技术发展指数(IDI)

信息通信技术发展指数，也称 ICT 发展指数，是一项集 11 种指标为一项基准值（以 0 至 10 级表示）的综合指数，旨在监测和比较不同国家间信息通信技术（ICT）的发展情况。

IDI 又分为三项分指数：ICT 接入指数、ICT 应用指数（主要是个人，同时也包括家庭、企业，以及将来可能提供的数据）、ICT 技能指数（或者说能够有效地使用信息通信技术的能力）。[1] 每项分指数都涉及 ICT 发展进程中的不同方面和要素，通过对每个分类指数，列出潜在可行的变量（或指标），最后从中选择了 11 个指标。它的组成如图 1 所示。

《衡量信息社会报告》仅发布到 2018 年（数据为 2017 年的）。2018 年后，因专家组和电信专家组内对相关指数未达成共识[2]，未再发布新的报告。本报告中以 IDI 为参数进行直接分析比较的内容限于 2017 年及更早的数据。

（二）本报告采取的主要评价指标

本报告采取的主要评价指标修正了以国际电信联盟（ITU）的 IDI 为代表的整体信息化水平的分析比较。新的 IDI 依然从 ICT 接入、ICT 应用和 ICT 技能三个方面选取典型参数开展分析与研究。

ICT 接入：由于 2018 年后每个用户的国际互联网带宽等数据缺失，新

---

① *Measuring the Information Society Report*（2010－2018），ITU Publication.

② "The ICT Development Index，" https：//www.itu.int/en/ITU－D/Statistics/Pages/IDI/default.aspx.

	ICT接入	参考值	权重（%）
1	每百户固定电话用户数	60	20
2	每百户移动电话用户数	120	20
3	每个用户的国际互联网带宽（bit/s）	962 216*	20
4	拥有电脑的家庭比例	100	20
5	拥有互联网的家庭比例	100	20
	ICT应用	参考值	权重（%）
6	使用互联网的个人比例	100	33
7	每百户固定宽带普及率	100	33
8	每百户移动宽带普及率	100	33
	ICT技能	参考值	权重（%）
9	成人识字率	100	33
10	中学毛入学率	100	33
11	大学毛入学率	100	33

（40% ／ 30% ／ 30%　ICT发展指数）

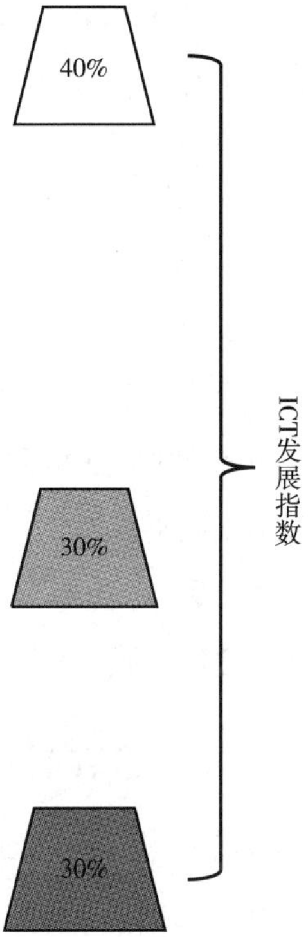

图1　ICT发展指数：指标、参考值和权重

注：对应的是对数值5.98，用于标准化。

数据来源：国际电信联盟。

的 ICT 接入指数仅保留了原 IDI 中 5 项指标中的每百户固定电话用户数和每百户移动电话用户数 2 项，ICT 接入指数取值为两者的平均值。

ICT 应用：继续选用使用互联网的个人比例、每百户固定宽带普及率和每百户移动宽带普及率，ICT 应用指数取值为 3 个参数按基准参考值为 100 进行基准化后的均值。

ICT 技能：考虑到近几年特别是新冠肺炎疫情期间，成人识字率、中学

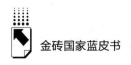

毛入学率、大学毛入学率 3 项指标评价 ICT 技能的偏差较大，我们选用了国民上网人数所占百分比作为 ICT 技能指数指标，基准参考值为 100。

二　金砖国家信息化发展水平评价分析

为了充分了解金砖五国信息化发展水平，本报告对中国、印度、俄罗斯、南非、巴西五个国家的信息通信技术发展指数（IDI），ICT 接入指数、ICT 应用指数和 ICT 技能指数的大小进行全面分析：统计了这五个国家根据信息通信技术发展指数划分的等级，对这五个国家的 IDI 指数和 ICT 接入指数、ICT 应用指数、ICT 技能指数进行了分类比较和逐个分析，并对这五个国家的 IDI 指数与通信领域论文发表数量、各国人均 GDP 的相关性进行了关联分析。

（一）评价结果总体情况

金砖五国的信息通信技术发展指数（IDI）如图 2 所示。由图 2 可知，金砖五国从 2007 年到 2017 年信息化发展水平都在持续增长。俄罗斯、巴西在信息化基础设施建设、信息产业贸易发展、数字网络服务体系等方面更为完善，长期占据金砖五国前列。中国人口基数大，信息化发展难度高，但 10 年间，IDI 指数持续增长。从 2007 年到 2017 年，中国 IDI 指数几乎翻倍，这表明中国的信息化发展成果卓著。同时，印度的信息化发展较为迟缓。

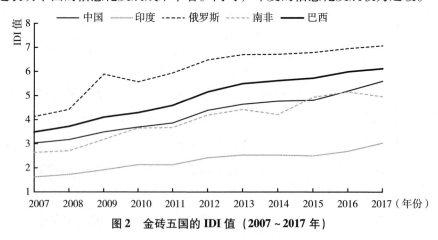

图 2　金砖五国的 IDI 值（2007～2017 年）

基于《衡量信息社会报告》的 IDI 指数（满分为 10 分）划分方法，可将所有国家分为四个等级，即"高"（7.5 < IDI ≤ 10）、"较高"（5 < IDI ≤ 7.5）、"中等"（2.5 < IDI ≤ 5）、"低"（IDI ≤ 2.5）。表 1 给出了金砖五国在 2007 年、2013 年和 2017 年的 IDI 指数等级。2007 年，金砖五国的 IDI 指数等级是中等甚至是低；但随着时间的推移，金砖五国的 IDI 指数等级有所上升，不再有低等级国家。中国、俄罗斯、巴西更是迈入较高等级行列，表明金砖五国的整体信息化发展水平有了长足的进步。但值得注意的是，金砖五国的信息化发展还未有达到高等级国家的水平，仍需进一步提高信息化水平。

表1 金砖五国的 IDI 指数等级

年份	中国	印度	俄罗斯	南非	巴西
2007	中等	低	中等	中等	中等
2013	中等	中等	中等	中等	较高
2017	较高	中等	较高	中等	较高

（二）评价结果分报告

1. ICT 接入指数

金砖五国的 ICT 接入指数 2010～2019 年的发展情况如图 3 所示。在五个国家中，俄罗斯的 ICT 接入指数最高。2010～2019 年，俄罗斯的 ICT 接入指数轻微下降，但始终在 30 以上。巴西的 ICT 接入指数在 2010 年处于相对较高水平，随着时间推移，巴西的 ICT 接入指数呈先增加后减小的趋势。中国早期的 ICT 接入情况相对落后，但 10 年内情况不断改善，2010～2013 年，2017～2019 年的两个阶段，中国的 ICT 接入情况改善较为显著。2018 年，中国反超巴西，ICT 接入指数增长了约 1/3。2010～2019 年，印度、南非的 ICT 接入指数也有所上升。中国、南非是 2010～2019 年金砖五国中 ICT 接入情况改善最为显著的国家。

2. ICT 应用指数

ICT 应用指数是根据使用互联网的个人比例、每百户固定宽带普及率和

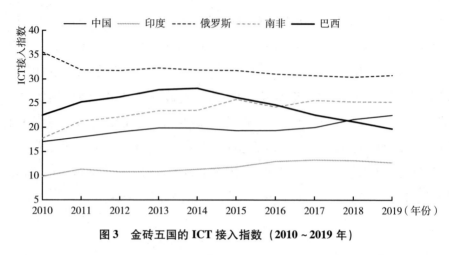

图3　金砖五国的ICT接入指数（2010～2019年）

每百户移动宽带普及率综合获得的指数，在一定程度上反映了互联网建设的情况。图4给出了金砖五国2010～2019年的ICT应用发展情况。相比于ICT接入指数，金砖五国的ICT应用指数上升更为明显。在一定程度上表明，互联网已逐渐取代电话，成为促进信息化发展的核心载体。中国是金砖五国中互联网应用进步最明显的国家，2010～2019年，中国的ICT应用指数几乎提高了五倍，于2015年取代俄罗斯成为金砖五国中ICT应用指数最高的国家。俄罗斯、巴西在ICT应用上也取得了较为明显的进步。相比之下，南非、印度在该方面的发展相对迟缓。

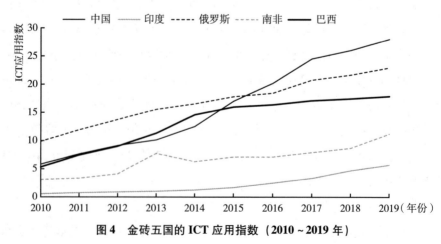

图4　金砖五国的ICT应用指数（2010～2019年）

图 5 给出了 2015～2019 年金砖五国 4G 以上移动网络人口覆盖率的情况。由图 5 可知，2015～2019 年，金砖五国的 4G 以上移动网络人口覆盖率不断上升。中国是金砖五国中 4G 以上移动网络人口覆盖率最高的国家，在 2015 年 4G 以上移动网络人口覆盖率已经达到 80% 以上。五年发展期后，该数值几乎达到 100%。2015 年前印度的 4G 以上移动网络在金砖五国中发展最为迟缓。2015 年印度 4G 以上移动网络人口覆盖率几乎为 0，但在 2016 年印度的 4G 以上移动网络人口覆盖率迅速升高至 70%。2019 年，印度成为金砖五国中 4G 以上移动网络人口覆盖率第二高的国家。

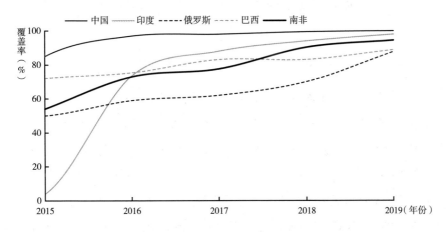

图 5　金砖五国 4G 以上移动网络人口覆盖率情况（2015～2019 年）

3. ICT 技能指数

金砖五国的 ICT 技能指数 2010～2019 年的发展情况如图 6 所示。ICT 技能指数用国民上网人数所占百分比表示。类似于 ICT 应用指数，金砖五国的 ICT 技能指数上升也较为明显。2010 年，无论是俄罗斯还是巴西，近乎 60% 的国民尚未上网，而在 2018 年后，俄罗斯超过 80% 的国民拥有在互联网上交流、工作的能力，巴西也有超过 60% 的国民具有该项技能。中国、南非在 2010 年时，掌握网络使用技能的国民比例更低，但随着经济的不断发展，拥有互联网技能的国民比例在 2019 年已经超过了 60%。2010～2019 年，金砖五国在 ICT 技能方面有了长足的进步。

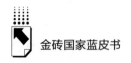
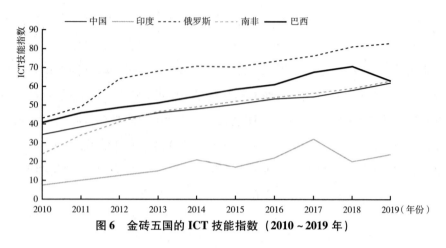

图6　金砖五国的 ICT 技能指数（2010～2019 年）

（三）金砖国家在全球范围的信息化发展水平

1. 金砖国家 IDI 平均指数与全球 IDI 平均指数的比较

为了更好地了解金砖五国在全球范围内的信息化发展水平，本报告将金砖五国的 IDI 平均指数与全球 IDI 平均指数进行对比分析（见图7）。可以看出，全球 IDI 平均指数整体呈现上升趋势。金砖五国的 IDI 平均指数在2015 年前落后于全球 IDI 平均指数，但发展更为迅速，在2015 年超过全球 IDI 平均指数。2007～2017 年，金砖五国 IDI 平均指数上升了79.6%，金砖五国在信息通信领域整体水平显著提升。

图7　金砖五国 IDI 平均指数和全球 IDI 平均指数的对比

图 8 给出了金砖五国 IDI 指数在全球范围内的排名情况。在金砖五国中，俄罗斯的 IDI 排名最高，其 IDI 指数排名维持在第 40 位左右，排名最后的为印度，其 IDI 指数排名维持在第 130 位左右，中国的 IDI 指数排名维持在第 80 位左右。从上文分析可知，金砖五国的 IDI 数值有所增加，但通过图 8 可以发现金砖五国的全球 IDI 排名仍然没有明显的提升或降低。这表明金砖五国在信息通信方面的进步在某种程度上依赖于全球信息通信技术的发展，金砖五国与发达国家的差距仍然存在。

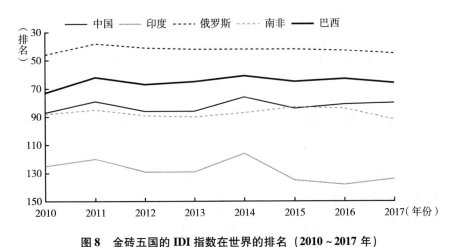

图 8　金砖五国的 IDI 指数在世界的排名（2010～2017 年）

2. 金砖国家 ICT 三类指数与全球平均水平的比较

图 9 给出了 2010～2019 年金砖五国 ICT 接入指数与世界平均值的比较情况。从图 9 中可以看到，在世界范围内 ICT 接入指数变化较小，总体趋势稳定。俄罗斯的 ICT 接入指数持续远高于世界平均水平，巴西的 ICT 接入指数先升后降。2010 年中国、南非和印度的 ICT 接入指数落后于世界平均水平，但随着时间的推移，中国、南非分别于 2019 年和 2011 年达到或超越了世界平均水平。印度的 ICT 接入指数较低，虽然 2010～2019 年也有一定增长，但离世界平均水平还有较大的距离。

2010～2019 年金砖五国的 ICT 应用指数与世界平均值如图 10 所示。可以看出，2010～2019 年世界范围内 ICT 应用指数有较大幅度的上升。

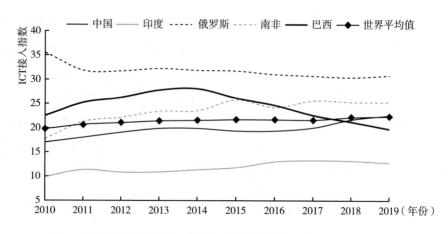

图9　金砖五国的 ICT 接入指数与世界平均值的比较（2010～2019 年）

相比于 ICT 接入，ICT 应用的发展更加迅速。中国在 ICT 应用建设方面的投入是金砖五国中最多的。2010 年，中国的 ICT 应用指数低于世界平均水平，2013 年时中国的 ICT 应用指数超过了世界平均水平，其中 2014～2017 年中国的 ICT 应用指数增加最明显。截至 2019 年，中国的 ICT 应用指数已达世界平均水平的 1.5 倍，中国的 IDI 指数的增加在很大程度上依赖于 ICT 应用，即网络建设上的发展。巴西早期在 ICT 应用方面有所建树，2010～2014 年巴西的网络建设速度甚至高于中国，但 2014 年后，巴西的网络建设步伐放缓，以至于巴西近年的 ICT 应用指数再次低于世界平均水平。印度、南非的 ICT 应用指数虽然不断提升，但距离世界平均水平仍然有较大差距。俄罗斯的 ICT 应用指数虽然持续稳定增长，但跟中国相比它的增长速度较慢。

图 11 给出了 2010～2019 年金砖五国的 ICT 技能指数与世界平均值的发展情况。早期，尽管中国、巴西的 ICT 应用指数低于世界平均水平，但这两国的 ICT 技能指数高于世界平均水平。随着时间的推移，包括金砖五国在内的全球各国 ICT 技能指数持续上升。中国和巴西的 ICT 技能指数增长趋势与全球平均发展趋势保持一致。印度的 ICT 技能指数始终处于低位，俄罗斯和巴西的 ICT 技能指数始终优于世界平均水平。

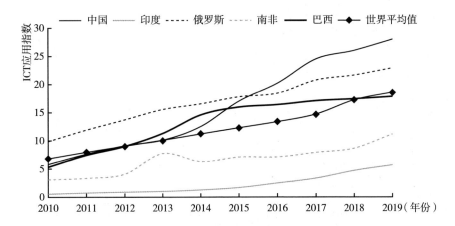

图10 金砖五国的 ICT 应用指数与世界平均值的比较（2010～2019 年）

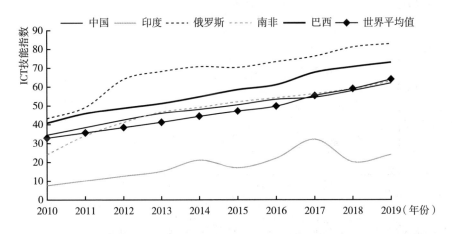

图11 金砖五国的 ICT 技能指数与世界平均值的比较（2010～2019 年）

（四）金砖国家信息化发展水平与 SCI 论文数量的相关性分析

基于 Web of Science 数据库，本报告找到 2007～2017 年金砖五国在信息和通信领域及计算机科学（telecommunication，computer science）等相关方向发表论文的数量。通过对金砖五国 IDI 指数值与 SCI 论文发表数量进行对比（见图12），本报告发现 SCI 论文发表数量与 IDI 指数之间总体存在 6 年滞后的正相关关系。注册专利数、EI 论文数也与 IDI 指数之间存在类似关系。这里不再赘述。

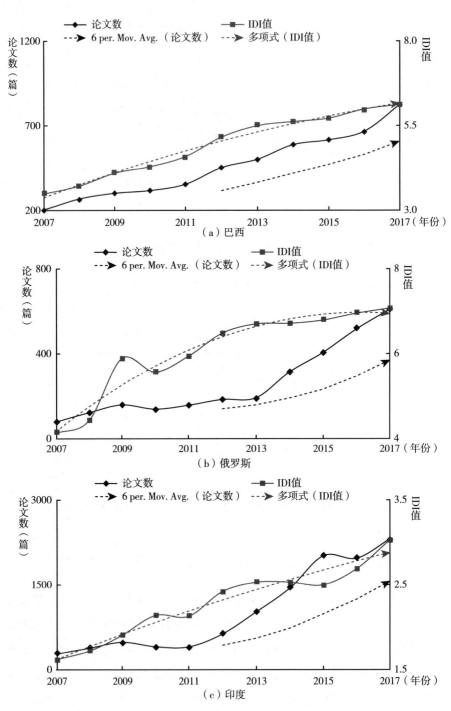

（a）巴西

（b）俄罗斯

（c）印度

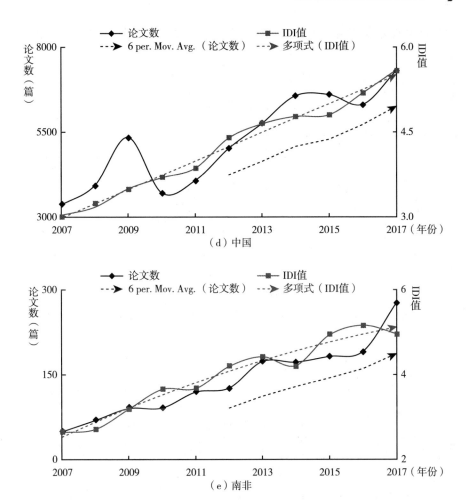

图 12　金砖五国的 **IDI** 指数值、信息和通信领域及计算机
科学方向论文数（**2007 ~ 2017 年**）对比

（五）金砖国家信息化发展水平与人均 GDP 的相关性分析

本报告选取的金砖五国的人均 GDP（按购买力平价，单位：美元）
（2007 ~ 2017 年）列于表 2 中。通过比较金砖五国 IDI 指数与各国人均 GDP
的平均值（见表 3 和图 13），并通过金砖五国 IDI 指数及人均 GDP（2007 ~
2017 年）的对比（见图 14），我们发现，中国和印度 IDI 指数与人均 GDP

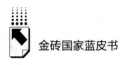
的大小呈正相关关系，南非、俄罗斯和巴西 IDI 指数与人均 GDP 没有相关性。

表 2　金砖五国的人均 GDP

单位：美元

年份	中国	俄罗斯	印度	巴西	南非
2007	2693	9101	1028	7348	6095
2008	3468	11635	998	8831	5760
2009	3832	8562	1101	8597	5862
2010	4550	10647	1357	11286	7328
2011	5618	14311	1458	13245	8007
2012	6316	15420	1443	12370	7501
2013	7050	15974	1449	12300	6832
2014	7678	14095	1573	12112	6433
2015	8066	9313	1605	8814	5734
2016	8147	8704	1732	8710	5272
2017	8879	10720	1980	9928	6131

表 3　金砖五国 IDI 指数的平均值和人均 GDP 的平均值

年份	IDI 指数的平均值	人均 GDP 的平均值（美元）
2007	2.98	5253.0
2008	3.15	6138.4
2009	3.72	5590.8
2010	3.89	7033.6
2011	4.04	8527.8
2012	4.53	8610.0
2013	4.76	8721.0
2014	4.90	8378.2
2015	4.95	6706.4
2016	5.21	6513.0
2017	5.36	7527.6

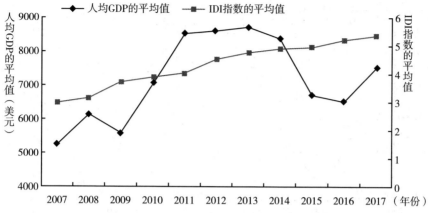

图 13　金砖五国 IDI 指数的平均值及人均 GDP 的平均值（2007～2017 年）

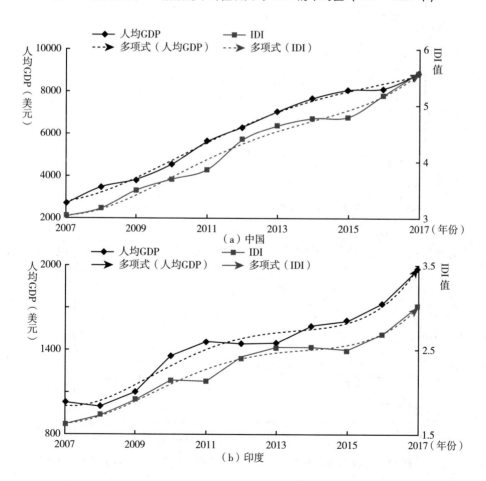

（a）中国

（b）印度

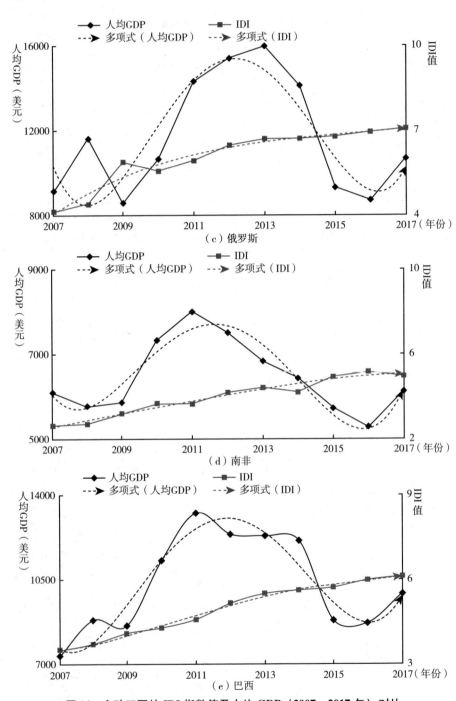

图 14　金砖五国的 IDI 指数值及人均 GDP（2007～2017 年）对比

三 结语

通过对金砖五国信息通信技术发展指数（IDI）的分析，本报告得到的主要启示如下。

（1）随着世界经济的发展和全球化浪潮席卷全球，全球各国的信息化发展水平从2007年到2017年整体在逐步提高。

（2）2007～2017年，金砖五国的信息化发展水平与全球平均水平不断提升；2015年后，金砖五国的平均信息通信技术发展指数（IDI）略高于全球均值，十年间金砖五国的IDI指数平均值提高了79.6%。

（3）在金砖五国中，俄罗斯和巴西的信息通信技术发展水平最高，中国和南非的信息通信技术发展水平居中，印度的信息通信技术发展相对缓慢。中国是金砖五国中4G以上移动网络人口覆盖率最高的国家，2015～2019年印度的4G以上移动网络发展最为迅速。

（4）金砖五国的信息化发展水平从2007年到2019年都有较大程度的提升，其中四个国家的信息化等级在此期间提高了一个级别。

（5）2007～2019年，信息化发展水平的提高主要依靠网络的建设和普及。在金砖五国中，中国在ICT应用指数方面提升最快，俄罗斯在ICT技能指数上远高其他四个国家。

金砖五国的IDI指数与相关领域发表论文数量总体呈一定滞后的正相关关系，中国和印度的IDI指数与本国人均GDP呈正相关关系。

B.4
金砖国家技术转移中心
与金砖国家技术转移发展

张璋 王学勤 王键 贺葳 施小峰 李沐谦*

摘　要： 金砖各国技术转移发展各具特征，巴西立足补充国家科技创新体系，俄罗斯注重高技术产业在 GDP 中的比重，印度重点关注科技创新管理，中国当前注重科技成果转移转化的实际成效，南非则主要关注高校技术转移。2017 年，金砖国家成立了首个技术转移官方合作机制——金砖国家技术转移中心，并将它落地中国云南省昆明市，列入 2019 年"金砖国家科技创新（STI）新架构"，业已取得显著工作成果。金砖各国技术转移体系存在差异，却有着国内市场需求规模较大的共同特征，在政府高度重视下，自然与人力资源在不同领域支撑着产业体系的建设与发展。在此基础上，本报告提出了加强金砖国家技术转移中心建设、深化重点技术领域合作、探索行业标准与合作机制、重视需求侧引导等建议。

关键词： 金砖国家　技术转移　科技创新合作

---

* 张璋，硕士，国际技术转移协作网络（ITTN）秘书长，中国科技评估与成果管理研究会学术委员会、全国科技评估标准化技术委员会（SAC/TC 580）委员，上海对外经贸大学贸易谈判学院校外导师，研究领域为国际技术转移、国际贸易；王学勤，博士，云南省科学技术厅厅长，研究领域为生物资源、农业技术、科技行政管理等；王键，硕士，工程师，昆明市科学技术局原局长，研究领域为生态环境、科技行政管理、国际科技合作等；贺葳，硕士，云南省科学技术厅科技合作一处处长，研究领域为科技行政管理及国际科技合作；施小峰，硕士，金砖国家技术转移中心办公室主任，研究领域为生态环境、技术推广、计算机信息、科技行政管理及国际科技合作；李沐谦（通讯作者），硕士，国际技术转移协作网络（ITTN）首席研究员。

金砖国家着重强调巴西、俄罗斯、印度、中国,以及后加入的南非五个国家在全球发展中的重要潜力,随着国际科技创新合作的推进与发展,金砖国家作为发展潜力巨大的科技创新资源体系与创新技术产业化市场的重要性日趋提高,并与其创新发展的特征与阶段性进展密切关联。

技术转移这一概念于20世纪在欧美等地区被提出、重视并加以应用,其内涵也在不断发展和充实,从最初的以技术许可、授权为核心的技术交易行为,逐渐扩充为涵盖技术商业化、知识产权资本化、创新创业等科技成果转移转化行为的广义概念,并且向知识转移与商业化(knowledge exchange and commercialization)等其他专有表述转变。这些转变的核心逻辑是赋予技术转移更具实际意义的社会发展功能和定位,并让其涵盖更多新近得到重视的创新理念与具体工作。

如果将技术转移视为一个行业,巴西的技术转移得益于北美大学技术转移体系建设的先行实践与影响力传播,其间与北美大学技术经理人协会(AUTM)等重要技术转移行业组织的密切交流与合作发挥了重要作用。俄罗斯联邦政府也高度重视技术转移工作,并且通过科技园区、国际会议等机制,配合联邦政策法规的落实与产学研合作。印度、中国同属亚洲国家,通过强有力的政府政策推动技术转移体系建设与国际合作。南非的技术转移依托其在若干前沿技术领域的国际领先地位,并与开普敦大学等研究型高校在技术转移方面的发展特色密不可分。

2017年金砖国家领导人第九次会晤成果文件——《金砖国家创新合作行动计划(2017—2020年)》明确提出,要鼓励金砖国家间开展技术转移转化合作、加强从事技术转移的人才培养、搭建产学合作平台,实现创新成果在金砖国家间官方、有序地转移转化。2018年,中国正式提案建立金砖国家技术转移中心,将金砖国家技术转移转化能力提升与生态体系建设作为工作目标。提案在2018年的金砖国家科技创新部长级会议上通过并写入会议成果文件《德班宣言》,确定金砖国家技术转移中心在金砖国家科技创新创业伙伴关系工作组(STIEP)指导下落地中国。在2018年9月于中国云南省昆明市举办的第二次金砖国家科技创新创业伙伴关系工作组会议上,金砖国家技术转移

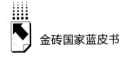

中心在金砖国家官方代表的共同见证下举行了揭牌仪式,开始正式运营。

随着金砖国家技术转移中心工作的不断开展,如每年度举办国际交流会议、国际技术转移经理人培训等活动,并且参加金砖国家科技创新部长级会议、STIEP 会议汇报,该中心取得的国际影响力和实际成效得到了金砖各国的高度关注。从 2020 年初开始,巴西、俄罗斯、南非纷纷提出筹建金砖国家技术转移中心——国别中心的设想,并希望通过与 iBRICS(金砖国家创新协作网络)等机制的联动与整合发展,加强金砖各国技术转移深度合作,有助于金砖国家建立技术转移相关标准、协作体系、机构建设和人才培养能力的重要机制。

本报告将梳理金砖各国在技术转移方面的发展现状,从历史沿革、体系建设、重点机构、典型案例、发展趋势等多个角度,陈述金砖各国技术转移的主要特征和最新信息。本报告还将对金砖国家技术转移中心机制进行解读,并且提出对金砖国家技术转移合作、其他金砖国家对华开展技术转移合作等问题的分析与展望。

一 金砖国家高校院所技术转移体系发展与现状

(一)巴西

随着 2019 年巴西新政府上台,新组建的科技创新与通信部对巴西的科技创新工作目标进行重新定位,即生产更多知识,创造更多财富,为提高巴西人民生活质量作出更大贡献。为了实现这一目标,巴西科技创新与通信部出台了一系列促进科技创新的战略和政策,聚焦重点发展的科技领域,积极拓展国际科技创新合作。根据世界知识产权组织(WIPO)与美国康奈尔大学商学院、欧洲工商管理学院联合发布的《全球创新指数 2020》(*Global Innovation Index 2020*),巴西排名第 62 位,较上年上升 4 位,在 37 个中等收入经济体中排名第 16 位,在 18 个拉丁美洲和加勒比区域经济体中排名第 4 位。

1. 历史沿革

20 世纪 30 年代以来，以促进国家科技创新发展为目标，巴西政府陆续出台了一系列相关政策，通过成立各类基金组织和机构扶持科研活动、不断提高科技管理部门的基础设置、针对发展需求拟定国家科技发展计划、积极培养科学教育与科技人才、强化科技创新立法等举措，为国家科技创新体系的建设夯实基础，并提供坚实的法律和制度保障。

如今，巴西的国家科技创新体系架构已经基本形成全要素的覆盖，主要包含生产、教育和研究、财政和金融支持、决策与治理 4 个子系统。生产子系统主要是以国有企业、私营企业、中小微和初创企业，以及由多个企业组成的企业联盟为代表；教育和研究子系统主要是以基础教育、中等教育、高等教育、职业教育和公共科研机构为代表；财政和金融支持子系统主要是以巴西科学研究与发展项目资助署（FINEP）、巴西高等教育人员促进会（CAPES）、巴西国家经济和社会发展银行（BNDES），以及各商业银行等为代表；决策与治理子系统则是由相关部委的政策制定部门，以及具备科技创新管理职能的准政府机构和社会组织组成。

2. 促进政策与法律法规

目前巴西正在现有科技创新促进政策与法律法规基础上，积极围绕技术转移转化工作进行补充与完善，其中主要关注对科技创新项目管理流程的明确与简化、给予高校与科研机构技术转移办公室更多的自治权利、鼓励高校与科研机构科技成果向私营方向进行价值转化、巩固校办企业制度与技术转移转化生态体系等具体问题。在巴西的一系列科技创新促进政策中，对技术转移与成果转化带来最大影响的是 2003 年出台的《国家创新、技术和贸易政策（PITCE）》，以及之后陆续颁布的《创新法》和《权利法》。《国家创新、技术和贸易政策》系统制定了巴西的创新发展路径，强调产学研联系的重要性，鼓励企业加强技术创新、积极推动技术与产业结合，并为此类企业提供税收、补贴、信贷等优惠政策。巴西 2004 年颁布的《创新法》和 2005 年颁布的《权利法》，都旨在加强科研机构与企业需求间的有效衔接、提高企业的创新能力，规定公立机构的研究人员可以在一定期限内保留原单

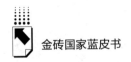

位职务与工资，到其他单位参与研发活动，甚至可以获得经济补贴、工作调动补贴等福利；法案同时也明确了非见习期内的公立机构研究人员可以利用其创新研发成果建立自己的企业，鼓励科研人员离岗创业，从而促进研究成果进一步转化为现实生产力。

3. 专业机构与能力建设

在20世纪90年代启动的国家孵化器与产业园区建设项目引导下，巴西以促进技术转移转化为主要工作目标之一的商业孵化器有近400家，科技园区有近150家，企业加速器有近百家，这些科技创新主体创造了显著的社会与经济效益，为巴西创造了诸多科技创新类企业与相关就业岗位。而在建设技术转移转化专业机构方面，巴西也以不同形式开展了大量工作。

巴西科学研究与发展项目资助署（Financier of Studies and Projects, FINEP）

该机构是巴西科技创新与通信部直属的上市企业，其宗旨是提供科技创新产业链上的相关服务，专注开展各项为推动巴西可持续发展的战略性与结构化工作。

FINEP将其针对的技术转移转化项目分为研究阶段与商业化阶段：在研究阶段，FINEP聚焦科研辅助与提供基础设施等，提供无偿援助；进入商业化阶段，FINEP以投资基金、政策奖励、信贷等模式提供包括预孵化、孵化与初创企业服务、企业早期服务、企业发展加速等相关服务。

巴西研究和产业创新协会（Brazilian Research and Industrial Innovation Association，EMBRAPII）

该机构的宗旨是为科研实验室与产业主体之间营造良好的合作氛围，提供更加高效、灵活的管理模式，破除体系化工作桎梏，从而促进技术转移转化。

在工作流程上，EMBRAPII将技术转移转化分为实验室阶段、研究发展与创新阶段、市场化需求匹配阶段，其提供的服务与资金来源由政府、企业、高校与科研机构各负担1/3，在不同阶段中，EMBRAPII尤其重视科技成果与市场化需求的匹配工作。

巴西创新与技术转移经理人论坛（Brazilian Forum of Innovation and Technology Transfer Managers，FORTEC）

该机构于 2006 年创立，旨在改善技术转移活动，并为技术转移办公室经理提供学习和共享最佳实践方面的支持，在巴西的技术转移活动中发挥了重要作用。FORTEC 在与巴西国家工业产权局（INPI）和产权组织合作开展培训活动的同时，传播了产权组织的成功技术许可计划（STL）。2006 年以来，FORTEC 已对 400 多名专业人员进行了谈判技巧和知识产权许可培训。除了 INPI 知识产权学院提供的硕士和博士课程之外，FORTEC 还开设自己的硕士课程。FORTEC 的建立和运营模式深受北美大学技术经理人协会（AUTM）影响，并在技术转移知识体系的推广上充分合作，将其教材翻译成葡萄牙语，并在巴西得到了广泛使用。

4. 发展趋势与存在的问题

当前，巴西科技发展面临的最大挑战就是经费不足。2019 年，巴西政府颁布的《科研经费预算冻结令》在很大程度上影响了巴西科技创新与通信部相关施政目标的落实。根据巴西应用经济研究所（IPEA）的最新统计数据，剔除通货膨胀因素后，巴西政府 2020 年对科学技术领域投入的资金为 172 亿雷亚尔（约 32.45 亿美元），与 2013 年 273 亿雷亚尔（约 51.51 亿美元）的峰值相比，资金投入下降 37%，甚至低于 2009 年的 190 亿雷亚尔（约 35.85 亿美元）。

巴西科学进步协会（SBPC）认为，巴西政府科技投入的持续下降将造成大量人才流失，严重影响社会生产和科技发展。据统计，巴西大学生的数量已经从 21 世纪初的 300 万人增长至当前的 800 万人，科技人员越多，对科技资金的需求也越大，对研究领域投资不足首先造成研发工作停滞，科技成果数量减少。

（二）俄罗斯

2019 年，受全球经济疲软、西方制裁等因素的影响，俄罗斯经济增速放缓，2019 年俄罗斯国内生产总值仅增长 1.3%。尽管如此，俄罗斯仍坚持

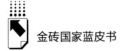
大力推动科技创新的发展，普京总统在年度国情咨文中着重强调科学、技术和教育的重要。根据《全球创新指数2020》所给出的评估结果，俄罗斯在"创新投入"方面的表现要好于"创新产出"，报告认为俄罗斯的优势来自该国的人力资源水平。按照全部80个指标的排名情况，俄罗斯在全部经济体中排名第47位，在中高收入组中排名第6位，而在欧洲经济体中则排名第32位。

1. 历史沿革

苏联时期实施以重工业为优先目标的发展战略带来了两个方面的影响，优势是它为俄罗斯国家经济增长奠定了重要的基础，但同时也为俄罗斯政府的科技创新和产业转型留下了重重困难。苏联解体，尽管俄罗斯政府最大限度地保留了苏联时期的基本科技实力、稳定其世界一流科技强国的地位，但仍然对国家科技体制带来了重创。伴随着社会体制和经济体制的全面转型，俄罗斯政局的动荡和经济持续衰退严重制约了其国内的科技发展。据不完全统计，21世纪以前俄罗斯国内差不多有80万科技人才流失海外，造成科技人才的差异性断层。1990年以米，俄罗斯的相关企业科研疲软，仅有极少数企业试图通过新技术进行产业转型，导致俄罗斯企业的国际竞争力削弱，而俄罗斯在经济方面难以摆脱对原材料出口的依赖，也使众多科研项目被迫中止或无法顺利启动。

2000年普京当选俄罗斯联邦总统，俄罗斯政府开始加大科研投资，鼓励企业及高校科研创新，不断完善科研政策及优惠政策以保证俄罗斯科技强国的战略思想，陆续颁布了170多项总统法令、政府条例、部委和其他联邦执行机构的法律性文件及战略规划等。同时，俄罗斯政府采取了保护科学技术和科技人才的政策措施，并参照欧盟框架计划的模式实施由国家制定的专项计划，将资金集中到社会和市场关注的优先领域，加快经济产业的转型。据统计，2001年俄罗斯科研预算占到国家预算总额的1.55%，约合10亿美元，此后每年科研预算增加15%～20%。

2. 促进政策与法律法规

俄罗斯政府2017年6月发布的《联邦科学技术发展战略实施计划》

（以下简称《科技计划》），投资总额约为 6350 亿卢布，其目标是在重点科学领域进入世界前五强，吸引国内外科学家在俄罗斯工作，确保科研投入增幅超过 GDP 增幅。《科技计划》中特别提到了通过"创新券"科研模式、税收优惠政策、更加公开透明的专利审查制度等，支持和鼓励研发成果技术商业化，并为敢于创新的企业设立一批科学技术支持和服务中心，提供相关法律法规、知识产权管理和保护、财务管理等方面的咨询服务；对于非国有企业，也将以构建法律基础等方式为其提供参与各领域科技项目的机会，并建立供科研机构、高校和企业等多方使用的开放平台，鼓励国内的科学研究团队、教育机构、创新企业开展国际合作，积极融入国际市场。

2009 年 8 月俄罗斯发布的《联邦预算内科研、教育机构创办科技成果转化经济体法律修正案》，赋予了公共科研机构和大学开展科技成果转化和进行创新活动的权利，对其利用国家拨付的经费所取得的研发成果进行自主创业的行为予以支持，保障了科研人员从事商业活动或利用其科技成果进行产业化的权利；俄罗斯第一部专门定义和促进技术转移的法律——《共有技术转让法》，则明确了技术转移方、使用方和受委托方三方的权利和义务，同时对技术转移实际流程中涉及的价格、支付、交付、验收等细节作出明确的规定，有效强化科技成果转移转化中权益的公平分配，完善了知识产权的管理和使用。

3. 专业机构与能力建设

根据最新国家科学计划，俄罗斯科学和高等教育部着手开发统一的科技协作数字平台——"联合研发数字平台"，以在科研人员与企业之间搭建桥梁，促进企业和科研机构间的对话和沟通，加速科研成果商业化。此前，俄罗斯已经建立了 13 个领域的技术开发合作平台，参与平台建设的包括俄罗斯科学院、库尔恰托夫研究院、莫斯科国立大学等国家科学中心、研究型大学、科技和教育界机构，以及产业界的各类企业、投资公司，俄罗斯科学家与国外科学家的联合科研项目也纳入其中。

斯科尔科沃创新中心（Skolkovo Innovation Centre，SIC）

斯科尔科沃创新中心是俄罗斯境内首个也是迄今为止唯一以科学为导

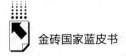

向、从零建起的现代化学术和科技创新中心。成立于 2010 年的斯科尔科沃创新中心，旨在向全俄推广和传播创新创业精神和创新型文化，帮助俄罗斯加快从资源密集型经济模式向创新型经济转变，受到俄政府高度重视。斯科尔科沃创新中心是俄罗斯打造的最大的国家创新生态平台，目前入驻的科技型创新型企业超过 3000 家，覆盖 IT 信息技术、生物医学、能源技术、工业4.0 这四大领域。

俄罗斯创新和技术经理人协会（Association of Innovation and Technology Brokers，ABIT）

俄罗斯创新和技术经理人协会成立于 2016 年，是由专业技术转移经理人联合成立的协会组织，他们广泛掌握着科研创新机构、科技公司、企业的基础研发和技术开发部门资源，为有技术需求的企业或项目提供适用的技术方或咨询服务；该协会的经理人能够对新技术和项目的商业化能力进行初步评估，从而为需求方比较和挑选出最佳解决方案。同时，该协会也为科研机构和项目团队提供创业指导、投资对接、落地引导等方面的服务。

4. 发展趋势与存在的问题

现阶段，俄罗斯正积极构建信息基础设施，推动各大行业领域向数字经济发展转型，同时创造更有利的创新与科技发展环境，推动新型高科技企业和产品诞生，帮助俄研究团队和高技术企业在关键技术领域获得绝对竞争优势。俄罗斯在科技创新发展上面临的问题，主要是外部来自欧美方面的制约和内部科研人员断层问题。俄罗斯需要采取积极的科技创新支持措施，提高对科技创新的需求，通过在国内营造有利于投资、创新、进行商贸活动的氛围，开放知识产权市场，减少阻碍企业发展的行政壁垒，进一步提高产业的主导地位。

（三）印度

2019 年，印度的科技创新工作按照既有轨道稳步推进，出台了一些新举措，取得了系列新成效。根据《全球创新指数 2020》的评价结果，2011年以来，印度每年都被评为中亚和南亚地区最具创新性的国家，近几年其创新表现连续优于其人均国内生产总值增长速度，总体排名也在短短 6 年内上升了 33 位，从 2015 年的第 81 位上升至 2020 年的第 48 位，在信息和通信技术服务出口、科学和工程专业毕业生、高校质量和科学出版物质量、整体经济投资，以及创意产品出口等创新参数上始终位居世界前列，展示了政策对促进创新能力和产出的作用。

1. 历史沿革

近年来，印度政府不断强化科技创新的协调管理，加大科技创新管理的统筹力度，其中最有代表性的就是将科技部部长提升为副总理级，并成立了印度国家创新委员会，由印度总理的公共信息基础设施和创新顾问委员会担任主席，由来自学术界、研究机构和产业界的专家共同组成委员会。印度科技部（DST）发布的年度报告显示，在过去的两年里，印度科技部围绕印度制造、创业印度、数字印度、清洁印度和健康印度等国家战略开展了系列科技活动，取得了阶段性成效；全社会研发投入也持续增长，达到 8532 亿卢比（约合人民币 850 亿元），占 GDP 的比重为 0.69%。研发投入中 45.1% 来自中央政府，7.4% 来自邦政府，38% 来自私营部门，其余来自公共产业部门和高等教育部门。

2. 促进政策与法律法规

在印度政府出台的关于科技创新的重要政策或法规中，最为关键的就是 1958 年颁布的《科学决议》、1983 年颁布的《技术政策声明》和 1993 年颁布的《新技术政策声明》，这三份文件明确了印度科技发展的指导思想、战略目标和具体措施，为印度科技发展奠定了法律基础，产生了深远的影响，作为印度制定科技政策和规划的基本方针沿用至今。

2010 年，印度政府提出"从世界办公室迈向创新型国家"的国家战略，从顶层设计上强化科技创新，将 2010 年至 2020 年规划为印度的"创新十年"，并在此基础上推出"印度十年创新路线图"，成立印度国家创新委员会。2013 年 1 月，印度第四套科技政策《2013 科学、技术与创新政策》正式出台，提出在 2017 年跻身全球科技六强、2020 年跻身全球科技五强的目标。

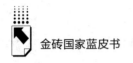

2019 年初，印度总理莫迪在第 106 届印度科学大会上指出，在以往"青年胜利、农民胜利"和"科学胜利"口号的基础上，要增加"研究胜利"，以凸显科学技术研究在塑造国家力量中的重要作用，利用大数据分析、人工智能、区块链和通信技术帮助农民提高产量；要重视创新和初创公司，为创业公司提供及时的指导、帮助和合作伙伴；要尽快起草一项行动计划，推动邦立大学和学院建立一个强大的科研生态系统。

3. 专业机构与能力建设

最近几年，印度政府联合国内重点大学和科技型企业，通过设立支持基金、启动专项计划等方式进一步开拓创新道路、推动包容性发展：印度国家创新发展与治理计划（NIDHI）由印度工业联合会与安捷伦公司联合设立，投入 9 亿卢比在印度理工学院（甘地纳加尔）建设了研究园，支持民间创新者的创意和发明；2014 年设立的包容性创新基金专门用来激励健康、教育、农业、纺织和手工业等领域的早期种子项目，基金总额为 500 亿卢比（约合人民币 43 亿元）；为帮助印度各城市有针对性地解决地方科技产业发展问题，设立区域性科技创新基金；为商业利润有限但社会回报价值高的创新创业项目，设立促进社会创新发展基金；为政府所属的研发机构、学术机构和大学项目提供预算以外的补助金和创新税收激励。

印度国家创新委员会、印度中小微企业部还联合地方政府和产业技术研究部门，共同创建一系列产业集群创新中心和大学集群创新中心，涉及医学、生命科学、汽车零件、粮食加工等领域，覆盖包括德里大学、瓦多达拉萨亚基劳王公大学等多所大学；印度科研与工程研究委员会、印度产业联合会等组织，也通过资助大学和国家实验室的研究机构、为地方中小微企业提供政策咨询和金融支持等方式支持创新。此外，为了积极培养青年创新人才，印度科技部还与英特尔公司、印度理工学院共同启动联合孵化计划，支持硬件与系统领域创业；与美国德州仪器公司启动"印度创新挑战"计划，支持工程领域学生在电子、半导体和嵌入式系统领域开展创新设计。

班加罗尔产业园"全球离岸交付模式"

1990 年，班加罗尔成立印度第一个软件技术产业园，增强了该地区已有的技能优势，也让软件技术产业园成为印度本国企业和外国跨国公司在印度开展业务的首选。软件技术产业园带来了一种新的合作模式——"全球离岸交付模式"，即在印度特别是班加罗尔建立离岸开发中心，为本地工人参与更广泛的工作提供机会，包括面向外国消费者的高附加值服务。

4. 发展趋势与存在的问题

长期以来，印度政府始终将扶持高新技术产业锁定在信息技术、生物技术和材料技术三个领域，这主要是基于印度的人才优势和技术优势：信息技术产业推动了印度经济以高于6%的年增长率迅速发展，成为印度经济发展的主要动力。当前，印度政府非常倚重信息科技和大数据战略带来的技术红利，力推"数字印度"计划。然而，印度在科研方面的支出与其他同阶段国家相比不足。除资金外，印度在构建促成基础科学学术研究的生态系统和环境后如何有效地把基础科学转变为应用科学的方面存在服务缺陷。

（四）中国

近年来，中国在科技创新方面的能力显著提高，主要创新指标进入世界前列，根据《全球创新指数2020》，2020年中国在131个经济体中名列第14位，与上年持平，在2013年至2020年期间提升了21位，在中等偏上收入组别的37个经济体中位列第一，仍然是全球创新指数排名前30位中唯一的中等收入经济体，反映出中国以开发世界一流的创新能力推动经济基础结构向知识密集型产业发展的战略导向。中国科技部火炬中心公布的2020年度全国技术合同交易数据显示，2020年中国共登记技术合同549353项，成交金额28251.51亿元，分别比上年增长13.48%和26.13%。

1. 历史沿革

新中国成立以来，跨国技术转移发展经历了技术援助期（1949~1963年）、设备引进期（1964~1977年）、引进吸收期（1978~2000年）、全面开放期（2001~2005年）、自主创新期（2016~2019年）五个发展阶段。

在设备引进期阶段，中国的技术转移仍以进口成套设备为主，到了引进吸收期则更加注重消化吸收外国先进的科学技术，从而提高自身的科技水平

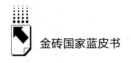
与能力。2001年中国加入世界贸易组织，跨国技术转移进入全面开放期，形成了以企业为主、市场为导的先进技术引进理念，跨国公司成为技术转移的主要力量，国外投资成为技术转移的主要途径。到了自主创新期阶段，中国的技术转移主体是理解应用先进技术并将其投入生产，以取得持续进步的能力。

在这五个阶段的发展历程中，中国的技术转移方式逐渐多元化，不再仅仅局限于一整套设备的直接引进，而是通过多种引进方式的配合与运用，向着更加灵活、多样、综合的方向方展，同时技术转移的效率也逐步提高，对技术创新能力与国家创新能力的持续提升起到积极作用。

2. 促进政策与法律法规

20世纪90年代以来，中国的技术转移无论是理论还是实践都逐渐走向成熟，相关法律法规的建立和健全，为中国日益展开的相对灵活和多样化、多渠道技术转移格局提供了指导。《促进科技成果转化法（2015年修订）》《实施〈中华人民共和国促进科技成果转化法〉若干规定》《促进科技成果转移转化行动方案》相继出台，形成了科技成果转移转化工作的"三部曲"，相关制度环境不断优化，科技部、财政部、农业部、国土资源部等各部委相继颁布行业科技成果转移转化制度，北京、浙江、广东、河北等多个省市也陆续出台地方配套政策。科技成果转移转化制度体系的初步建立为国家科技创新体系夯实了基础，中国科技成果转化工作取得初步成效。

"国家技术转移体系"的概念在2017年9月发布的《国家技术转移体系建设方案》中首次提出，该方案着力对现有技术转移体系作出进一步的优化和完善，紧密衔接科技成果转移转化各工作环节，同时明确了进一步促进科技成果转移转化的改革突破方向，优化政策环境。在2021年颁布的《中华人民共和国国民经济和社会发展第十四个五年规划和2035年远景目标纲要》中，同样把"创新科技成果转化机制……建设专业化市场化技术转移机构和技术经理人队伍"列为重点工作，将在"十四五"期间推动高校建立技术转移机构，促进高校科技成果转移转化能力显著增强、技术交易额大幅提升、高校成果转移转化体系基本完善，并计划培育建设 100 家左右示范性、专业化国家技术转移中心。

3. 专业机构与能力建设

"国家国际科技合作基地"是由科技部进行认定，在承担国家国际科技合作任务中取得突出成绩，具有发展潜力和引导示范作用的国内科研院所、高校、科技园区和创新型企业等机构载体。自 2007 年启动以来，国家国际科技合作基地共有 721 家，其中国际技术转移中心 45 家。国家国际科技合作基地的建立旨在发展"项目－人才－基地"相结合的国际科技合作模式，有效发挥国际科技合作促进和推动科技开放合作的作用，提升中国国际科技合作的质量和水平，引领具体领域和地方的国际科技合作工作。

国际技术转移中心是国际产学研合作中技术转移的重要平台，依托国家高新区建立，面向国际技术转移和科技合作中介服务，对推动国际产学研合作和促进高新技术产业国际化发展具有重要作用。45 家国际技术转移中心基本覆盖全国各省区市，为各类主体参与国内外重大科技工程和重大科技专项工作提供了重要技术储备，不仅为科技外交战略、支撑"一带一路"科技创新合作建设提供了服务，更统筹协调了全国科技创新资源，进一步完善了科技创新体系。

国家科技成果转移转化示范区

为积极探索地方开展科技成果转化的有效机制与模式，国家科技成果转移转化示范区建设工作在科技部支持下启动，一方面积极落实国家科技成果转化政策法规，提升地方创新创业环境，另一方面结合各地区发展特色开展试点任务，探索可转移和推广的经验与模式，保证国家政策的制定和进一步完善。2016 年至 2021 年 9 月，中国科技部先后批准了 11 个国家科技成果转移转化示范区建设，包括宁波国家科技成果转移转化示范区、河北京南国家科技成果转移转化示范区等，构建区域联动、协调发展、各具特色的发展格局。

4. 发展趋势与存在的问题

综合来看，中国科技成果转移转化工作近年来已取得了显著的发展，但

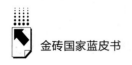

仍存在一定问题，一是政府各部门职权分割、资源分散，政策文件烦琐且落实不力，没有达到预期效果；二是科技成果在转移转化过程中产学研之间未能形成有力的结合，企业和科研机构双方主体作用发挥不足；三是专业化技术转移服务机构和人才队伍有待完善和加强。

（五）南非

2019 年 5 月，为迎接第四次工业革命，把科技创新置于南非发展议程的中心地位，南非政府将原科技部更名为高等教育和科学创新部。近年来，南非科技创新工作总体平稳推进，重点领域持续发展，国际合作不断深化，呈现"硬实力缓降、软实力渐强"的态势。根据《全球创新指数 2020》，南非排名第 60 位，较上年下降 4 位。

1. 历史沿革

《南非国家研究与开发战略》是南非科技部于 2002 颁布实施的重要战略规划，为南非的国家创新体系发展奠定了良好基础；2007 年，《南非创新十年规划（2008—2018）》出台，首次提出南非科技发展的长期执行规划，再一次明确了"2018 年进入知识经济社会"的创新体系建设总目标；2009 年 6 月，南非《2009—2014 年中期战略框架》发布，强调科技和创新是南非经济科技发展的关键领域之一，提出要对企业创新和部门研发计划给予重点支持。

2019 年 3 月 15 日，南非科技部发布新版《科技创新白皮书》，宣布南非在未来 15 年中将实施新的科技创新政策，释放南非科技创新的全部潜能，以增强其在社会繁荣和包容性发展中的作用。

2. 促进政策与法律法规

1996 年南非政府提出建立国家创新体系，明确要集中科技资源发展优先研发领域，开发人力资源，建立有效的政府管理机制，促进产学研结合，发挥企业在科技创新中的重要作用。围绕完善国家创新体系这条主线，南非科技部陆续出台了《生物技术战略》《先进制造技术战略》《人力资源开发战略》《信息通信技术战略》《集成制造战略》《技术转移战略》等相关战略规划。

2019 年，为保证科技创新为社会发展和转型提供支持、服务经济增长，进而应对全球科技创新带来的机遇与挑战，南非政府发布新版《科技创新白皮书》，提出了"以科技创新实现南非的可持续和包容性发展"的总体目标，明确未来 5~15 年的科技创新政策方向。南非将以政府采购的方式扶持企业快速成长、通过税收激励法案鼓励企业研发投入、加强知识产权管理并促进科研成果本土转化。与此同时，南非政府还设立了专项计划和基金，以无偿资助、匹配资助、股权投资等方式支持创新创业与技术转移；搭建和完善创新技术服务体系，建立健全创新全流程服务，为企业科技创新提供支撑平台，推动科研机构和企业间的产学研结合。

3. 专业机构与能力建设

南非于 1997 年成立国家创新咨询委员会，除了负责向科技部部长提供咨询意见之外，还要通过科技部部长向内阁就国家创新体系建设提供咨询意见。南非的科研体系也较完善，主要由 23 所大学组成的高等教育机构、8 个国家级公立研究理事会、35 家其他政府研究机构、45 家商业研究机构和 80 余家研究性质的非政府组织构成。

南非研究创新管理协会（Southern African Research and Innovation Management Association，SARIMA）

南非研究创新管理协会（SARIMA）是由科研人员、创新管理人士组成的非营利性的会员组织，旨在加强南非洲共同体区域国际技术转移的学科与能力建设。如今 SARIMA 已经成为南非洲共同体区域科技创新体系的关键角色，是创新思想与体系建设的重要平台与行业领导者。SARIMA 也是国际技术转移经理人联盟（ATTP）的首批成员机构之一，与北美大学技术经理人协会（AUTM）等关系密切。

世界经济论坛第四次工业革命南非中心

2019 年 4 月，南非与世界经济论坛（WEF）签署东道国政府协议，拟设立世界经济论坛第四次工业革命中心（C4）南非中心。南非科技部将依托南非科学与工业研究理事会，通过公私合营的方式建设世界经济论坛第四

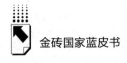

次工业革命中心南非中心，征集合作伙伴，资助开展研究。2020年4月该中心正式启动运行。

4. 发展趋势与存在的问题

南非的科技成果转移转化工作开展不力，一是由于各大高校技术转移办公室的经费水平远远不足以支撑自身开展工作，并且南非的风险投资机构数量有限，无法覆盖足够的大学科研成果、科研人员与优秀团队，这使一些高校建立的技术转移中心、相关基础设施得不到最大化的利用，技术转移的供给和需求两侧衔接受限；二是南非的高校技术转移办公室、相关从业人员缺少必备的科技成果转移转化技能，使技术转移的发展和潜在增长空间受到一定程度的阻碍。

二　金砖国家技术转移中心建设与发展

金砖国家技术转移中心是金砖国家首个技术转移官方合作机制，于2017年金砖国家技术转移与创新合作大会期间首次提出，并写入2018年金砖国家科技创新部长级会议成果文件《德班宣言》，明确其在金砖国家科技创新创业伙伴关系工作组（STIEP）指导下进行建设与发展工作。2018年9月，第二次金砖国家科技创新创业伙伴关系工作组（STIEP）会议在中国举办，金砖各国官方代表于云南省昆明市共同见证了金砖国家技术转移中心的正式成立。会议宣布，金砖国家技术转移中心将在中国科技部国际合作司指导下，由云南省科技厅、昆明市政府（昆明市科技局）提供支持，国际技术转移协作网络（ITTN）作为社团组织负责其运营与国际联络工作。

（一）金砖国家技术转移中心战略定位

金砖国家技术转移中心以推动发展金砖国家科技创新创业伙伴关系，助力改善金砖国家民生福祉，促进金砖国家可持续发展为使命与宗旨，旨在充分利用金砖国家及金砖各国参与的双边与多边国际科技合作框架，落实

《金砖国家创新合作行动计划（2017—2020 年）》，得到官方高度重视，在多次会议及会后文件中均有体现（详见表 1）。

表 1　提及金砖国家技术转移中心的官方会议及文件

会议日期	会议名称	会议文件及内容
2017 年 4 月	第一次金砖国家科技创新创业伙伴关系工作组(STIEP)会议	同意成立金砖国家科技驱动型创业工作组,金砖国家成员同意起草职权范围
2017 年 9 月	金砖国家领导人第九次会晤	《金砖国家创新合作行动计划(2017–2020 年)》共同采取之有效的措施,积极应对挑战,提升金砖国家整体创新竞争力
2018 年 7 月	第六届金砖国家科技创新部长级会议	《德班宣言》明确金砖国家技术转移中心在金砖国家科技创新创业伙伴关系工作组(STIEP)指导下进行建设与发展工作
2018 年 7 月	金砖国家领导人第十次会晤	《约翰内斯堡宣言》建设金砖国家新工业革命伙伴关系,建立有效的技术转移体制
2018 年 9 月	第二次金砖国家科技创新创业伙伴关系工作组(STIEP)会议	参会人数超过 20 人,金砖各国官方代于云南省昆明市共同见证金砖国家技术转移中心的正式成立。欢迎更多有关在其他成员国建立金砖国家技术转移中心的建议
2019 年 5 月	第三次金砖国家科技创新创业伙伴关系工作组(STIEP)会议	建立金砖国家科技园区、技术商业孵化器和中小企业网络(创新金砖网络)、金砖国家技术转移中心和金砖国家青年科学家论坛等。会议重点围绕创新金砖网络实施框架、金砖国家技术转移中心建设方案进行讨论
2019 年 9 月	第七届金砖国家科技创新部长级会议	《坎皮纳斯宣言》《金砖国家科技创新工作计划(2019—2022 年)》加快建设金砖国家技术转移中心、创新金砖网络等务实合作项目,推进金砖国家领导人会晤共识在科技创新领域落实落地,共同推动金砖国家科技创新合作行稳致远,金砖国家新工业革命伙伴关系取得早期收获

根据 2019 年 9 月 20 日在巴西坎皮纳斯举办的第七届金砖国家科技创新部长级会议上发布的金砖国家科技创新（STI）新架构（A New BRICS STI Architecture）（见图 1），金砖国家技术转移中心及巴西的 iBRICS（金砖国家创新协作网络）等同属金砖国家科技创新创业伙伴关系工作组的下设官方机制之一，是金砖五国承认的官方机制。

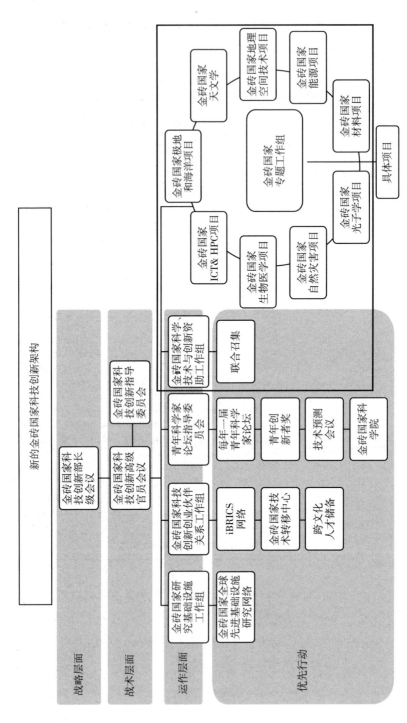

图1 金砖国家科技创新（STI）新架构

资料来源：金砖国家科技创新指导委员会《金砖国家科技创新（STI）新架构》。

（二）金砖国家技术转移中心发展蓝图

随着金砖国家技术转移中心工作的不断开展，金砖国家通过每年度举办国际交流会议、国际技术转移经理人培训等活动，并参加金砖国家科技创新部长级会议、金砖国家科技创新创业伙伴关系工作组会议等，促成各国高校、科研机构、创新企业、产业园区与孵化器、技术转移专家等交流协作，其成效得到了金砖各国的高度关注。从 2020 年初开始，巴西、俄罗斯、南非纷纷提出筹建金砖国家技术转移中心国别中心的设想，并希望通过与iBRICS 等机制的联动与整合发展，加深金砖各国技术转移合作，有助于金砖国家建立技术转移相关标准、协作体系、机构建设和人才培养能力的重要机制。金砖国家技术转移中心开展的主要工作包括以下五个方面。

1. 金砖国家技术转移中心协作网络建设

金砖国家技术转移中心在 2018 年成立后即与巴西创新与技术转移经理人论坛（FORTEC）、俄罗斯联邦技术转移协会（NATT）、南非研究创新管理协会（SARIMA）等现有各国科技社团组织取得联系，建立合作关系，并邀请各国技术转移专业机构共同参与，截至 2021 年已有近 50 家单位加入金砖国家技术转移中心协作网络。

2. 金砖国家国际技术转移人才培养

金砖国家技术转移中心依托各国技术转移专业机构已经建立的国际技术转移知识体系、专家团队，每年邀请国内外专家在昆明授课，培养服务于金砖国家的国际技术转移经理人，截至 2021 年已举办四期培训活动，经过培训的国内外人员超过 600 人次。未来，该中心还将联合专业机构和专家团队，共同推进《金砖国家技术转移指南》等教材与知识体系的研发工作，以形成系统化的金砖国家技术转移人才培养与认证体系。

3. 金砖国家技术转移研究报告撰写

金砖国家技术转移中心邀请巴西利亚联邦大学、南非开普敦大学、俄罗斯国立圣彼得堡经济大学等各国高校知识产权、技术转移办公室与研究机构，每年编写金砖国家技术转移研究报告，目前已收集各国技术转移实践典

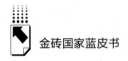

型案例、技术转移机构情报、技术转移体系建设与相关政策梳理（包括《巴西知识产权与技术转移概述》《南非创新与技术转移国家概况》《俄罗斯技术转移与创新》等）超过5万字。相关文件都将作为《金砖国家技术转移白皮书》的重要组成内容，并定期更新发布，成为在金砖国家间开展技术转移工作的重要参考。

4. 金砖国家技术转移线上平台建设

金砖国家技术转移中心在中国科技部国际合作司、云南省科技厅、昆明市政府（昆明市科技局）等政府部门支持协助下，搭建了金砖国家技术转移线上平台（www. BRICSt. net），平台提供了该中心联络的国际专家、技术转移专业机构、技术供需信息，并定期维护金砖国家科技创新资讯与合作资源。

5. 金砖国家技术转移中心工作会及相关交流

金砖国家技术转移中心每年9~11月举办的金砖国家技术转移中心工作会，以及相关路演对接、学术研讨等交流活动被列入金砖国家年度会议活动日程中，并且每年在中国科技部国际合作司的指导与支持下，面向金砖各国邀请科技创新主管部门官员、技术转移机构负责人、各前沿技术领域学术专家等参会交流，洽谈合作。

2019年9月2~5日，金砖国家技术转移中心（昆明）国际科技合作交流大会在昆明市召开，包括金砖国家技术转移中心大使高端论坛、金砖国家优秀科技成果项目精准对接会等重点专场，来自巴西、俄罗斯、印度、南非的11位金砖国家代表和20多位中方领导、专家、产业代表出席了大会期间举办的金砖国家技术转移中心协作会议。协作会议重点就金砖国家技术转移中心网上平台建设等2019~2020年重点工作进行规划，并围绕各国科技创新与技术转移概况、与金砖国家开展合作的经验和成果、创新合作重点领域等进行专题交流与研讨。

2020年11月18日，受新冠肺炎疫情影响，"金砖国家技术转移中心2020年工作会议"通过线上和线下相结合的形式举办，来自金砖国家国际技术转移专业机构及卫星导航、生物医药等技术领域的30多位专家、官方代表，就"金砖国家技术转移协作网络""金砖国家技术转移与创新促进提升提案征集""推动金砖国家联合科研合作对外技术转移实践""金砖国家技术转移人才培养和《金砖国家技术转移指南》""《金砖国家技术转移最佳实践案例》"五个议题进行了深入交流和讨论。

（三）技术转移工作成效与典型案例

经过数年建设与发展，金砖国家技术转移中心在推动和促进金砖国家间技术转移合作方面取得了一定的成果，近 3 年总计收集汇总 216 个来自金砖国家的创新创业项目，涵盖信息技术、生物医药与医疗、节能环保、高端装备制造等多个领域；与昆明市当地及国内其他省市的超过 500 家企业、机构、园区代表等进行了近 1000 项次的对接交流，有效地促进了金砖国家间创新创业要素流动和成果交易，多方位、多层次、多角度地展示了全球创新创业的新趋势。

金砖国家技术转移中心在生物医药、生物多样性等领域上率先开展跨组合作探索和实践。2019 年，金砖国家技术转移中心代表金砖国家科技创新创业伙伴关系工作组（STIEP），参加了在巴西伊瓜苏举办的第三届金砖国家生物技术和生物医学工作组会议，并于会上提出建设金砖国家技术转移中心生物技术与生物医药协作平台倡议，该倡议列入第三届金砖国家生物技术和生物医学工作组会议纪要，同时响应了金砖国家技术转移中心同年在江苏省泰州市举办的金砖国家生物技术与生物医学创新合作大会工作成果。

2021 年，金砖国家技术转移中心与巴西巴拉那州南洋杉基金会、巴西应用与计算数学学会、巴西州基金会全国联合理事会（CONFAP）、巴西国家科学技术发展委员会（CNPq）国际合作部等机构合作，举办中国·巴西科技创新合作论坛，聚焦智慧农业、智慧生物医疗卫生、新能源及减排和基因工程四大主题，邀请各领域高级别专家展开专题交流与研讨，促进了中巴两国间的科研成果转化及产学研合作。

此外，为加强与俄罗斯方面就优势技术领域的创新成果转移转化，金砖国家技术转移中心先后与俄罗斯斯科尔科沃基金会、斯科尔科沃人工智能中心合作举办"俄罗斯斯科尔科沃人工智能领域优秀项目线上推介会"，依托

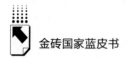

"科创中国"平台与中国国际科技交流中心合作举办"'技贸通'俄罗斯高端装备重点项目线上路演",于2020中关村论坛期间举办了中俄科技创新论坛等交流对接活动。

典型案例：北京康乐卫士生物技术股份有限公司与俄罗斯制药集团合作

北京康乐卫士生物技术股份有限公司（以下简称"康乐卫士"）与俄罗斯制药集团（以下简称"俄药集团"）就九价HPV疫苗项目达成的合作，是金砖国家技术转移中心发挥国际技术转移桥梁作用的典型成功案例。在该中心的推动下，康乐卫士与俄药集团自2019年4月起就开发和商业化康乐卫士的重组九价HPV疫苗进行洽谈，并于2020年3月就合作模式与利润分配机制达成共识，2021年5月正式签署合作协议。

根据双方合作协议，康乐卫士将向俄药集团供应九价HPV疫苗的中间产物，由俄药集团在其俄罗斯境内的制剂车间生产疫苗成品，开展临床试验和商业化销售。俄药集团将承担俄罗斯境内九价HPV疫苗临床前和临床开发的所有费用。有别于传统产品直接出口推广模式，通过供应疫苗抗原的中间产物和许可疫苗终产品制剂技术，该合作顺利实现了九价HPV疫苗在俄罗斯的本地化生产。一方面可规避疫苗产品进口国政策法规门槛高、疫苗产品直接出口困难等风险，另一方面积极布局国际市场，同时，可较好保护关键技术（原液生产）秘密。

三　金砖各国对华技术转移合作分析与展望

笔者初步归纳、梳理了一项针对全球关键经济体对华科技合作指数的分析框架，该方法针对各国与中国开展的政府间科技合作、与中国共同参与的多边国际科技创新合作机制、近年订立并执行的双边科技创新合作项目、中国在当地设立科技处室等情况，得出政府间科技合作权重，并参考皮尤研究中心（Pew Research Center）2019年12月发布的《新兴市场欢迎中国经济增长以及邻国警惕其影响报告》（"China's Economic Growth Mostly Welcomed in Emerging Markets, but Neighbors Wary of Its Influence"）中关于"当地民间对华积极态度百分比"研究结果，以及近三年两国间重要外交事件的正面、负面影响事件，得出关键经济体对华科技合作指数（总计分值＝政府间科技合作权重＋民间对华合作度系数＋对华合作度影响事件）。根据分析结果，同属金砖国家的俄罗斯、巴西、南非分列对华合作前三位（其他创新国家包括德国、法国、韩国、意大利、英国、澳大利亚、加拿大、日本、美国等，详见图2），印度因近年来中印两国关系发展情况而排名相对靠后。表2所示为关键经济体政府间科技合作系数；表3所示为关键经济体民间对华合作度系数；表4所示为关键经济体对华合作度影响事件统计。

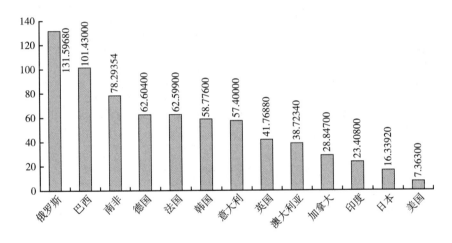

图2　关键经济体对华科技合作指数

资料来源：皮尤研究中心《新兴市场欢迎中国经济增长以及邻国警惕其影响报告》。

表2　关键经济体政府间科技合作系数

序号	经济体名称	政府间合作框架①	同属多边国际经济技术合作框架②	（近三年）订立、执行双边科技创新项目情况③	当地使领馆设立科技处、当地设立外专局总代处情况④	政府间科技合作权重合计
1	美国	10	13	10	6.8	39.8
2	英国	23	15	4	1.6	43.6
3	德国	25	22	18	1.6	66.6
4	韩国	18	24	20.2	1	63.2
5	法国	34	22	2	1	59

续表

序号	经济体名称	政府间合作框架①	同属多边国际经济技术合作框架②	(近三年)订立、执行双边科技创新项目情况③	当地使领馆设立科技处、当地设立外专局总代处情况④	政府间科技合作权重合计
6	日本	26	26	17	4.6	73.6
7	加拿大	15	17	7.9	5.6	45.5
8	澳大利亚	16	21	2	3.6	42.6
9	意大利	21	23	4	2	50
10	俄罗斯	21	28	4	6.6	59.6
11	印度	8	27	2	1	38
12	南非	21	21	12.9	1	55.9
13	巴西	46	20	2	1	69

注：①包括双方开展的国家级战略合作，经济技术（含自贸区）、人文交流、科技创新合作双边工作框架情况，其中战略合作计3~6、经济技术合作计3、人文交流与科技创新合作计2。

②包括双方共同归属的多边国际经济技术（含联合国）、人文交流、科技创新合作工作框架情况，其中经济技术类计2、人文交流与科技创新合作类计1。

③订立、执行双边科技创新合作联合研究、创新技术产业化合作项目情况，以每年度每个项目基础权重计1，每年度每个项目预算金额超过人民币500万元的，每100万元加0.1。

④当地使领馆设立科技处、当地设立外专局总代处情况，以设立每处科技处计1、设立外专局总代处每处加0.6。

表3 关键经济体民间对华合作度系数

序号	经济体名称	当地民间对华积极态度百分比①	合作度系数②	合作度系数权重合计③
1	美国	26%	−0.235	−9.353
2	英国	38%	0.118	5.1448
3	德国	34%	0.000	0
4	韩国	34%	0.000	0
5	法国	33%	−0.029	−1.711
6	日本	14%	−0.588	−43.2768
7	加拿大	27%	−0.206	−9.373
8	澳大利亚	36%	0.059	2.5134
9	意大利	37%	0.088	4.4
10	俄罗斯	71%	1.088	64.8448
11	印度	23%	−0.324	−12.312
12	南非	46%	0.353	19.7327
13	巴西	51%	0.500	34.5

注：①采用皮尤研究中心（Pew Research Center）2019年12月5日发布的《新兴市场欢迎中国经济增长以及邻国警惕其影响报告》统计数据。

②合作度系数 = 当地民间对华积极态度百分比 ÷34%（对华积极态度百分比中位数）−1。

③合作度系数权重合计 = 政府间科技合作系数×民间对华合作度系数。

表4　关键经济体对华合作度影响事件统计

序号	经济体名称	合作影响正面事件权重①	合作影响负面事件权重②
1	美国	2.388	-25.472
2	英国	0.872	-7.848
3	德国	3.996	-7.992
4	韩国	0.632	-5.056
5	法国	5.31	0
6	日本	0.736	-14.72
7	加拿大	0.91	-8.19
8	澳大利亚	2.13	-8.52
9	意大利	4	-1
10	俄罗斯	7.152	0
11	印度	0.76	-3.04
12	南非	2.66084	0
13	巴西	3.45	-5.52

注：①以2016年至2020年两国关系影响力事件（10项以内）的影响范围的大小、是否有前例等为主要考虑，按照影响力高、影响力中、影响力一般三类定义事件影响力，分别按照3、2、1取值，汇总之后除以100，乘以政府间科技合作权重合计，纳入分析统计（预设条件为10件高影响力事件，提升友好基础的30%）。

②以2016年至2020年两国关系影响力事件（10项以内）的影响范围的大小、是否有前例等为主要考虑，按照非常严重、严重、一般三类定义事件影响力，分别按照8、4、2取值，汇总之后除以100，转换为负值，乘以政府间科技合作权重合计，纳入分析统计（预设条件为10件非常严重事件，抵消友好基础的80%）。

　　其中，俄罗斯在先进制造、数字化产业、清洁能源、新药制造、交通与基础设施、生态农业等方面与中国技术转移合作潜力巨大。俄罗斯与中国为亚洲友邻，在一系列重大国际和地区问题上立场相同或相近，有着长期密切合作基础，能够持续通过包括金砖国家在内的国际合作机制加强对话。巴西在可再生能源、农牧业、生物多样性、气候变化等重点领域与中国有着合作潜力，并且与中国的科技创新合作基础良好，中国、巴西联合研发的地球资源卫星项目被誉为南南合作典范。南非则在疫苗研发、信息技术、传染病防治等方面与中国存在合作潜力。

　　诚然，金砖各国技术转移体系建设在历史沿革方面存在差异。巴西、南非等国家深受欧美发达国家影响，与"拜杜法案"引导下的美国大学技术转移模式一脉相承，FORTEC、SARIMA 等国家级技术转移社团组织也由 AUTM 支持或参照 AUTM 模式建立和运营。俄罗斯、中国、印度等则更加重视政府引导的国家技术转移体系建设，形成各自不同的技术转移模式和特色。但在金砖国家技术转移中心等协作机制下，各国可以形成优势互补、群策群力的模式，以金砖国家的整体面貌呈现于世界舞台，帮助全球新兴经济体探索和形成国际技术转移的新思路、新模式。

金砖国家的共同特点是有着规模庞大的国内市场，并且拥有丰富的自然资源与人力资源，各自有着在不同领域或形式上完备的产业体系，对科技研发、创新驱动发展等均高度重视，甚至形成了初具规模的国家创新体系。在此基础上，金砖国家可以逐步探索由技术转移的需求侧，即创新型企业等技术需求方，以及产业园区、孵化器、加速器，乃至广大的技术需求市场主导和带动的技术转移流程与创新模式，最大程度地发挥金砖国家特色与优势。

结合上述情况，在开展金砖国家技术转移合作方面，本报告提出如下建议。

（1）加强金砖国家技术转移中心建设，积极响应金砖各国科技部门建议，将其推动成为金砖各国都设有分中心或办事处，依托金砖国家整体，面向全球推广国际技术转移合作的示范模式。

（2）积极探索与开拓同巴西、俄罗斯、南非在技术转移领域的深入合作，参照各国优势前沿技术及新工业革命伙伴关系重点发展方向，开展技术转移交流对接，争取更多技术产业化成果。

（3）充分利用各国具有国际影响力的技术转移行业科技社团组织，共同推动包括专业机构、专业人才等方面的能力建设，并探索形成适用于金砖国家的国际技术转移行业标准与国际机制。

（4）密切结合当前全球范围内科技创新与技术转移发展趋势，关注创新型企业、科技创新产业园区、孵化器与加速器等创新技术需求侧主导的技术转移模式，推动和促进技术供给方与需求方对话，充分利用金砖国家市场与资源潜力优势。

参考文献

Ana Maria Santacreu, "Innovation, Diffusion, and Trade: Theory and Measurement," *Journal of Monetary Economics*, Volume 75, 2015, pp. 1 – 20.

A. Andrenelli, J. Gourdon and E. Moïsé, "International Technology Transfer Policies," OECD Trade Policy Papers, No. 222, OECD Publishing, Paris, https://doi.org/10.1787/7103eabf – en.

APEC, "Handbook on APEC Technology Commercialization Practices in APEC Economies, 2019," https://www.apec.org/Publications/2019/05/Handbook – on – Technology – Commercialization – Practices – in – APEC – Economies.

G. Grossman and K. Rogoff (eds.), *Handbook of International Economics*, Vol. 3, North-Holland, Amsterdam, 1995, pp. 1279 – 1337.

M. V. Posner, "International Trade and Technology Change," *Oxford Economic Papers*, 13 (3) 1961, pp. 323 – 341.

Shiva Ghaffari Balaneji, Ali Turkyilmaz, Leyla Temizer, Muhammet Enis Bulak, "Analysis of Open Innovation Systems," *Active Citizenship by Knowledge Management & Innovation: Proceedings of the Management*, Knowledge and Learning International Conference, 2013.

The World Bank Research Observer, Volume 17, Issue 2, September 2002, pp. 191 – 235.

〔美〕布莱恩·阿瑟:《技术的本质》,曹东溟、王健译,浙江人民出版社,2018。

杜华斌:《南非公布〈科学技术与创新〉白皮书草案》,《科技日报》2018 年 9 月 13 日。

杜奇华、冷柏军编著《国际技术贸易》(第三版),高等教育出版社,2016。

方炜、郑立明、王莉丽:《改革开放 40 年:中国技术转移体系建设之路》,《中国科技论坛》2019 年第 4 期。

胡红亮、封颖、徐峰:《巴西科技创新的政策重点与管理趋势述评》,《全球科技经济瞭望》2014 年第 12 期。

江依妮、朱春奎:《金砖国家在国际创新合作网络中的地位和角色研究——基于2011—2015 年国际合作专利和论文数据的实证研究》,《技术经济》2020 年第 2 期。

李功越、侯同晓、郭鲁钢、黄琳、冯旭:《市场化国际技术转移服务平台的运营机制研究》,《科技和产业》2020 年第 3 期。

李娜:《印度高校科技创新创业人才培养策略探析》,《复旦教育论坛》2013 年第 4 期。

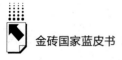

联合国贸易和发展会议（UNCTAD）：《2021 年技术和创新报告》，https：//unctad. org/system/files/official - document/tir2020overview_ ch. pdf。

卢立峰、李兆友：《从政府职能转换看巴西技术创新政策演化》，《东北大学学报》（社会科学版）2011 年第 1 期。

《南非发布新版〈科技创新白皮书〉》，《军民两用技术与产品》2019 年第 5 期。

戚文海：《俄罗斯的科技创新政策》，《西伯利亚研究》2001 年第 5 期。

田泽、刘彩云、张雨辰：《中国与南非双边贸易的竞争性与互补性研究》，《开发研究》2014 年第 4 期。

王怡：《〈转型中的中国科研〉白皮书发布》，《科学导报》2015 年 12 月 2 日。

张丽娟：《俄罗斯科技创新政策新动向》，《科学中国人》2013 年第 8 期。

张士运主编《技术转移体系建设理论与实践》，中国经济出版社，2014。

中国科技评估与成果管理研究会、国家科技评估中心、中国科学技术信息研究所编著《中国科技成果转化年度报告 2020（高等院校与科研院所篇）》，科学技术文献出版社，2021。

B.5
金砖国家新工业革命伙伴关系（厦门）创新基地研究

李闽榕　赵新力*

摘　要： 在福建省厦门市建立金砖国家新工业革命伙伴关系创新基地，深化贸易投资、数字经济、科技创新、能源、气候变化等领域务实合作，是金砖国家领导人第十二次会晤提出的重大战略部署。本文分析了建设金砖国家新工业革命伙伴关系（厦门）创新基地的重大意义，指出建设金砖国家新工业革命战略合作与政策协调平台、构筑第四次工业革命创新制高点、建设金砖国家第四次工业革命产业基地等的重要战略定位。并介绍了策划筹建综合平台、科技创新基地、科技创新中心、人才教育培训、文化创意、配套服务和金融投资共 7 类 41 个项目的情况。

关键词： 新工业革命伙伴关系　金砖国家　创新基地　厦门

一　历史背景

2020 年 11 月 17 日，习近平主席出席金砖国家领导人第十二次会晤时

---

* 李闽榕，博士，中智科学技术评价研究中心理事长，福建师范大学教授、博士生导师，金砖国家智库合作中方理事会理事，研究领域为宏观经济学、区域经济竞争力等；赵新力，博士，国际欧亚科学院院士，清华大学中国科技政策研究中心资深顾问，中国科学技术部原二级专技岗研究员，中国科学技术交流中心原三级职员，博士生导师，研究领域为管理科学与工程、信息管理、国际关系。

宣布，中国将在福建省厦门市建立金砖国家新工业革命伙伴关系创新基地，开展政策协调、人才培养、项目开发等领域合作。① 习近平主席的这一战略部署，为世界经济全球化注入新的动能，为金砖五国合作开展区域合作、共同推动新工业革命勾画了新的蓝图，为厦门构建金砖国家新工业革命伙伴关系创新基地、第四次工业革命科技创新领衔城市、国际化滨海新型城市注入了强大的动力。

为深入贯彻习近平主席这一重大战略部署，科技部中国科学技术交流中心、金砖国家智库中方理事会秘书处、国际欧亚科学院中国科学中心、中智科学技术评价研究中心、福建省华兴经济科技研究院、金砖（厦门）股权投资基金有限公司等一批科研机构和企业，发挥"产学研政银企金商协"战略合作平台功能，协调联合海内外科研院所、大专院校、智库、投资商、开发商、金融机构、企业，积极配合厦门市委市政府，集思广益、凝心聚力，共同研究、形成推动金砖国家新工业革命伙伴关系（厦门）创新基地建设的思路、规划、政策、举措，共同推动金砖国家新工业革命伙伴关系（厦门）创新基地的建设和运行。

二　重大意义

建设金砖国家新工业革命伙伴关系（厦门）创新基地，有利于促进世界多极化和经济全球化发展。新工业革命是促进人类社会可持续发展和高质量发展的重要动力，建设金砖国家新工业革命伙伴关系（厦门）创新基地，特别是通过依托金砖国家峰会永久性会址，建设金砖国家新工业革命创新论坛、金砖国家国际交流中心、金砖国家国际合作政策发布与信息传导中心等平台，有利于密切金砖国家经济贸易伙伴关系，建立新型紧密合作经济体，促进金砖国家投资便利化、贸易自由化、知识产权证券化，为经济全球化注

---

① 《守望相助共克疫情 携手同心推进合作——在金砖国家领导人第十二次会晤上的讲话》，http://www.gov.cn/gongbao/content/2020/content_5565809.htm。

入新动能，推动世界多极化和经济全球化发展，共同建设美好世界。

建设金砖国家新工业革命伙伴关系（厦门）创新基地，有利于金砖国家在太平洋西岸构建区域经济合作大平台。厦门地处太平洋西岸，位于世界经济发展的热点地区。建设金砖国家新工业革命伙伴关系（厦门）创新基地，特别是通过建设金砖国家自由贸易区、开办金砖国家投资贸易与专业博览会，创立金砖国家国际银行，建立人民币与金砖国家货币结算机制与通道，设立金砖创新基地产业投资基金，建设金砖国家创新基地金融区，能够有效地促进金砖国家金融合作，构建太平洋西岸区域经济合作大平台。

建设金砖国家新工业革命伙伴关系（厦门）创新基地，有利于构建世界级的新工业革命科技创新高地。新工业革命的核心是科技创新，金砖国家要推动新工业革命，必须把准第四次工业革命的脉搏，把握人工智能、生物技术、基因工程、量子信息技术、新一代信息技术、虚拟现实、石墨烯、新能源、新材料技术等领域的第四次工业革命发展趋势。建设金砖国家新工业革命伙伴关系（厦门）创新基地，特别是通过在厦门构建金砖国家科技创新城、金砖国家科技创新产业基地、金砖国家第四次工业革命科技研发设计中心、金砖国家高新技术新产品发布中心、高新技术产品国际标准化中心、金砖国家企业总部、金砖国家科技交易所等科技创新的重要平台，显著增强厦门国际科技创新基地集聚力、辐射力，构筑第四次工业革命制高点。

建设金砖国家新工业革命伙伴关系（厦门）创新基地，有利于构建高起点、全方位对外开放的新格局和新经济集聚区。新工业革命产业基地是建设金砖国家新工业革命伙伴关系（厦门）创新基地的基础。建设金砖国家第四次工业革命产业基地，需要按照"高起点规划、高标准建设、功能化开发、专业化分工、绿色循环化发展、园林化设计、智能化管理"的原则，在厦门开发建设人工智能、大数据、云计算、芯片、5G物联网、软件、高端智能制造、新一代信息技术、生物医药、生物科技、基因工程、新能源、新材料、航空航天器等专业园区和智能化产业基地。加快建设这些高新技术产业基地，能够优化金砖国家产业基地资源配置与空间布局，增强金砖国家在第四次工业革命中制造业基地的总体实力和竞争力，增强厦门国际科技创

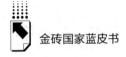
新基地集聚力、辐射力，推动金砖国家产业高起点合作高质量发展。

建设金砖国家新工业革命伙伴关系（厦门）创新基地，有利于为金砖国家第四次工业革命提供智力支撑。人才是第一生产力、高质量发展的第一资源，推动金砖国家新工业革命，需要大批高端人才提供智力支撑。建设金砖国家新工业革命伙伴关系（厦门）创新基地，需要通过建设金砖国家人才培训中心、金砖国家人才交流中心等项目，一方面充分发挥厦门人文丰富、名校云集的优势，另一方面引入国内外优质的知名大学、职业院校、企业培训教育资源，聚力打造厦门金砖国家人才教育基地，为金砖国家创新基地培养输送各种高素质人才。

建设金砖国家新工业革命伙伴关系（厦门）创新基地，有利于厦门打造第四次工业革命科技创新领衔城市、国际化滨海新型城市。建设金砖国家新工业革命伙伴关系（厦门）创新基地，需要立足厦门地处东海之滨海洋城市的区位优势，依托美丽清新国际花园城市的优美环境，利用绮丽岛屿风光国际旅游目的地城市的旅游人脉资源，通过建设金砖国家文化特色的旅游产业基地、金砖国家文化创意产业园、金砖国家休闲体育产业园、金砖国家生命科学康养产业园、金砖国家非物质文化遗产博览园、金砖国家民俗婚庆特色小镇、金砖国家民俗文化度假村等一批文旅基地项目，汲取金砖国家丰富的民族文化、民俗风情、建筑文化元素，提升厦门在国际上的知名度、美誉度、影响力。

三　战略定位

建设金砖国家新工业革命战略合作与政策协调平台。通过在厦门建设金砖国家峰会永久性会址、金砖国家国际交流中心、金砖国家国际合作政策发布与信息传导中心、金砖国家贸易争端协调与仲裁中心，积极构建金砖国家自由贸易区，建立新型紧密合作经济体，降低关税壁垒，促进金砖国家投资便利化、贸易自由化、知识产权证券化，扩大金砖国家和全球经济贸易伙伴，为经济全球化注入新动能，推动经济全球化、区域化。

构筑第四次工业革命创新制高点。按准第四次工业革命的脉搏，把握人工智能、生物技术、基因工程、量子信息技术、新一代信息技术、虚拟现实、石墨烯、新能源、新材料技术等领域的第四次工业革命发展趋势，通过在厦门构建金砖国家科技创新城、金砖国家科技创新产业基地、金砖国家第四次工业革命科技研发设计中心、金砖国家高新技术新产品发布中心、高新技术产品国家级工程中心、高新技术产品国际检测中心、高新技术产品国际标准化中心、金砖国家企业总部、金砖国家知识产权交易所、国际专家工作站、院士工作站、博士工作站、科技孵化器等，持续增强厦门国际科技创新基地的集聚力、辐射力。

建设金砖国家第四次工业革命产业基地。整合厦门、中国和国际资源，按照"高起点规划、高标准建设、功能化开发、专业化分工、绿色循环化发展、园林化设计、智能化管理"的原则，在厦门开发建设人工智能、大数据、云计算、芯片、5G物联网、软件、高端智能制造、新一代信息技术、生物医药、生物科技、基因工程、新能源、新材料、航空航天器等专业园区和智能化产业基地，优化金砖国家产业基地资源配置与空间布局，增强金砖国家在第四次工业革命中制造业基地的总体实力和竞争力，推动金砖国家产业高起点合作高质量发展。

构建区域性贸易中心、金融中心。加强金砖国家投资贸易合作，在厦门建设金砖国家投资贸易基地、金砖国家服务业基地、金砖国家保税区，增强金砖国家国际贸易功能；建设金砖国家创新基地金融区，加强金砖国家金融合作，建立人民币与金砖国家货币结算机制与通道，设立金砖创新基地产业投资基金，增加金融工具和金融服务品种，创立金砖国家国际银行，促进厦门证券交易市场建设，增强厦门国际性金融中心的功能建设。

建设厦门国际人才教育基地。发挥厦门市和福建省人文丰富、名校云集的优势，引入国内外优质的知名大学、职业院校、企业培训教育资源，建设第四次工业革命重点学科职业院校、国际联办学校、校企实训基地、素质教育体验中心、国际人才培训中心、国际人才交流中心、国际人才生活住宅区等项目，打造厦门金砖国家人才教育基地，为金砖国家创新基地培养输送各

种高素质人才，为第四次工业革命提供智力支撑。

建设金砖国家文化科技融合发展基地。立足厦门地处东海之滨海洋城市的区位优势，依托美丽清新国际花园城市的优美环境，利用绮丽岛屿风光国际旅游目的地城市的旅游人脉资源，以建设厦门国家海洋中心城市为目标，以促进科技创新和文化创意融合发展为创新战略重点，汲取金砖国家丰富的民族文化、民俗风情、建筑文化元素，建设金砖国家文化创意产业园、金砖国家文化特色的旅游产业基地、金砖国家休闲体育产业园、金砖国家生命科学康养产业园、金砖国家非物质文化遗产博览园、海洋博物馆等一批文旅基地项目，产生强大的聚集力、影响力、辐射力，打造极具魅力和特色的国际海洋中心城市。

四 项目策划（总计41项）

（一）综合平台项目（8项）

1. 金砖国家新工业革命创新论坛永久性会址

创新是推动社会发展的不竭动力。金砖国家新工业革命需要创新思路和共识的引领，需要平台集聚各类创新资源。建设金砖国家新工业革命伙伴关系（厦门）创新基地，应以金砖国家首脑峰会为平台，配套举办金砖国家新工业革命创新论坛，探讨和把握科技创新和成果转化发展趋势，发布《金砖国家综合创新竞争力研究报告》；举办系列专题论坛和研讨会，邀请金砖国家政府部门、科学家、企业家代表共同探讨金砖国家新工业革命中遇到的新问题和热点问题，将厦门建设成为金砖国家新工业革命创新论坛永久性会址。

2. 金砖国家国际科学院

推动金砖国家新工业革命，应有一个以金砖国家为主体的跨国科研机构，对未来的机遇和挑战进行深入研究，针对金砖国家新工业革命伙伴关系共建过程中各国发展不平衡、发展战略不协调、信息不对称、文化差异性等问题，在各国发展战略对接、资源开发利用、经济转型升级等方面开展合作研究、科技交流与咨询，为金砖国家新工业革命伙伴关系共建中的自然、经济、社会与生态问题及风险，提供科学决策依据与治理方案。开展多种形式的科技创新合作交流与各类科技人才培训，为金砖国家新工业革命建设提供科技人才和成果支撑，并吸引更多国际高水平的科研机构、大学、企业及相关专家学者参与金砖国家新工业革命建设。金砖国家国际科学院是高层次的国际性非政府、非营利学术机构，也是推动金砖国家新工业革命建设的国际高端咨询中心和新型高端智库。

3. 金砖国家新工业革命创新联盟

推动金砖国家新工业革命特别是建设金砖国家新工业革命伙伴关系（厦门）创新基地，需要金砖国家科学界、企业界和社会活动家和管理学者的广泛参与。以厦门为基地，筹建金砖国家新工业革命创新联盟，能够为建设金砖国家新工业革命伙伴关系提供一个跨国民间交流平台，充分发挥科学家、企业家、社会活动家和管理学者相结合的综合优势，不断集聚整合社会各类创新资源，不断壮大力量、提升影响力和出高水平成果，成为金砖国家以创新引领经济、协调社会、保护生态、惠及民生的充满活力的动力源。

4. 金砖国家国际交流中心

建设金砖国家新工业革命伙伴关系，需要建立金砖国家国际交流中心，以加强国际学术研究合作与交流，促进研究国际化、创造国际化、国际合作交流，扩大签订国际学术合作协议；并举办国际学术研讨会、积极参与国际学术活动、推广海外研究教育计划，举办年度国际会展，促进国际研发成果推广、合作。

5. 金砖国家企业总部

企业是金砖国家新工业革命的主体，建设金砖国家新工业革命伙伴关系（厦门）创新基地，需要金砖国家企业充分发挥主体作用。在厦门设立金砖国家企业总部，有利于金砖国家企业在新工业革命建设中建立紧密联系、发挥主体作用。

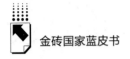

6. 金砖国家新工业革命博物馆

新工业革命是当代世界各国面临的更大范围、更深层次的科技革命和产业变革。金砖国家新工业革命博物馆主要是展示金砖国家推动新工业革命过程中涌现的新技术、新业态、新产业、新成果，以及加强文化创意产业、旅游、地方城市等领域合作取得的成果，向全世界讲述更多精彩动人的金砖故事。

7. 金砖国家技术转移大会暨中国（厦门）科技成果转化大会

科技成果转化是实现科技与经济深度融合的关键环节，是推进供给侧结构性改革的必然要求。以全国科技成果转化联盟为平台，围绕重大科技发展前沿成果，高新技术产业创新发展，特别是技术驱动型独角兽企业创新实践，新型金融工具创新应用等，探讨科技创新和成果转化发展趋势，邀请政府主管部门、科学家、企业家代表共同探讨创新发展热点问题；同时，组织科技成果路演、重点成果推介、科技评价服务、黑科技大赛，促进科技成果加快转化为现实生产力。

8. 金砖国家新工业革命博览会

引进汉诺威工业博览会模式，举办金砖国家新工业革命博览会，将其打造成联系全世界技术领域和商业领域的重要国际活动，为推动金砖国家新工业革命提供强大的技术研发支持能力和丰富的科技成果转化经验。

（二）科技创新基地项目（9项）

9. 金砖国家新工业革命示范基地

建设金砖国家新工业革命伙伴关系（厦门）创新基地，需要对金砖国家新工业革命发挥示范引领作用。应集聚金砖国家的相关部门、社团组织、企事业单位、国际组织、大专院校、科研机构等单位，以"学（学院）、研（科研）、产（生产）、转（转化）、金（金融）、服（服务）"为基地建设发展目标，融合各参与单位的优势资源，持续提升平台服务能力，创建"服务平台、服务企业、服务项目"三位一体的创新特色模式，推动金砖国家新工业革命的创新化、标准化、特色化、专业化、系统化、国际化可持续发展。

10. 金砖国家新工业革命研究院

以金砖国家科技重大需求和产业经济发展为导向，通过整合、引进、提高等方法，以跨领域、跨行业、跨部门多融合性为基本特征，借高端研讨平台会集各行业顶级人才，围绕"思想库体系、情报库体系、专家库体系、模型库体系、网信体系、决策支持体系"六大体系，形成"人机结合、人网结合、以人为主"的智能化决策支撑服务模式，实现思维、理论、技术、工程、产业及管理的综合提升，建成国际一流的集人才培养、技术研发和技术转移于一体的新工业革命研究基地。

11. 皮书《金砖国家综合创新竞争力研究报告》编撰、出版和发布基地

皮书是研究机构和智库的重要成果。科技部中国科学技术交流中心、中智科学技术评价研究中心、国际欧亚科学院中国科学中心等编撰发布了《金砖国家综合创新竞争力发展报告（2017）》《金砖国家综合创新竞争力研究报告（2019）》，产生了广泛的社会影响。报告对中国与其他金砖国家之间的科技创新合作现状及成效进行了综合评价，提出了金砖国家科技创新的优先合作领域，为金砖各国加快提升本国综合创新竞争力提供有价值的决策支撑。建设金砖国家新工业革命伙伴关系（厦门）创新基地，将继续组织编写出版《金砖国家综合创新竞争力研究报告》，并将"金砖国家首脑峰会"和"金砖国家新工业革命创新论坛"作为发布平台和基地，使"书""坛"发挥相得益彰的集聚效应。

12. 金砖国家智能视听产业基地和金砖国家短视频大会

厦门年营收超千万元规模以上的智能视听相关企业达百余家，包括美图、4399、吉比特、美柚等中国互联网100强企业，美亚柏科、绿网天下等大数据、人工智能骨干企业，咪咕动漫、翔通动漫等全国动漫领域龙头企业等，智能视听产业年产值达500亿元。在中国（厦门）智能视听产业基地基础上，设立金砖国家智能视听产业基地，并定期举办金砖国家短视频大会，通过"科技＋文化"创新驱动，推动广播电视和网络视听产业数字化、网络化、智能化发展。

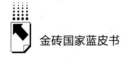

13. 金砖国家科技创新试验园区

金砖国家科技创新试验园区是将一批属于不同专业和领域，拥有精密制造和智能制造设备与能力，能够承担科研成果转化所需要的后续试验、开发、应用、推广直至形成新产品、新工艺、新材料的高端企业，集聚于一个具有优良环境的区域内，辅以科技创新试验所需的设施、政策、资金、人才等服务，实现科技成果持续转化，对提升金砖国家的科技创新竞争力具有重要意义。应充分发挥厦门特区城市的设施、政策、资金、人才优势，集聚金砖国家科技创新资源，加快建设金砖国家科技创新试验园区。

14. 金砖国家科技创新、文化创意融合发展示范园区

科技创新与文化创意融合发展是创新发展的新趋势，在新的世界竞争中，谁能够率先实现科技创新、文化创意融合发展，谁就将率先占据世界创新发展的制高点，成为世界强国竞争的优胜者。厦门具有促进科技创新、文化创意融合发展的自然环境、物质基础和人才支撑，可集聚金砖国家科技创新和文化创意产业资源，筹建金砖国家科技创新、文化创意融合发展示范园区。

15. 金砖国家未来城市展示体验区

未来城市以满足人民美好生活向往为目标，依托物联网、云计算、大数据、空间地理信息集成、人工智能等新一代信息技术，覆盖了政务、安防、教育、医疗、交通、能源等各个领域，渗透于基础设施设备建造、系统集成、管理运行等诸多环节，包含邻里、教育、健康、创业、建筑、交通、能源、物业和治理等九大创新场景，将云计算、大数据、人工智能、物联网等新一代信息技术嵌入其中，将城市建设成为智能、绿色、包容的"超级智能城市"。可集聚金砖国家科技创新资源，共同在厦门筹建金砖国家首个未来城市展示体验区。

16. 金砖国家循环经济示范园区

循环经济是按照自然生态系统物质循环和能量流动规律重构经济系统，使经济系统和谐地纳入自然生态系统的物质循环的过程中，建立起来的一种

新形态的经济。建设金砖国家新工业革命伙伴关系（厦门）创新基地，可从岛外选择一个有典型意义的工业园区，以更高的起点、更快的速度、更大的强度，将之建设成为科技型、生态型的循环经济示范园区。

17. 金砖国家绿色、高效、宜居、美丽示范城市

绿色、高效、宜居、美丽城市发展新模式，是一种显著优化城市布局、绿化城市环境、美化城市市容、便捷城市交通和大量节约用地、节省投资、节省建设时间的高效、绿色、宜居、环保、畅通、安全的城市建设发展新模式。城市建设可用地节约 90%，城市建设投资节约 80%，缩短建设周期50% 以上；20 倍净化室内空气，城市中汽车的能耗和尾气减少 90% 左右，城市人居环境彻底改善，整个市区开敞空间，是没有汽车的绿化率达 60%的大花园，犹如住在公园中，像是"换了人间"；具有四套各自独立的道路系统，使步行、自行车、公交车和小汽车等四种出行方式都成为舒适的人性化交通，杜绝汽车撞行人和自行车的交通事故；破解现在城市无法向紧凑型城市转变的世界性难题，市民每天交通时间合计减少 70% 左右；停车位密度是现在城市的 15 倍多，彻底消除停车难；是真正的海绵城市，抗洪涝能力远优于现在的城市；城市土地的承载能力提高约 4 倍，在宜居的条件下，单位面积土地上的建筑面积增加约 4 倍，建立房地产业平稳健康发展的长效机制；每年对 GDP 的贡献约 5 个百分点，可持续 20 年左右；每年消化约1.5 亿吨水泥和 9000 万吨钢材的过剩产能；消除所有城市病；有利于破解城市旧城改造拆迁难的问题，真正让旧城改造造福于市民。绿色、高效、宜居、美丽城市发展新模式符合国家住宅产业化政策和未来发展方向，得到了国务院和住房城乡建设部的大力推广，要求"在新建建筑和既有建筑改造中推广普及智能化应用，完善智能化系统运行维护机制，实现建筑舒适安全、节能高效"。

（三）科技创新中心项目（11项）

18. 金砖国家工业设计创新中心

工业设计是指为了达到某一特定目的，从构思到建立一个切实可行的实

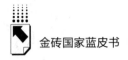

施方案，并且用明确的手段表示出来的系列行为，它包含了一切使用现代化手段进行生产和服务的设计过程。建设金砖国家新工业革命伙伴关系（厦门）创新基地，应以"国际化、高端化、品牌化"为发展定位，整合全球设计创新资源，研究区域产业发展趋势，推进金砖国家产业以工业设计作为战略工具，实现自主创新和产业升级的综合创新生态体系，并成为全球具有影响力的由设计创新驱动的国际化公共服务平台。

19. 金砖国家科技评价中心

科学技术评价是推动科技事业持续健康发展，促进科技资源优化配置，提高科技管理水平的重要手段和保障，对科技创新和成果转化具有引导性作用。建设金砖国家新工业革命伙伴关系（厦门）创新基地，需要建立国际化的科技评价中心。

20. 金砖国家科技成果交易中心

科技成果交易是科技成果转化和国际技术转移不可缺少的重要环节。建设金砖国家新工业革命伙伴关系（厦门）创新基地，需要建立国际化的科技成果交易中心。

21. 金砖国家科技认证中心

科技标准和成果认证对科技创新和科技成果转化具有重要的促进作用。建设金砖国家新工业革命伙伴关系（厦门）创新基地，需要建立国际化的科技认证中心。

22. 金砖国家国际技术转移中心

国际技术转移中心是由多个专业性技术转移中心和科研实验室组成的综合体，是技术转移和科技成果转化的基础。建设金砖国家新工业革命伙伴关系（厦门）创新基地，需要建立以金砖国家为主体、吸引欧美发达国家参与的国际技术转移中心。

23. 金砖国家知识产权保护中心

知识产权是指人类智力劳动产生的智力劳动成果所有权，它是依照各国法律赋予符合条件的著作者、发明者或成果拥有者在一定期限内享有的独占权利，包括版权（著作权）和工业产权。建设金砖国家新工业革命伙伴关系（厦门）创新基地，必须建立国际化的知识产权保护中心。

24. 金砖国家高新技术产品标准化中心

标准化是指在经济、技术、科学和管理等社会实践中，对重复性的事物和概念，通过制定、发布和实施标准达到统一，以获得最佳秩序和社会效益。标准化的重要意义是改进产品、过程和服务的适用性，防止贸易壁垒，促进技术合作。建设金砖国家新工业革命伙伴关系（厦门）创新基地，需要建立国际化的高新技术产品标准化中心。

25. 金砖国家高新技术产品检测中心

高新技术产品是指符合国家高新技术重点范围、技术领域和产品参考目录的全新型产品，或国内首次生产的改进型产品，或属创新产品等，具较高的技术含量、良好的经济效益（利税率应高于20%）和广阔的市场前景。高新技术产品国际检测直接证明了产品的高科技含量，能够增加客户的信任度，提高产品市场竞争力。设立金砖国家高新技术产品检测中心，对建设金砖国家新工业革命伙伴关系（厦门）创新基地具有重要意义。

26. 金砖国家高新技术新成果、新产品发布中心

为及时发布和推出金砖国家新工业革命创新的新成果、新产品，在厦门设立金砖国家高新技术新成果、新产品发布中心。

27. 金砖国家新工业革命政策发布与信息传导中心

金砖国家新工业革命政策发布与信息传导中心，是专门发布金砖国家科技创新和新工业革命相关政策及有关重大信息的重要平台。

28. 金砖国家科技创新大数据中心

建设金砖国家新工业革命伙伴关系（厦门）创新基地，需要及时建立金砖国家科技创新大数据中心，采用云计算、大数据、移动互联网等新一代信息技术，通过对金砖国家和全球科技创新资源的供需对接，整合线上线下服务，逐步积累和整合科技创新大数据资源，为金砖国家科技创新提供大数据分析服务。

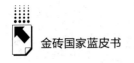

（四）人才教育培训项目（3项）

29. 金砖国家新工业革命学院

以新发展理念为引领，聚焦工业转型升级和智能经济未来产业，借助德国展会科技研究院在工业机器人及工业4.0等领域的优势，与厦门市的一所工科大学（学院）合作，建设面向金砖国家的首家具有学历教育、培训教育双重职能的新工业革命学院，为金砖国家新工业革命不断培养和输送人才。

30. 金砖国家新工业革命新产业人才培训基地

随着人工智能、大数据、云计算等的广泛应用，社会对相关领域从业人员的需求大幅增长，形成稳定从业人群，一批专业技术类新职业应运而生。2019年4月，无人机驾驶员、数字化管理师、人工智能工程技术人员、物联网工程技术人员、大数据工程技术人员和云计算工程技术人员等13个职业一起列入国家职业分类大典。对新产业所需技术人员进行职业培训，能帮助金砖国家企业完成数字化、智能化转型，提高核心竞争力，促进产业结构升级，提升科技创新能力。

31. 金砖国家新工业革命创新人才交流中心

为促进金砖国家之间新工业革命创新人才合理流动，优化人才资源配置，创造更大的社会、经济、人才效益，可以金砖国家新工业革命伙伴关系（厦门）创新基地为平台，设立金砖国家新工业革命创新人才交流中心。

（五）文化创意项目（5项）

32. 金砖国家科学家艺术家创意演试中心

科学和艺术是人类文明发展的两颗明珠，是人类智慧世界和感知世界的两大瑰宝。科学和艺术是相辅相成的，一个没有艺术大家的民族不可能拥有科学大家；一个没有科学大家的民族也不可能拥有艺术大家。国际科学家艺术家度假村旨在依托厦门人文科技及旅游休闲资源，发挥中国科学家艺术家及有关机构作用，联合金砖国家科学艺术资源，嫁接相关国际资源，以休闲、旅游、度假为业态，促进国际科学文化交流，打造国际科学家、艺术家之间交流合作的国际平台。主要项目包括：（1）金砖国家国际科学家艺术家度假胜地。（2）金砖国家及国际科学艺术学术会议及成果发布平台。（3）金砖国家科技文化人才培养基地。（4）金砖国家和国际科学家艺术家的思想摇篮和实验室。

33. 金砖国家创意城市国际中心(核心项目)

创意城市是一种推动城市复兴和重生的城市发展模式。在全球竞争日益激烈、资源环境约束日益增强的形势下，城市从自然客体资源的发展向着重开发人类主体资源，努力解放文化生产力、重塑城市形象、可持续的方向发展，从而使城市再获生机。打造创意城市能吸引文化创意人才与团体，通过创意经济的兴起赋予城市以新的生命力和竞争力，以创意方法解决城市发展的实质问题。创意城市的建设是未来城市发展的必然趋势。规划建设金砖国家创意城市国际中心，是面向全球打造国际一流的集行政建设、高校智库、国际论坛、成果产业化、金融支撑、资源融合、市场国际化、融媒体中心、数字信息共享为一体的创意城市综合性服务平台，为世界创意人才提供互动平台，促进全国乃至世界创意与科技成果的产业化。

34. 金砖国家文化创意产业园

文化创意产业园是一系列与文化关联的、产业规模集聚的特定地理区域，是以具有鲜明文化形象并对外界产生一定吸引力的集生产、交易、休闲、居住为一体的多功能园区。金砖国家文化创意产业园主要项目包括：金砖国家作家村、金砖国家书画村、金砖国家艺术村、海洋文化村、金砖国家养生文化村、闽学闽商文化村等"文化六村"和金砖国家工艺美术街、金砖国家聚宝街、金砖国家美食街、金砖国家茶艺街、金砖国家咖啡街、金砖国家时尚购物街等"商贸六街"。

35. 金砖国家非物质文化遗产博览园

非物质文化遗产，是根据联合国教科文组织的《保护非物质文化遗产公约》定义，指被各群体、团体，有时为个人所视为其文化遗产的各种实践、表演、表现形式、知识体系和技能及其有关的工具、实物、工艺品和文

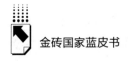

化场所。金砖国家非物质文化遗产博览园主要分为中国和其他金砖国家两大板块：（1）中国非物质文化遗产园。包括中国各地各种富有特色的非物质文化遗产的展示区、表演区、孵化区、体验区，举办"中国非物质文化遗产博览交易会"等。（2）其他金砖国家非物质文化遗产园。

36. 金砖国家智慧康养产业园区

它旨在以"智能化＋康养"的理念和方式，以"康、养、医，学、旅、科，服、金、产"为平台建设发展目标，通过"政府＋社团＋企业＋科研院所"的平台组织架构和"小核心、大外围"的协同创新方式，汇集金砖国家和国际优质资源、优势力量，联合开发智慧康养产业服务项目，建设推广智慧康养先行示范基地，推动智慧康养产业创新化、标准化、特色化、专业化、系统化、国际化可持续发展。

（六）配套服务类项目（3项）

37. 金砖国家休闲体育产业园区

休闲体育产业是指社会各部门提供的与体育活动密切相关的产业领域，包括体育产品和服务，以及与这些产品和服务相关的经营活动。金砖国家休闲体育产业园区主要包括金砖国家的优势体育项目、产品、体验和服务，智能体育活动、太极、旱雪等创新和特色体育项目的体验、服务和产品的生产营销。

38. K12项目

K12 项目是指从幼儿园（通常 5 ~ 6 岁）到十二年级（通常 17 ~ 18 岁）的国际教育项目，成为国内非常著名的教育品牌，由北京大学开办的 K12 项目更是国内获得批准的少数 K12 项目中的精品。在金砖国家新工业革命伙伴关系（厦门）创新基地核心区内开办 K12 项目，有利于吸引各类高端科技人才集聚落地园区内。

39. 金砖国家智慧健康管理中心

它立足智慧健康城市发展定位，全面实施"以人民健康为中心"的全民健康工程，打造独具特色的智慧健康城市新名片。主要项目包括：建设一个园区，即健康产业智造园区；打造一个中心，即健康大数据中心；构建三大平台，即区域公共卫生服务平台、区域大健康产业发展信息交换共享平台、区域健康增值服务平台；五类应用，即平台应用、区域医疗应用、区域健康服务应用、行政监督应用、增值服务应用。

（七）金融投资项目（2项）

40. 金砖国家新工业革命投资基金

金砖国家新工业革命和金砖国家新工业革命伙伴关系（厦门）创新基地建设，需要有金融的大力支持。拟成立一支科技创新专项基金，引进包括天使投资、创业投资、代办股权转让、境内外上市、并购重组、集合发债和贸易融资，让金砖国家更多的优秀高科技创新项目与社会资本融合对接，为新工业革命插上金融的"翅膀"。

41. 金砖国家科技银行

金砖国家新工业革命以科技创新为核心，需要成立专门的科技银行来提供资金，从银行贷款特别是低息贷款方面给予科技研发有力支持，对专利技术等无形资产予以质押贷款；需要科技银行的风险资本对科技研发和成果转化及时跟进投资。

建设金砖国家新工业革命伙伴关系（厦门）创新基地，是深化落实金砖国家新工业革命伙伴关系的重要途径，在全球新工业革命浪潮中，基地将为金砖国家把握机遇、以科技创新和数字化变革激发新的发展动能提供有力抓手和重要平台。期待金砖各国积极参与基地建设，共同将创新基地打造成为金砖各国合作的重要桥梁和纽带。

参考文献

习近平：《守望相助共克疫情携手同心推进合作》，《人民日报》2020年11月18日。

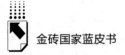

蓝碧霞、李晓平、林露虹：《金砖国家新工业革命伙伴关系创新基地在厦门启动》，《厦门日报》2020 年 12 月 9 日。

赵新力、李闽榕、黄茂兴主编《金砖国家综合创新竞争力发展报告（2017）》，社会科学文献出版社，2017。

赵新力、李闽榕、黄茂兴主编《金砖国家综合创新竞争力研究报告（2019）》，社会科学文献出版社，2020。

B.6
金砖国家新工业革命创新发展研究

黄茂兴　叶琪　王珍珍　白华　陈伟雄*

摘　要： 本报告首先论述了全球范围内迎接新工业革命的政策趋势和主要特点，梳理了金砖国家推动新工业革命伙伴关系的最新进展；其次探讨了金砖国家新工业革命伙伴关系的建设方向及其路径，以及科技创新领域合作的若干战略选择；最后针对当前推进金砖国家新工业革命伙伴关系（厦门）创新基地建设，提出了进一步健全工作机制、加大政策扶持力度、深化产业合作、加强人才培训交流等几项重点举措。

关键词： 金砖国家　新工业革命　厦门

2020年11月17日，中国国家主席习近平在金砖国家领导人第十二次会晤上强调，中方愿同各方一道加强建设金砖国家新工业革命伙伴关系，中国政府将在福建省厦门市建立金砖国家新工业革命伙伴关系创新基地，开展政策协调、人才培养、项目开发等领域合作。当前，以网络化、数字化、智能化为核心特征的新一轮工业革命正处于由导入期转向拓展期的关键阶段，并且势必成为驱动未来全球经济增长的重要动力和影响国际产业竞争格局的

---

* 黄茂兴，博士，福建师范大学经济学院教授，研究领域为技术创新、国际经济；叶琪，博士，福建师范大学经济学院副教授，研究领域为产业经济；王珍珍，博士，福建师范大学经济学院副教授，研究领域为物流与供应链管理；白华，博士，福建师范大学经济学院副教授，研究领域为科技管理、数据分析；陈伟雄，博士，福建师范大学经济学院副教授，研究领域为产业经济与管理。

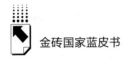

主要因素。本报告深入分析全球范围内迎接新工业革命的政策趋势和主要特点，探讨金砖国家推动新工业革命伙伴关系的最新进展，并对金砖国家深化新工业革命伙伴关系的建设方向及其科技创新合作路径提出了建议举措，希冀能为金砖国家新工业革命创新发展提供有益借鉴。

一　全球范围内迎接新工业革命的政策趋势和主要特点

当前，以新科技革命和新产业变革为主要特征的新工业革命正在全球范围蓬勃兴起。为迎接新工业革命带来的机遇，发达国家纷纷把支持技术创新和新产业发展上升为国家战略，先后出台并实践了一系列政策举措。综括各国发展计划和经验，其具有如下五个特点。

（一）坚持以智能制造为主攻方向，颠覆性技术清单具有一致性和全面性

近几年，西方发达国家在其工业发展规划中均在强调制造业"回流"，这一"回流"并不是简单的产业回归，而是强调对制造业的"再工业化"，以智能技术改造和升级传统行业。先进的颠覆性技术是智能制造的突破重点。从各发达国家工业战略中强调的前沿技术清单可以看出，各国聚焦的领域较为一致，人工智能、机器人、生物技术、数字制造等均被广泛关注。此外，各国所重视的颠覆性技术覆盖范围较为全面，几乎包括所有的重要前沿领域，这一现状说明单一的技术突破难以适应新工业革命发展的需要。

（二）加大对战略性新兴产业的政府引导和扶持，加强在价值链中高端的前瞻布局

各国在应对新工业革命挑战中均动用了政府力量，财政补贴是引导新兴产业发展的主要政策。如美国"材料基因组计划"投资 1 亿美元、"SunShot计划"投资 1.125 亿美元；德国"电动汽车补贴计划"补贴金额共计 12 亿欧元；日本"人工智能发展路线图"对人工智能技术研发给予多方面支持，

经济产业省预算 45 亿日元，文部科学省预算 71.09 亿日元。专项计划项目化、工程化是各国推动新兴产业发展的主要形式。在新兴产业发展初期，各国往往通过制定专项计划明确发展方向，通过采取专项措施促进新兴产业建设和整体发展，如《"面向 21 世纪的生物技术"计划》（美国）、《英国低碳过渡计划》（英国）、《新信息和通信技术战略》（日本）等。

（三）建立多层次的组织推动体系，推进跨界合作的平台建设

新工业革命涉及面较广，需要整合各类资源和技术，多层次的组织制度和跨界合作尤为重要。为推进工业 4.0 计划落实，德国三大工业协会——德国信息技术电信和新媒体协会（BITKOM），德国机械设备制造业联合会（VDMA）以及德国电气和电子工业联合会（ZVEI）共同发起建立"第四次工业革命平台"。继《先进制造业伙伴计划》等政策后，2019 年，美国通过《美国人工智能倡议》再次强调与工业界、学术界、国际合作伙伴和盟国，以及其他非联邦实体合作，建立全面的伙伴关系，协力共促人工智能等先进技术突破。

（四）关注人类生活方式和行为方式的转变，推动技术与社会融合发展

在新工业革命浪潮下，随着 ICT 技术对各行业的渗透加深，一些发达国家开始关注技术引领下的社会变革。日本率先提出建设"超智能社会"，即"社会 5.0"计划，这一计划不仅强调要提升产业效率，更加关注通过充分利用先进技术来满足社会需求，提高大众生活便利性，使公民享受更多技术福利，解决老龄化、环境和能源等社会问题，用科技创新引领社会变革。随后，韩国等国家也相继提出建立"智能信息社会"。

（五）着力推动数字基础设施建设，重视关键原材料供应安全

为了更好地利用数字化机遇，各发达国家都在强调数字基础设施建设，如美国重视数据标准制定、保护知识产权、维护网络运营技术安全等软件设

施建设；德国认为互联网平台是实现"工业 4.0"的重要支撑；英国重视交通运输的互联互通和自动驾驶，优先发展 5G 和全光纤网络。近几年，一些发达国家开始重视关键原材料的安全。美国在《美国先进制造业领导力战略》中明确指出要保证稀土等关键材料的供应安全，为此，美国颁布了相关法令并公布了保护名单。2019 年，欧盟在《欧盟－中国：战略展望》中也强调通过合作与贸易来稳定关键原材料的来源。

二　金砖国家推动新工业革命伙伴关系的最新进展

（一）科技创新合作机制建设成效显著，打牢新工业革命伙伴关系基础

1. 金砖国家科技创新合作布局日益体系化

金砖国家以政府间双边和多边国际科技合作协议为指南，纷纷推出大量与科技创新合作相关的政策措施和工程（计划）项目，积极推动金砖国家科技人文交流、联合实验室与联合研究中心共建、技术示范与推广基地建设、科技园区合作和技术转移转化合作等联合行动。此外，金砖国家科技创新合作越来越重视中长期的科技创新合作，强调创造更多中长期科技创新合作项目和机会，以更好地促进金砖国家科技人文交流与协作。

2. 金砖国家技术转移转化合作迈向常态化

近年来，金砖国家通过建立技术转移转化合作机制、培育技术转移人才、打造国际技术转移转化合作平台等方式，加快整合金砖国家政治、经济、创新等资源，为进一步推动金砖国家科技创新合作作出了重大贡献。2018 年，金砖国家技术转移中心正式落地中国昆明市，通过搭建金砖国家技术转移转化的"桥梁"，助力金砖国家突破技术转移转化的国界限制，推动金砖国家之间技术转移机构的深入合作，以进一步拓展金砖国家技术转移转化渠道，并推进国际技术转移转化合作的常态化开展。此外，金砖国家加快推进专业技术转移人才培养，也进一步促进了金砖国家科技创新合作与互联互通。

3. 金砖国家科技金融合作机制走向制度化

随着金砖国家科技金融合作的逐渐深入，科技金融合作机制不断走向制度化。一是金砖国家科技金融支持体系呈现多元化。随着金砖国家在投资、贸易等方面的关系日益密切，金砖国家逐步建立了以市场为基础、以政策性金融和金融中介为主体、以法律手段为保障的科技金融支持体系（如表 1 所示）。二是金砖国家新开发银行支持开展科技金融合作。截至 2021 年底，新开发银行累计批准了成员国约 80 个项目，贷款总额达 300 亿美元，项目主要覆盖了交通运输、水资源与卫生、清洁能源、数字基础设施、社会基础设施和城市发展等领域，极大地推动了金砖国家科技合作。三是金砖国家积极主动成立科技创新资金合作工作组（如表 1 所示）。2016 年，金砖五国成立了科技创新资金资助方工作组，五国代表齐聚北京参加的第一届资助方工作组会议就金砖国家联合征集项目的重点领域、资金安排、资助原则、资助机制等多个议题达成了共识，决定在该共识下联合征集多边研发项目。

表 1　金砖国家科技金融支持体系与科技创新资金资助方工作组

国家	科技金融支持体系			各国科技创新资金资助方
	政府财政支持科技金融的制度体系	金融中介	相关法律	
巴西	国家科学和技术发展基金（FNDCT）	国家经济和社会发展银行、东北银行、小额信贷机构（MFI）体系、风险投资（包括科技资本化项目、科技创建项目等）	新信息技术法（第 10176 号法律）、"Lei do Bem"法（第 11196 号法）	国家科学技术发展委员会（CNPq）
俄罗斯	科学和技术发展的优先体系、科技计划和科技基金	俄罗斯国家开发银行、俄罗斯外贸银行、俄罗斯纳米技术公司、俄罗斯风险投资公司	《俄罗斯科学发展学说》《俄罗斯联邦科学和国家科学技术政策法》《俄罗斯联邦 2010 年前及更长期科技发展政策原则》	小型创新企业援助基金会（FASIE）教育与科学部（MON）基础研究基金会（RFBR）
印度	印度技术发展计划（Technology Benture Unit Scheme）、数字化身份认证（Aadhaar 项目）、普惠金融计划、"废钞运动"	小型工业开发银行（SIDBI）、东北开发融资公司、小额信贷、国家软件和产业风险投资基金（NFSIT）、印度机会风险基金（Opportunity Fund）	《信息技术法》《征收研究与开发税条例》	科技部（DST）

续表

国家	科技金融支持体系			各国科技创新资金资助方
	政府财政支持科技金融的制度体系	金融中介	相关法律	
中国	国家科技计划(基金)	国家开发银行、商业银行、小额贷款公司、科技风险开发性投资基金	《关于印发促进科技和金融结合试点实施方案的通知》等	科技部(MOST)国家自然科学基金委员会(NSFC)
南非	公共研发体系、国家创新咨询委员会(NACI)、国家研究基金会(NRF)、创新基金与科技计划、生物技术区域创新中心计划(BRICP)	南非储备银行、商业银行、人寿保险公司、邮政储蓄银行、单位信托基金、小额信贷机构等	《科学技术白皮书》《南非国家研究与开发战略》《南非储备银行法》《移动货币意见书》等	科技部(DST)国家研究基金会(NRF)

资料来源:中华人民共和国科技部,http://www.most.gov.cn/index.html。

4. 金砖国家青年创新创业合作伙伴关系跃向新高度

在新工业革命伙伴关系背景下,金砖国家青年创新创业合作伙伴关系跃向新高度。一方面,金砖国家科技创新创业伙伴关系工作组会议已形成长效工作机制(如表2所示);另一方面,金砖国家科技创新创业人才培养与引智工作初具成效。除了开展金砖国家青年科学家论坛外,还加强金砖国家青年科学家、创新创业者的交流,建立可持续的青年创新创业合作伙伴关系。借助金砖国家创新合作平台,增强青年创新创业意识,增进青年之间的相互交流,让青年做金砖国家发展进步的中坚力量、传递友谊的使者和务实合作的推动者。

表2　金砖国家科技创新创业伙伴关系工作组会议

会议	会议时间/地点	会议议题
第一次金砖国家科技创新创业伙伴关系工作组会议	2017年4月9日,印度班加罗尔	通过《金砖国家科技创新创业伙伴关系工作组会议议事规则》

会议	会议时间/地点	会议议题
第二次金砖国家科技创新创业伙伴关系工作组会议	2018年9月10日,中国昆明	(1)金砖国家科技创新创业伙伴关系工作组长效工作机制规划 (2)建立面向金砖国家科技园区、创新孵化器和中小型企业的合作网络 (3)金砖国家人才库建设 (4)有效促进金砖国家的创新成果转化及有关人才培养
第三次金砖国家科技创新创业伙伴关系工作组会议	2019年5月13～14日,巴西伊瓜苏	(1)建立金砖国家科技园区、技术商业孵化器和中小企业网络(创新金砖网络) (2)金砖国家技术转移中心建设 (3)金砖国家青年科学家论坛(引入创新创业议题)

资料来源：根据历次金砖国家科技创新创业伙伴关系工作组会议资料整理。

（二）推进全球治理改革，释放合作潜力

金砖国家加强合作，坚持多边主义，完善全球治理，维护以联合国为核心的国际秩序，维护以世界贸易组织为代表的多边贸易体制，支持世界卫生组织发挥重要协调作用。面对西方国家试图将新冠病毒起源问题政治化，"甩锅"推责，2021年，金砖国家领导人发表《金砖国家领导人第十三次会晤新德里宣言》明确强调，支持通过基于科学、包括各领域专业知识、透明、及时、非政治化和不受干扰的研究进程，增强国际社会对新型病原体出现过程的了解和预防未来大流行病的能力。这不仅在全球经济中表明了金砖国家的地位，还表达了合作抗疫的坚定信心，为全球经济稳定复苏做出了重大贡献。作为先期工作，金砖五国工业部门及有关部门代表成立咨询小组，根据第四次工业革命的重点领域，制定伙伴关系任务大纲和工作计划。2020年，金砖国家领导人第十二次会晤制定《金砖国家经济伙伴战略2025》，为未来5年金砖国家经贸合作规划了重点领域和方向，明确了路线图。

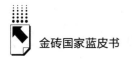

（三）推进开放创新，促进贸易投资和金融合作

金砖国家不断加强宏观经济政策协调，推动落实"人员与货物跨境流动便利化倡议"，保障产业链、供应链安全畅通。加强开放合作，中方继续扩大开放，增加商品和服务进口，扩大外资市场准入，加强知识产权保护，实现全方位、多层次、宽领域的全面开放新格局，并推进高质量共建"一带一路"。加强科技创新合作，营造开放、公平、公正、非歧视的营商环境。连续签署了《金砖国家创新合作行动计划（2017—2020）》以及《金砖国家创新合作行动计划（2021—2024）》，为金砖国家科技创新合作提供了明晰的方向。中国在福建省厦门市建立金砖国家新工业革命伙伴关系创新基地，在开展政策协调、人才培养、项目开发等领域合作已经取得了一定成效。各国建立科技园和技术企业孵化器网络，支持中小技术企业的发展。

（四）推进数字经济发展，重视数据安全

金砖国家共同推动未来网络建设发展，提升网络的先进性、可用性、可及性、安全性，金砖国家未来网络研究院特别是中国分院为打造金砖国家未来网络领域高质量交流合作平台不断作出贡献。加快5G网络、数据中心等新型基础设施建设，挖掘数字技术抗疫潜力。2020年以来，中国政府大力发展数字经济，利用数字技术助力新冠肺炎疫情防控，加快企业复工复产，保障全球供应链产业链的稳定和畅通。为维护全球数据和供应链安全，推动数字经济发展，2020年9月，中方在"抓住数字机遇，共谋合作发展"国际研讨会高级别会议上发出《全球数据安全倡议》。

（五）坚持绿色低碳，推进可持续发展

金砖国家继续致力于经济、社会、环境三个领域的平衡，推进可持续发展，为金砖国家新工业革命伙伴关系的持久发展提供良好的环境。为全面落实《巴黎协定》，恪守共同但有区别的责任原则，中国逐步出台更有力的政策和举措，二氧化碳排放力争于2030年前达到峰值，努力争取2060年前实

现碳中和。全面落实联合国《2030 年可持续发展议程》，努力消除贫困，让资源向减贫、教育、卫生、基础设施建设等领域倾斜。支持联合国发挥统筹协调作用，推动构建更加平等均衡的新型全球发展伙伴关系。2020 年，中国如期完成了脱贫攻坚目标任务，近 1 亿农村贫困人口实现脱贫，提前 10 年完成联合国《2030 年可持续发展议程》减贫目标。

三　金砖国家新工业革命伙伴关系的建设方向及其路径探讨

金砖国家新工业革命伙伴关系是以技术创新为引领，以产业变革和经济增长为主体，以务实合作为基石，以包容共赢为保障，最大限度地把握第四次工业革命带来的机遇，通过提升金砖国家科技创新水平，建立新兴产业体系，充分释放"金砖 +"潜能，让金砖合作惠及全球，成为推动全球经济增长的重要引擎。

1. 建设厦门金砖国家新工业革命伙伴关系创新基地，积极引领示范

充分发挥厦门经济特区、自由贸易试验区、21 世纪海上丝绸之路核心区等开放优势，以打造金砖国家创新基地为抓手，聚焦工业创新领域，依托金砖国家新工业合作产业园为载体，设立专项资金和成立产业基金为保障，集中落实金砖国家工业科技研发、创新中心、科技企业孵化器和企业网络等项目，引入一批高新技术企业，落地一批高新技术产业项目，推动厦门成为"金砖 +"国家高端产能输出中心、工业技术创新中心、国际贸易结算中心，着力打造国际级数字经济发展示范区、金砖合作产学研要素资源汇聚区、高端产业示范区等，吸引和扩展金砖国家更多的创新项目合作，把厦门金砖国家新工业革命伙伴关系创新基地打造为新工业革命伙伴关系框架下的标志性、示范性项目，凝聚金砖国家发展的信心，为广大新兴市场国家和发展中国家提供更多金砖国家创新合作的成功案例和典范。

2. 加强金砖国家政策沟通协调，拓展金砖国家合作内容

把金砖国家新工业革命伙伴关系打造成政策沟通协调的平台，通过成立

金砖国家新工业革命伙伴关系联席会议制度或部长级会议制度,定期举办金砖国家新工业革命会议、论坛、展览等形式,探讨产业发展、技术趋势、政策协调、劳动力技能需求等事项。加强金砖国家在经济、金融、贸易、投资、产业等领域的宏观政策协调,增强财政政策的有效性,提升货币政策的前瞻性和透明度,营造支持结构性改革的政策环境。加强金砖国家在技术标准、产业标准等方面的协调与合作,形成技术和产业评价标准对接,推动金砖国家产业高质量转型升级,形成高质量的有效供给,引导总需求扩大。加强金砖国家知识产权保护的协作,相互尊重、鼓励和借鉴创新,推动创新成果的改善和共享,持续破除制约金砖国家合作的政策藩篱,充分释放互补优势和协同效应,拓展金砖国家的合作空间。

3. 聚焦产业合作开展技术创新,压实金砖国家产业合作基础

团结合作是金砖国家新工业革命伙伴关系的基石,以产业合作为技术创新合作的载体,依托未来网络研究院、数字金砖、工业和科技园区、创新中心等重点项目建设,着眼于全球前沿技术和关键技术领域,挖掘金砖各国在人工智能、大数据、区块链、5G 等新一代信息技术领域中的潜力,深化金砖国家在数字、新能源、新材料、海洋、太空等高新技术领域的产业合作,打造金砖国家产业创新合作网络,抱团融入全球产业链、价值链体系,成为引领全球经济增长的动力引擎。聚焦制约全球经济发展亟须解决的难点问题,加强金砖国家在能源、金融、互联互通、生物多样性保护、公共卫生安全等领域的技术创新合作,不断开拓新的产业部门,有效应对新的全球性威胁。此外,营造开放、公平、公正、非歧视的营商环境,为金砖国家的技术创新和产业合作提供宽松的环境。

4. 坚持和维护多边主义,强化金砖国家参与全球竞争与合作的能力

金砖国家新工业革命伙伴关系始终坚持多边主义,反对单边主义和贸易保护主义,捍卫联合国宪章宗旨和原则,在坚定维护国际公平正义基础上开展竞争与合作。面对美国"先进制造业领导力战略"、德国"工业 4.0 战略"、法国"未来工业计划"、日本"互联工业"等发达国家聚焦工业互联网、人工智能、数字经济谋划未来产业发展的体系化、前瞻性的战略布局,

金砖国家作为一个整体要加强同发达国家的竞争与合作，既要充分借鉴发达国家前沿的技术创新成果、超前的产业部署、有效的创新合作模式等，同时又要保持金砖国家合作的独立性和自主性，提升自主创新能力，摆脱对发达国家的"技术依赖"和低水平"技术锁定"，在把握第四次工业革命机遇中实现弯道超车。同时金砖国家新工业革命伙伴关系要积极承担国际责任和义务，加强对技术落后国家、不发达国家的产业和技术援助，让金砖合作红利惠及更广泛的群体。

5. 促进优势资源互惠共享，提升金砖国家合作效率和水平

金砖各国在技术和产业发展方面都有相对领先的优势，中国拥有较先进的 5G 技术、人工智能技术，以及较完整的产业链体系，印度的 IT 软件技术发达，俄罗斯在航空航天领域有优势，巴西的新能源和农业技术较先进，南非有丰富的采矿技术和经验。借助建立新工业革命伙伴关系，在科技资源互补互惠共享的基础上建立金砖国家产业链和合理的产业分工体系，更好发挥金砖国家科技资源的规模效应。加强金砖国家人才共育共用，通过金砖国家大学联盟和网络大学等渠道加强教育合作，共同致力于培养具有国际视野的创新型人才。依托厦门创新基地举办工业创新大赛、智库研讨会、青年创新创业人才交流等能力建设活动，深化与金砖国家企业、研究机构、高端智库等创新合作，培养理论研究人才和掌握先进技术的产业人才、技术人才，为推动金砖国家新工业革命的开展提供智力支撑。

四 推进新工业革命伙伴关系中强化 科技创新合作的战略选择

（一）完善科技合作机制

金砖国家科技合作机制的完善包括加强科技合作顶层设计机制、建立沟通对话长效机制、完善科技合作动力机制和完善科技合作约束监督机制四个方面。

1. 加强科技合作顶层设计机制

对外科技合作战略是一个国家总体战略的重要组成部分，因此，在科技合作战略制定过程中，要有顶层设计的意识，服从于国家整体战略发展的需要，根据国家科技战略发展的目标来确定与金砖各国的合作重点和合作活动。同时，科技合作已不仅仅是某一个部门的事情，而是需要广泛调动一个国家内部各个相关职能部门参与科技合作过程中，例如科技部、工信部、中国科学院、国家自然科学基金委员会、中国科协等相关部门根据国家科技战略的发展需要在科技合作方面进行统一的规划设计，提升各个部门之间的相互协调能力。同时，在科技合作过程中，应该增强所制定的科技合作政策的针对性，针对不同国家制定不同的科技合作政策，从而提升政策的执行效果。

2. 建立沟通对话长效机制

一个国家的对外科技合作带有战略性、长远性和政策性等特征，尤其容易受到国与国之间的政治关系的影响。同时，在合作过程中可能会涉及国家的安全、机密等敏感性问题，导致在合作过程中对于一些合作所取得的成果不能够准确地把握，因此，迫切需要加强科技合作的组织和战略协调，充分发挥政府部门的组织、引导、协调、推动作用。2017 年金砖五国正式成立了金砖国家科技创新创业伙伴关系工作组。截至 2019 年底，金砖国家已经召开了三次金砖国家科技创新创业伙伴关系工作组会议，每次都围绕一些重要议题达成一系列共识，充分发挥了沟通对话机制的重要作用。除此之外，金砖五国还可以倡导成立金砖国家科技合作协调委员会，定期召开科技合作高层论坛与会议，共同制定科技合作管理办法，形成金砖五国的科技合作管理制度。通过国与国之间高层领导的沟通与协调，推动优先发展领域的战略对接，强化金砖国家在各个层面的对话机制，包括领导人峰会、指导委员会、对话机制等。可以参照欧盟框架计划（FP）的做法，制定框架计划的目标，分阶段实施金砖国家的科技合作计划。

3. 完善科技合作动力机制

金砖国家科技合作的动力机制指的是各方是否有意愿进行合作，而这种意愿会受到各方利益分配、市场需求、政策推动以及科技水平等因素的影响。从本质上来讲，金砖国家进行科技合作的主要原因有以下几个方面：内部原因主要是解决资源有限性的问题，以及经济发展的需要；外部原因主要是国际大环境的推动，通过科技合作可以充分利用各自的资源禀赋和优势领域，形成优势互补的战略格局，使科技合作的各个利益方能够从科技合作中获得更多的收益。但是受制于利益藩篱的影响，金砖五国在开展科技合作的过程中可能会面临一些利益上的冲突，由此可能会影响其他合作方的利益所得，从而导致合作过程的中断。因此，在推动科技合作过程中，首先要解决的是动力机制的问题，要明确合作各方的利益驱动和非利益驱动的因素，各个国家的政府可以通过出台相应的政策推动科技合作。

4. 完善科技合作约束监督机制

金砖国家科技合作的约束监督机制是指通过一些制度化规范化的法律条文来约束合作各方的行为，从而有效地保证各方的权益。在科技合作过程中涉及政府、高校、企业、科研院所等主体的参与，在合作过程中需要制定各方的职责、权利、义务以及具体的实施细则，对于一些活动主体违背合约的行为可以通过相应的法律法规或者合同的规章制度进行约束和管理，从而促进金砖五国之间形成长效的合作。

（二）创新科技合作模式

金砖国家的科技合作模式包括推动合作方式多样化、参与主体多元化，以及注重合作成果产业化三个方面。

1. 推动合作方式多样化

探索适合金砖国家的科技合作之路，积极推动金砖国家之间的合作走向高级化、紧密化、高效化和长远化。拓宽合作模式，注重开展一些跨区域的人才培养项目合作。例如，在科技合作过程中，金砖国家可以采取共建实验室或者科研中心的方式，并把联合大学作为科学研究和人才培养的重要基地。可以通过共建联合基金会的形式，由金砖国家共同出资，拓宽研究经费

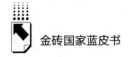

获得渠道，对于一些合作前景较好的科技成果，政府可以通过建立专项科技合作资金，从资金、政策、法规上支持和规范金砖国家之间的联合实验室和科技园区的建设，解决科技合作过程中的资金投入不足等问题，保证科技合作经费额度，激发研发部门、企业等主体的科技合作热情。金砖五国都有自己的优势学科和研究领域，例如，俄罗斯在航天科技领域、能源领域和军事领域具有显著的优势，印度在生物医药、材料化学等领域具有显著的优势，巴西在航空工业领域具有显著的优势，南非在汽车制造业领域具有显著的优势。在科技合作过程中，正确认识金砖各国在科技合作中的长短处，正确评价金砖五国科技总体水平。中国在对外科技合作中，要对其他金砖国家在科技领域的先进性给予充分肯定，促进交流和学习。充分挖掘各个国家的潜力，可以充分考虑各个国家的优势领域，采取有差异化、有针对性的合作策略和合作模式。

2. 推动参与主体多元化

当前，金砖国家科技合作中的参与主体一般是以高校、科研院所等为主，而企业在科技合作中参与的成分较少。因此，在未来的金砖国家科技合作中，应该鼓励参与主体的多元化。其中，政府可以为金砖国家科技合作搭建平台，从法律和制度层面上保证科技合作的顺利进行，企业是科技合作的中流砥柱，充分发挥企业在科技合作中的技术优势、资金优势、管理优势、市场营销优势。另外，科研机构可为国际科技合作培养科技创新人才。主体多元化的另外一个层面的含义是积极推动双边或多边科技合作，让金砖五国拧成一股绳，取得更大的成就。

3. 注重合作成果产业化

科技合作的终极目标是更好地推动科技成果的产业化，更好地实现科技成果的产业价值。因此，金砖各国之间可以通过设立和完善科技合作风险基金，支持科技成果的产业化应用。注重金砖国家之间科技园区和高新技术企业之间的合作，可以考虑在科技园区内设立跨国高科技企业。对于中国来说，还应该加强与其他金砖国家在一些新兴交叉学科的合作与交流，积极拓宽科技合作领域，可以通过国家自然科学基金、"973 计划"等推动中国与其他金砖国家的科技合作，支持中国的科学研究走向国际市场，实现"技－经－贸"一体化，提升中国产品出口其他金砖国家的市场份额。

（三）搭建科技合作平台

本着"平等互利、共建共享"的原则搭建金砖国家科技合作平台，通过搭建国际科技合作平台，促进金砖国家之间进行有效的科技协作。具体来说，包括信息共享与交流平台的完善、服务体系网络平台的完善、人才交流网络平台的完善等。

1. 完善信息共享与交流平台建设

早在 2013 年金砖国家领导人德班峰会上，就将金砖国家信息共享与交流平台建设作为 2013～2014 年金砖五国共同推进的八项工作之一。经过近几年的建设，金砖国家信息共享与交流平台已经基本建成，未来要进一步梳理金砖五国的法律法规和相关政策，及时发布金砖国家之间的科技政策及项目申请审批流程等，进一步提高该平台的便利度，使其成为为各国政府和企业提供大量信息资讯和开展政策性研究的重要网络智库。

2. 完善服务体系网络平台建设

完善科技中介的建设，提升科技合作经验，重点培育一些资信和条件较好的中介机构，帮助熟悉合作国的各项法律、政策、文件，协助科技合作过程中一些重点项目的推进，为部门和企业提供全方位的服务，可以为项目的技术水平、市场前景、经济效益等作出充分的评估，减少企业对外投资的盲目性。通过设立智库的方式，强化对科技合作进行长期、持续的跟踪和研究，同时还可以对科技合作中的紧急和突发事件提出预案和措施。

3. 完善人才交流网络平台建设

在人才交流网络平台的建设方面，可以搭建金砖国家科技合作培训中心，为金砖五国培养应用技术人才，通过搭建留学生校友会网络，举办各类型的校友活动，获取更多的留学人才资源，完善海外人才专家资源库。在金砖国家科技合作过程中，可以通过互派专家和科研人员等模式，倡导专家学者开展更多的交流合作，进一步发挥专家学者的聪明智慧，尤其是可以充分

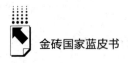

发挥一些老专家的桥梁作用，通过"老带青"的方式，促进专家学者的相互融入。培养适合于科技合作的科技外事管理人才、善于参与国际合作的专业人才，以及懂得语言与技术的服务性人才。对于中国来说，可以通过科研院所和高校合作、大企业合作、共建研究中心、共同开发研究促进科技人才合作，通过聘请外国专家来华讲学、设立合资企业等方式来引进人才。

（四）优化科技合作环境

国际科技合作的开展客观上对一个国家的市场竞争环境、创新创业环境、法律环境等提出了更高的要求。良好的科技合作环境是科技合作开展的重要保障和前提。因此，在金砖国家科技合作过程中要进一步优化科技合作环境。

1. 加强对知识产权的保护

金砖国家之间要进一步完善知识产权法律制度，建立和完善知识产权管理制度，加强对科技合作人员进行知识产权相关培训，提升科技合作人员对知识产权重要性的认识。2016 年，《金砖国家知识产权合作机制工作职责》在金砖国家经贸部长会议上正式通过，标志着金砖国家知识产权合作机制正式建立。2017 年，第七届金砖国家经贸部长会议正式批准了《金砖国家知识产权合作指导原则》。2018 年，金砖五国知识产权主管部门共同签署了《金砖五局关于加强金砖国家知识产权领域合作的联合声明》，力争在法律法规、能力建设、知识产权意识提升、培训、知识产权信息、知识产权国际论坛协调、金砖合作机制方面做进一步的交流与合作。

2. 提高对科技合作国家安全的认识

国际科技合作过程中也可能存在着潜在的风险，因此，在科技合作过程中金砖国家要对可能存在的风险有一个准确的评估，提升对国家安全的认识，注意防范和化解各种潜在的风险。例如在科技合作过程中，要明确双方的合作需求，建立国家技术安全管理清单制度，为核心技术的安全建立制度保障。

3. 打造良好的文化创新氛围

科技合作的背后反映的是一个国家对开放创新的态度，从本质上反映了一个国家的文化创新的氛围，因此，金砖国家要从根本上重视文化的创新，形成"鼓励创新，宽容失败"的良好的文化创新氛围，在全社会营造有利于合作发展的文化环境。要正视不同国家文化存在的差异性，找到文化的融合点，更好地促进科技合作。

五 推进厦门金砖国家新工业革命伙伴关系创新基地的重点举措

对于福建省和厦门市而言，加快厦门金砖国家新工业革命伙伴关系创新基地建设，将其打造成为金砖国家新工业革命伙伴关系框架下的标志性、示范性项目，既是重要使命，也是历史机遇，有利于将厦门打造成为面向金砖及"金砖＋"国家市场的"桥头堡"、投资贸易制度创新试验区、创新创业集聚示范区，有利于福建省在全方位推动高质量发展中更好地融入国际产业大循环，参与国际合作和竞争，实现更高水平对外开放。为此，当前应重点聚焦以下四个方面的工作，加快形成早期收获。

（一）进一步健全工作机制

金砖国家新工业革命伙伴关系创新基地的定位是立足服务国家发展全局和外交大局，在国家层面建立的、全方位落实金砖国家新工业革命伙伴关系的合作平台。建设金砖国家新工业革命伙伴关系创新基地，是一项复杂的、全局性的系统工程，建议将其纳入国家总体外交发展战略规划，作为国家战略来抓。进一步加强组织领导，健全工作机制，积极构建中直部门协同配合、中央地方上下联动的工作推进格局，建立由国务院领导牵头，工信部、福建省主要负责同志担任常务副组长，相关国家部委主管领导及厦门市主要负责同志担任副组长的部省市联席会议制度，统筹制定战略规划，研究政策举措，解决重大问题，积极有序推进各项工作。将金砖国家新工业革命伙伴

关系创新基地建设与国家、省重点规划有机融合，在产业布局、项目布点、要素保障等方面加大支持力度，提高创新基地的承载力，增强创新基地的辐射力。用好金砖国家现有工作机制，加强规划引领和政策协调，强化金砖国家在经济、金融、贸易、投资、产业等领域的宏观政策协调，增强财政政策有效性，提高货币政策前瞻性和透明度，构建金砖国家更加紧密的合作关系。依托金砖国家双边合作机制，积极推动其他金砖国家同步设立创新合作示范区，力争与重点金砖国家的地方合作率先突破，打造"创新金砖"网络。

（二）加大政策扶持力度

争取在国家层面获得支持在福建省厦门市开展面向金砖国家全方位开放的综合改革试点，立足建设面向金砖国家的制度型开放试验区，以规则制度的开放激发金砖创新合作动力。在国家层面，围绕提升金砖国家经贸合作、推进基础设施互联互通、加快创新资源共享等方面，有关部委研究制定一系列更加务实管用的政策举措，吸引更多创新要素资源集聚。借鉴国家赋予海南、深圳、浦东等地的支持鼓励政策，支持厦门大胆先行先试、探索实践、试点示范，赋予厦门在重要领域和关键环节改革上更多自主权，将厦门自贸试验区扩大到厦门全岛，试点实施面向金砖国家的优惠政策，探索建设自由贸易港，力争把厦门打造成为金砖物流、产能、科技创新、人才、贸易、金融等交流合作中心。支持成立金砖国家绿色发展产业、金砖国家新工业革命产业发展基金等，支持设立专项资金，吸引和支持更多金砖国家工业科技研发、创新中心，科技企业孵化器和高新技术企业等落地，推进厦门成为"金砖+"国家高端产能输出中心、工业技术创新中心、国际贸易结算中心，着力打造国际级数字经济发展示范区、金砖合作产学研要素资源汇聚区、高端产业示范区。

（三）深化金砖国家产业合作

着眼全球前沿技术和关键技术领域，深入挖掘金砖国家在人工智能、大数据、区块链、5G等新一代信息技术领域中的潜力，加强金砖国家在数字经济、智能制造、高端装备、新能源、新材料、海洋、工业互联网、现代服务业、文化创意等优势领域的产业合作，打造有国际影响力的金砖国家产业创新合作网络。争取外交部、中联部等相关部委的支持，在厦门举办金砖国家新工业革命伙伴关系论坛、促进金砖创新合作大赛、金砖国家创新创业大赛等赛事活动，促进产业合作和技术对接，提高知名度，扩大影响力。深化金砖国家中小企业创新合作，鼓励创建金砖国家国际创客中心，加强面向中小企业的研发服务平台建设，提升科技孵化、技术研发、工业设计、工艺管理、检验检测能力，加快金砖国家科技成果转移合作。支持厦门依托中国信息通信研究院（东南）创新发展研究中心，建立面向金砖国家服务的数字经济研究中心，推进金砖国家之间数字技术研究合作，加强数字服务贸易，推动数字文化交流。加强金砖创新基地与金砖国家现有境外经贸合作区在园区管理、信息共享、产业对接、人员交流等方面的合作，实现资源和生产要素在境内外园区间双向流动、互动发展，积极营造更加公平竞争、开放有序的营商环境。

（四）加强金砖国家人才培训交流

着眼长远、加强金砖国家人才共育共用，争取教育部、人力资源和社会保障部、科技部等部委支持厦门建设国际教育示范区，推动金砖国家高校合作办学，鼓励联合共建优势学科、实验室和研究中心，实施灵活的访问学者和交换生政策，举办工业创新大赛、智库研讨会、青年创新创业人才交流等能力建设活动，加大力度培育一批具有国际视野的高端理论研究人才、产业人才、技术人才。注重借智借力，深化与金砖国家研究机构、高端智库等合作，为金砖国家新工业革命伙伴关系创新基地建设、金砖国家产业交流等发挥参谋作用、提供智力支撑。鼓励实施其他金砖国家人才在厦门便利通行政策和优化管理措施，为中方人员赴其他金砖国家开展商务、科研、专业服务等提供便利的签证服务。积极支持符合条件的金砖国家专家、创新人才和技能人才在金砖国家新工业革命伙伴关系创新基地就业创业，探索有利于人才

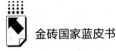

发展的政策和机制，加快创建国际化人才特区。鼓励建设金砖国家工业能力提升培训基地，加强职业教育和尖端技术人力资源开发合作，推进金砖国家职业资格国际互认。

参考文献

王友明：《全球治理新态势下的金砖国家政治安全合作》，《当代世界》2019 年第12 期。

秦铮、黄宁、刘琳：《金砖国家科技创新合作的进展、问题与对策》，《科技中国》2021 年第 6 期。

杨修、朱晓暄、李惟依：《金砖国家科技创新发展现状与对策研究》，《国际经济合作》2017 年第 7 期。

许鸿：《中国－金砖国家科技创新合作现状与对策建议》，《科技中国》2021 年第3 期。

赵新力、李闽榕、黄茂兴主编《金砖国家综合创新竞争力研究报告（2019）》，社会科学文献出版社，2020。

李建平、李闽榕、赵新力主编《二十国集团（G20）国家创新竞争力发展报告（2019～2020）》，社会科学文献出版社，2021。

黄茂兴等：《"金砖"增色：金砖国家科技创新与可持续发展合作》，经济科学出版社，2020。

黄茂兴等：《直面 2017：金砖国家峰会的热点聚集》，经济科学出版社，2017。

B.7

科技创新在金砖国家工业4.0
进程中的重要性*

（巴西）约瑟夫·卡西奥拉托　　（印度）高塔姆·戈斯瓦米
（印度）詹西·艾亚斯瓦米　　（南非）迈克尔·卡恩**

摘　要： 在新工业革命及全球新冠肺炎流行的背景下，科技创新对金砖国家完成工业4.0转型升级方面具有重要意义，金砖国家科技创新合作在这一进程中应发挥巨大作用。工业4.0技术的发展和应用对于推动新工业革命至关重要，以区块链为代表的关键技术已初步在当前供应链中应用，并将更全方位地支撑未来工业4.0供应链。本文以印度制造业面临的技术挑战为例，阐述了科技创新在金砖国家工业中的现状及前景。与此同时，变革中的工业以及不断发展的工业技术对金砖国家的人才培养提出了更高的要求。金砖国家应当在科技创新领域加强合作，共同应对新工业革命的挑战。

关键词： 科技创新　金砖国家　工业4.0　国际合作

---

* 本文是2021年9月7日在中国厦门召开的第三届金砖国家新工业革命伙伴关系论坛的论文，由李志强翻译各作者在"2021金砖国家新工业革命伙伴关系论坛"上的讲话稿，贠涛整理。

** 〔巴西〕约瑟夫·卡西奥拉托，巴西里约热内卢联邦大学经济学研究所的创新经济学教授、里约热内卢联邦大学经济学研究所（本地生产和创新系统研究网络）协调员；〔印度〕高塔姆·戈斯瓦米、詹西·艾亚斯瓦米，印度技术信息、预测和评估委员会（TIFAC）研究员；〔南非〕迈克尔·卡恩，南非研究和创新政策独立顾问，斯坦陵布什大学和西开普大学特聘教授。

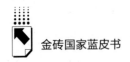
近几十年来，发展中国家政治议程中消除贫困和社会排斥等不发达现象、提升科技创新能力的地位日益凸显。近十年来，新工业革命不断演进，以智能制造为主导的第四次工业革命，或革命性的生产方法伴随经济全球化在世界范围内深化、演进。工业4.0对于以信息技术为代表的科技创新的依赖越发明显和突出，对金砖国家的科技创新提出了更高更新的要求。

一 工业4.0技术的重要性与发展演进

新冠肺炎疫情是人类文明史上遭遇的最为严峻、最为紧迫的挑战之一。如分析人士所见，这次疫情昭示着人类对大自然的恣意掠夺打破了几千年来维持人类物种进化的脆弱平衡，让人类陷入新的危机。疫情带来的危机之所以干系重大，不仅在于其对公共卫生的冲击，还在于其与长期以来一直存在的波及经济、社会、政治和环境等多个领域的危机形成叠加，而涉及多领域的危机自20世纪80年代以来就已在全球体系之中蔓延。

过去数十年，生产和创新的发展趋势之所以发生结构性的变化，是因为信息通信技术的兴起和不均衡发展导致的。事实上，21世纪初，信息通信技术占据主导地位，标志着世界开启全新的积累模式，而信息通信技术在初期的垄断地位相应地赋予这种模式极高的地位。这使得传统的生产和消费模式——典型的二战后积累模式——日渐没落。

工业4.0在技术上的进步已经展现出其颠覆性的特质。不过，工业4.0的这种颠覆性特质并不是指其在技术和创新上的激进，而在于通过融合的方式，借助这些至少十年之前已然在用的技术和创新，重构了生产体系，抢占了市场地位，取代了原有领军者，为新兴企业和国家开辟了发展空间。事实上，工业4.0的颠覆性特质并不体现在技术方面，而在于其带来的经济、社会和政治影响。

一项技术的发展历史或发展轨迹与相关产业结构的变迁息息相关。新技术范式的诞生是科学进步、经济因素、制度变量和现有技术路径中尚未解决的难题之间相互共同作用的结果。以此来看，可以说，经济因素与制度变量之间相互作用采取什么样的方式，取决于全球资本在长期的流动过程中到达什么样的节点，这样的节点包括全球市场的成形、资本实现更高程度的集中化或金融化。

面对新冠肺炎疫情带来的严重危机，这些新兴技术的重要性日益凸显。尽管未来充满不确定性，但普遍观点认为，疫情影响最为深远的结果之一就是加速了此类颠覆性技术的发展和应用，进而改变大多数国家民众生活、工作和彼此联系的方式。

（一）工业4.0技术演进的推动因素

作为金融全球化的主要参与主体，跨国企业所采取的战略决定了当前技术发展的模式和方向。因此，跨国企业的战略在很大程度上影响着此类技术能否推动转型。变革性新技术的发展并不存在什么必然性，而是受到人为因素的影响。

很显然，公共政策在技术开发和扩散中发挥着重要作用。在多数国家，不论是发达国家还是发展中国家，政府已出台了具体政策，支持工业4.0技术的推广。在过去15年中，绝大多数国家制定了在工业4.0领域推动生产和技术发展的指导性政策。工业4.0技术的扩散势必会极大地改变对技能的需求，为此西方众多国家政府纷纷出台了新的教育和培训政策。

然而，从西方国家宣布和实施的措施中，仍可以明显看到陈旧技术经济范式的影响。在投资政策方面，尤其是在政府和私营部门逆周期投资政策方面，大多数政府都缺乏创新和想象力。

事实上，西方国家将政策的取向交由市场来决定。然而，单靠市场无法拉动发展颠覆性技术所需的高额投资，相应地也无法从这些投资中获得预期的高效收益。因此，尽管西方国家付出这么多的努力，但是工业4.0技术对于提升生产力几乎没有取得什么成效。尤其是在21世纪第二个十年中，即工业4.0技术的扩散期内，西方国家的生产力不升反降。

不但如此，以金融为主导的资本主义特性严重影响了颠覆性技术推广应用进而形成良性循环的可能性。事实上，资本金融化的盛行让人工智能、机

器人等领域的技术进步一直仅被视为"普普通通"而已。[①]

工业 4.0 技术的影响力何以如此低微？这是因为人工智能、机器人生产等领域的技术发展方向是由"市场"决定的。[②] Smircek 阐述了新兴数字技术面临的问题，指出这些技术对解决导致资本主义制度长期存在的危机问题并无裨益。Smircek 认为，除了生产力下降之外，"工业互联网似乎并不能给制造业带来根本性的变革，其开发和部署只是为了降低成本，缩减停工时间。工业互联网（在市场的引导下）并没有提高生产力，也没有开拓新市场，只是进一步降低了价格，反而成为放缓全球增长的主要障碍之一"[③]。

Acemoglu 和 Restrepo 认为，人工智能、机器人及其他自动化技术的推广应用主要是为了用机器取代人工执行传统任务，然而，这些技术十分普通，对生产力的提升几乎没有什么影响。[④] 事实上，新兴的数字技术引领变革的可能性已经被大型跨国企业（即金融全球化的主要参与主体）的战略引入了歧路。

创新研究领域的先驱 Christopher Freeman 在 20 世纪 90 年代就指出，在市场力量驱动的经济中，由于存在种种阻碍范式激进变化的机制，技术发展的轨迹多为渐进式。[⑤] 他还在同一篇文章中建议道，鉴于既有成熟体制存在的惯性，加上旧技术和生产基础设施的长期存在，即便成功建立起新的范式，也只有从政府层面加以全面干预才能掀起彻底的技术变革。[⑥]

---

① "旨在用机器取代人类完成某些任务的自动化技术很可能只是普普通通的技术而已"。参见 D. Acemoglu, P. Restrepo, "The Wrong Kind of AI? Artificial Intelligence and the Future of Labour Demand," *Cambridge Journal of Regions, Economy and Society*, Vol. 13, No. 1, 2020, p. 29。

② J. E. Cassiolato, V. Vitorino, *BRICS and Development Alternatives*, London: Anthem Press, 2011.

③ N. Smircek, *Platform Capitalism*, London: Polity Press, 2017.

④ D. Acemoglu, P. Restrepo, "The Wrong Kind of AI? Artificial Intelligence and the Future of Labour Demand," *Cambridge Journal of Regions, Economy and Society*, Vol. 13, No. 1, 2020, pp. 25 – 35.

⑤ C. Freeman, "The Greening of Technology and Models of Innovation," *Technological Forecasting and Social Change*, Vol. 53, No. 1, 1996, pp. 27 – 39.

⑥ C. Freeman, "The Greening of Technology and Models of Innovation," *Technological Forecasting and Social Change*, Vol. 53, No. 1, 1996, pp. 27 – 39.

近期，世界银行对工业4.0技术提出了分类建议，各国或地区可基于此推动相关技术的开发和扩散。[1] 世界银行将技术分为三类：第一类是交易技术，包括电子商务平台和全球网络；第二类是信息技术，从本质上看，此类技术能够推动技术的变革性发展，使新产品、新职业的出现成为可能，如云计算、大数据分析、商业管理软件和人工智能；第三类是操作技术，如智能机器人、3D打印和物联网，此类技术主要是依托数据与工业设备的一体化应用来降低生产成本。

在交易技术领域，中国全球领先，约占全球市场45%的份额。[2] 在信息技术领域，中国也同样居于领先地位。对于中国正在实施的重大计划而言，如智慧城市和智慧建筑、共建"一带一路"倡议，此类技术领域的创新是其核心所在。[3] 在医疗保健领域，中国从2010年起就已实施的"创新医疗器械产品应用示范工程"可谓依托工业4.0技术积极促进发展、创造新技能、提供新就业机会和有效满足需求的重要典范。[4] 这些项目除立足于中国的经济现状和需求推动创新外，还具有因地制宜的特点，[5] 即针对中国不同地区专门制定差异化的解决方案。最后，在操作技术领域，也就是上文提及的Acemoglu和Restrepo认为技术进步只是"普普通通"而已的领域，[6] 美国和

[1] I. S. Gill, W. Fengler, K. Karakulah, "The Economics of AI – Based Technologies: A Framework and an Application to Europe," *Duke Global Working Paper*, 25, Center for International and Global Studies, Duke University, 2020.

[2] I. S. Gill, W. Fengler, K. Karakulah, "The Economics of AI – Based Technologies: A Framework and an Application to Europe," *Duke Global Working Paper*, 25, Center for International and Global Studies, Duke University, 2020.

[3] M. Tan – Mullies et al., *Smart – Eco Cities in China: Trends and City Profiles 2016*, Exeter: University of Exeter (SMART – ECO Project), 2017.

[4] X. Liu et al., "Low Cost Medical Equipment Innovation for BOP in China," in J. E. Cassiolato, M. C. C. Soares, *Health Innovations Systems, Equity and Development*, Rio: E – Papers, 2015, pp. 267 – 296.

[5] J. E. Cassiolato, M. C. C. Soares, *Health Innovations Systems, Equity and Development*, Rio: E – Papers, 2015.

[6] D. Acemoglu, P. Restrepo, "The Wrong Kind of AI? Artificial Intelligence and the Future of Labour Demand," *Cambridge Journal of Regions, Economy and Society*, Vol. 13, No. 1, 2020, p. 29.

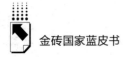

德国处于全球领先地位。① 在该领域，多数创新都只是对旧范式的生产体系和技术路线进行"现代化"改造，这样的"现代化"改造尤其集中于大规模生产和消费领域。

因新冠肺炎疫情的蔓延，西方主要国家提出了有望从实质上改变这一局面的政策建议。例如，欧盟颁布了新政策，依托工业4.0创新和技术，推动能源的重大转型。氢电池电动汽车、可再生能源分布式发电等已在酝酿之中。

在美国，拜登政府提出北美经济复苏计划，重点包括基础设施和清洁能源以及"照护经济"，聚焦本国关键经济问题并重视投资教育和儿童保育。

然而，从数字技术良性发展的角度来看，这些举措的成功与否取决于这些国家大型企业的生产、创新战略，以及金融市场的反应。

因此，在当前的全球经济框架中，中国或是少数能够以良性方式开发技术、创造就业机会、提高生产力、促进经济发展的国家之一。因为中国从长期性、系统性和因地制宜的战略角度决定工业4.0技术的发展和方向，由国家来确定项目、投资和融资，以及协调生产和创新活动。

（二）新冠肺炎疫情对工业4.0的影响

新冠肺炎疫情让许多发展趋势变得明显。② 自疫情发生以来，远程办公、网上购物、机器人配送、无接触和无现金式数字支付、远程教育、远程医疗、虚拟娱乐、3D打印、机器人技术、无人机，以及涉及大数据、区块链和云计算的生产链组织的改进等活动都发生了翻天覆地的变化。目前看来，因疫情而实施的限制性措施不知何时才能解除。这样的现状塑造了人们全新的习惯和价值观，改变了大众的行为模式和社会生活。

数字技术可以加快信息的传播，为社会动员提供助力，已经成为全社会

① I. S. Gill, W. Fengler, K. Karakulah, "The Economics of AI – Based Technologies: A Framework and an Application to Europe," *Duke Global Working Paper*, 25, Center for International and Global Studies, Duke University, 2020.

② World Economic Forum, "10 Technology Trends to Watch in the COVID – 19 Pandemic," Available at https://www.weforum.org/agenda/2020/04/10 – technology – trends – coronavirus – covid19 – pandemic – robotics – telehealth/.

应对疫情的重要手段。在此类技术中,人工智能成为应对疫情危机最强大的工具之一。从诊断到疫苗开发再到疾病治疗,语言处理、语音识别、数据分析、机器学习和深度学习等人工智能技术以多种形式广泛应用于抗击疫情。

在抗击新冠肺炎疫情的战斗中,人工智能和机器人技术发挥了多种用途,如协助诊断、消毒、配送食品、补给和药物、疾病监测、感染病例检测等。此外,无人机在病毒检测、食品配送、监测、应急医疗产品配送等方面也发挥了作用。

所有这些技术进步和创新都是在应对新冠肺炎疫情中应运而生,因而成为全球性的技术和创新,并且其应用方向大多数为数字技术。新冠肺炎疫情不仅验证了这些新技术的重要意义,还证明了快速开发成本相对较低的创新成果是可行的。这些创新成果的出现有赖于全社会的广泛动员,特别是科学、教育和研究机构在其中发挥了引领和带动作用,也得益于民间社会团体、企业和地方政府的积极参与。

在相对较短时间内以较低成本完成这种创新,说明以解决不同地区实际问题为出发点的技术开发是可行的。这样的创新除了证明创新在具体社会环境下的可行性之外,还动摇了过去的主流观点,证明了欠发达国家完全可以在创新中发挥更积极的作用,而不是只能从国际市场上获取产品和工艺。

工业4.0技术的应用在西方资本主义国家一直处于低效状态。近期,面向美国卫生领域人工智能主要用户开展的一项研究的结果充分证明了这一点。这些用户均为大型医疗机构,多为私立医院,主要由追求短期利润最大化的投资基金控制。① 研究结果表明,近年来这些医疗机构中有75%在人工智能项目和技术上投入了大量资金(超过5000万美元)。而且,为了更好地应对新冠肺炎疫情,预计约有73%的医疗机构在短期内会增加对人工智能的投资。然而,这种对工业4.0技术的高投入几乎无一例外都是对目前所用流程进行的"现代化"再造。其中,34%的机构是为了提高流程的效率,

---

① W. Lazonic, "The Financialization of the U. S. Corporation: What Has Been Lost, and How It Can Be Regained," *Seattle University Law Review*, Vol. 36, No. 2, 2013, pp. 857 – 909.

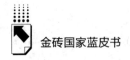
27% 的机构是为了改进产品和服务，26% 的机构是为了降低成本。①

医疗卫生领域也是如此。人工智能的发展偏向于用自动化取代人工化，未能充分关注创造新的活动，从而以更先进、更具生产力的方式利用人力资源。2020 年，人工智能专家讨论人工智能在医疗卫生领域的发展前景时表示，当前和未来的战略都是"探索让机器解决以往借助人类智能解决的问题的可能性"②。事实上，即便从医疗卫生领域专业人员的种种预测中，我们也不难找到有关数字技术未来发展和应用的务实观点。下面这段表述援引自美国波士顿柏斯以色列医学中心（Beth Israel Medical Center）哈佛医生集团（Harvard Medical Faculty Physicians）总裁兼首席执行官亚历克萨·金博尔（Alexa Kimball）。"人工智能会大放异彩，也会让许多人期望落空。许多人指望依靠人工智能实现医学变革，解决健康问题，但我认为人工智能的影响要比我们想象或预期的小得多，这在很大程度上是由于对其用途定位并不准确。"③

二　区块链技术在工业4.0供应链中的应用

如上文所述，区块链使供应链的组织等活动，尤其在当前全球新冠肺炎疫情肆虐的条件下，发生了翻天覆地的变化。区块链技术是实现透明供应链管理的有力工具。

①　J. Dress, "AI Investment Dollars: How Much Money Healthcare Organizations Are Pouring into New Projects," *Becker Hospital Review*, Becker's Health IT, 10/2010, available at https://www.beckershospitalreview.com/artificial – intelligence/ai – investment – dollars – how – much – money – healthcare – organizations – are – pouring – into – new – projects. html.

②　M. Castelo, "The Future of Artificial Intelligence in Healthcare," HealthTech 26/02/2020, available at https://healthtechmagazine.net/article/2020/02/future – artificial – intelligence – healthcare.

③　L. Dyrda, "'AI Will Dazzle but Also Disappoint': 6 Health System Exec Predictions on Artificial Intelligenc," *Becker Hospital Review*, Becker's Health IT, 16/09/2010, https://www.beckershospitalreview.com/artificial – intelligence/ai – will – dazzle – but – also – disappoint – 6 – health – system – exec – predictions – on – artificial – intelligence. html.

当今世界与50年前已大不相同，在全球化的今天一切都是相互联系的。同样，制造业体系也深受全球化的影响。因此去中心化制造是当前制造业体系的热门话题。工业4.0、工业物联网、自动化、增量制造，这些技术的发展应用正在改变人们对制造业的传统观念。目前，资源的最优化利用是当前制造工艺的热点问题，因此我们需要的是一个强大的安全透明、防篡改、防欺诈和去中心化的供应链管理系统。

供应链管理包含以下组成部分：原材料、供应商、生产分销系统、零售地点、客户。所有这些组成部分都需要大量的数据记录工作。以原材料为例，需要记录原材料的供应量、供应地、报关日期，将在何处进入下一环节，何时到期。同样，许多相关数据都需要做记录。以前，人们会把数据记录在纸质分类账中。如今，随着信息通信技术和数字化进程的推进，我们可以用数字化手段来记录数据。但最重要的是，所有的数据不应局限于特定的公司，参与供应链管理的所有人员或者机构都应该拥有访问或者获取这些数据的权限。这就是区块链技术应运而生的原因。

（一）区块链管理系统的运行

当某个区块完成时，链中的每个区块将获得一个该区块加入链中的准确时间戳。通常，区块链有三个关键组件：区块、随机数、节点。区块是区块链技术的核心，用于记录所有的交易。交易记录完成后，随机数是一个随交易值变化的数字，用来创建哈希函数，并且它应该低于阈值限制。节点是连接各个区块的工具或者设备。基本上，它是一个网络单元，可以访问所有的区块信息。例如，发生一项可获取交易数据的交易，用随机数创造哈希函数，然后开发一个区块。该区块的信息传递到每个节点，节点会检查信息的真实性，信息一经确认，区块和哈希函数就会创建完成，这个哈希函数将作为一个区块链添加到现存区块中。

（二）区块链技术的关键特征

区块链交易经过验证而被证明可信，这源于各方之间的复杂计算和密码

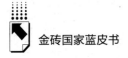

保护，所以它是经过加密验证的。因此，区块链中的任何记录都不能被篡改或者删除。

区块链中的每笔交易都是可以追踪的，区块链结构中的每个成员都可以访问整个分布式数据库。因此，它是去中心化的。而且，区块链系统非常透明，因为它是设计好的或者是在创建过程中应用了极其复杂的计算。因此，任何人都很难完全改变区块链网络。

（三）区块链技术在印度的应用现状

目前，印度46%的金融服务正在使用区块链技术，在工业产品和制造业、能源和公用事业中使用区块链技术的比例为12%。医疗保健、政府流程、零售和消费、娱乐和媒体也开始以更加微观的方式应用区块链技术。

区块链除了具备交易管理的去中心化外，还能够通过智能合约技术促进流程、条例和组织原则的自动化。具体包括指定交易中要检测的内容以及必须开展哪些后续活动。电子门锁是智能合约的一个典型案例，可以自动检测用户的真实性和合法性。另外，工厂也可使用区块链智能合约。例如，工厂里面有若干组件，从联系A方开始每个组件均与其他组件匹配合约，B方从金融机构的保险开始，然后商品流入、商品流出和金融机构各就其位，支付服务也各司其职。如果各方都职责明确，能够遵守政府或者系统的规章制度，那么这个智能合约流程就可以帮助实现商品转移或者无须进行干预即可顺利出厂。

区块链技术在印度农业部门有广阔的应用前景。印度农业部门缺乏组织性，供应商和零售商之间存在严重脱节的问题，产品设计缺乏透明度。因为印度农民特别是那些贫困农民的资金有限，中间商在这一过程中起着主要作用，而由于食品链方面的损失，生产者无法获得应有的价格。区块链可以提供一个很好的解决方案，它从提供者或者生产者角度获取数据，包括农民在投入和交易方面的相关信息，同时也收集农业实践、天气和其他方面的信息。区块链技术还可以获取工厂及其设备加工技术批号等相关信息，分销数据也记录在区块链技术中。它还获取关于零售商的报告，每一种食品的信息，如质量、数量和加工细节等，它还记录有关客户的信息。在一个典型的公共分配系统中蕴含三种流程：第一种是物流；第二种是数字流，使用一些技术比如二维码、射频识别、近场通信、在线认证、数字签名和传感器等；第三种是区块链网络，在区块链技术中，所有数字信息都可在区块中获取，并且在区块间彼此连接。

印度工商部针对咖啡交易推出了基于应用程序的区块链技术，印度在为贫困人口分配食物的过程中也运用了区块链技术。在印度的一些公司正在研究区块链技术在物流供应链管理方面的应用，像德勤、国际商业机器公司（IBM）这样的企业正在通过区块链技术为农业提供解决方案。

三 变革中的工业对人才的需求

在第四次工业革命中，许多国家都非常看重竞争力和幸福指数，人才的开发、培养，以及创新和工业之间的关系就成为一个重点。所谓竞争力指的是人才的竞争力，同时要使人民过上更好的生活，因此，应更加重视创新。在新冠肺炎疫情的背景下，创新能更好地减缓疫情对经济的冲击。

创新竞争力分为新产品创造力、新产品制造力，以及产品可持续性创新、可持续开发的能力。创新竞争力包含新市场开发、原材料使用，以及创新体系框架。创新体系框架是一个多元化、多视角和全社会共享的行动框架。例如，创新设计和商业等各相关方面，包括大学、教育机构、学院，人才终身学习等不同场景，与企业的合作，与公有机构的合作，或非营利机构的参与。

工业4.0背景下的制造业带来不断变化的行业职位要求，新术语陆续出现，比如社交网络经理、职业博客写手、引擎优化等。未来制造将包含网络物理复杂系统、大数据分析复杂的多功能系统、增强现实物联网，以及云端。要应对这些来自未来的需求，制造业相关职位的要求必定发生相应的变化，行业需要的不再是一直以来所崇尚的单一工程学科人才，而是需要综合型技术人才，例如纳米工业安全工程师、玻璃工程师、纳米材料设计师、智

能材料设计师，还有人体工程学设计师。

未来工厂需要员工具备跨专业技能，要精通系统思维、项目管理、精益生产，要具备多语言和多文化能力、人际交往技能、环境意识思维，要会项目管理、编程机器人技术、人工智能，等等。例如，机器人技术与机械工程领域的典型职业技能要求包括系统思维、部门间沟通、项目管理和在不确定环境下工作的能力，同时还要有环保意识。

金砖国家人才培养与新工业革命对人才的需求相比仍有很大发展潜力，同时面临巨大挑战。以非洲为例，非洲有非常好的年轻劳动力前景。根据目前的数据，2050年，非洲总人口将达到20亿人，其中大部分是年轻人。而且各级学校入学率均持续上升，在中小学阶段男女比例接近。但目前较差的是在教师资源方面，缺少非常有能力的素养很高的教师。大学入学率较低，只有约9%。

从非洲学生到国外留学情况来看，法国是最大的留学目的地，美国、南非分列第二位、第三位。为什么南非对于非洲学生有这么大的吸引力呢？除了南非在地缘位置上的优势之外，更多的是南非有很多激励政策吸引了更多的非洲留学生。南非有相关政策可以保障国外学生和本土学生的学费均等，另外还可提供奖学金。不管住宿费还是学费、生活费，去南非留学的成本很低，而教育质量又相对较高。因此，南非40%的博士生来自非洲其他国家，70%的博士后是非洲裔学生。因此，南非在更好地引领高等教育、培养更多的人才方面做了很多工作，提升了整个非洲地区人才受教育程度，促进了高端人才培养。高等人才在南非受教育后，大部分会选择去美国，也有部分会来到中国。但受资助博士生的就业方向，大部分会回到自己的国家，因而形成了很好的人才流动循环。

职业教育对整个社会的经济、社会公平，以及社会的革命性转变都是非常重要的。但现在非洲国家对于职业教育，不管是高等教育机构提供的课程还是职场人士去接受教育的机会都较少，且资格认定缺乏质量控制。因此，需要大量资金提升非洲的职业教育。南非和中国的相关教育机构已经在联合开发和打造课程，培训非洲的职场人士和职业教育学生。

人力资源市场的情况与创新能力的情况有很强的关联性，在金砖五国中，南非的表现比较差，印度、巴西的表现居中，中国的表现最佳。虽然南非劳动力占总人口的比例较高，但职业教育落后。国家创新竞争力的提高需要年轻劳动力能够拥有更好的技术水平以服务市场。

四 印度制造业在工业4.0进程中面临的挑战

印度作为强大的制造业基地，优势在于强大的信息技术基础、年轻的劳动力（65%的印度人不到35岁）、高市场潜力和高国内需求。制造业创造的每一个就业岗位都会产生倍数效应，即为服务业创造2~3个就业岗位。印度人力成本也相当低，经济全球化为印度未来制造业发展带来了高期望。

（一）印度制造业面临的挑战

印度制造业所面临的挑战是它的贸易体制偏向于资本密集型营销行业。小企业数量过多导致生产率低下，来自邻国的竞争相当激烈，中型企业、中小型和微型企业的技术密集度较低。

另外，印度制造业的联通性不足。道路运输网络不畅，导致运输成本高。能源基础设施不足导致电力成本也相当高，印度制造业增加值目前占国内生产总值的比重为16%。印度国家制造业政策的目标或者说预计制造业增加值占国内生产总值的比重将达到25%。印度技术信息预测与评估委员会关于制造业的评估文件预计制造业增加值占国内生产总值的比重将飙升至35%。

将印度制造业与全球最好的工业体系对照，根据世界银行发布的全球竞争力报告，印度工程师和科学家全球排名居第45位，创新能力排名居第48位，学术机构的质量排名居第52位，先进技术采购排名居第61位。印度的目标是在不影响安全性、效率实用性和环境可持续性的前提下建成一个强大的制造业体系。

印度刚推出的基本战略是采用充满活力的创新生态系统和节约工程。为

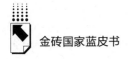

了达成这一目标，印度政府推出了一系列计划旨在帮助和管理中小型企业，如"印度打造计划""印度技术计划""印度启动计划""技术收购和发展基金计划"。

（二）印度制造业未来愿景

第一次工业革命解决了机械化的问题，第二次工业革命解决了大规模生产或装配线的问题，第三次工业革命解决了计算机和自动化的发展问题。现在，第四次工业革命要解决的是信息物理系统的问题，也就是如何让人机在生产过程中实现更高效率的交互。如今的制造业正在见证这些方面的发展。在智能系统的协助下，工人可能不必再执行常规任务而是专注于更具创造性和附加值的工作。到2025年在人工智能和创新的双重驱动下，将会实现在商业和工业领域更大的竞争优势。产品从原材料最初入厂到制成成品的整个制造过程对于消费者来说都是可视的。物联网、传感器、机器人技术、工业预测分析、图像传感器、视觉过程和相关软件算法将在制造业领域加速融合。

在接下来的10～20年中，印度制造业应当朝着节能减排、减少浪费、资源利用最优化方向发展，朝着"精益"生产的方向发展。"精益"意味着使用更少的资源和减少排放的绿色生产，减少浪费的增材生产和直接生产流程。未来的制造业将更加轻量化，采用更智能的材料、更智能的机器，采用预测设备故障方法、先进的包装方法和低生命周期成本的生产系统，以及具有高度灵活性和模块化的机器。

印度制造业的整体构想是通过创新驱动的清洁、绿色和精益的生产流程夯实印度制造业的根基。在源源不断的新科技的支持下，2035年的印度制造业就应该是这个样子。

（三）印度制造业各子部门未来技术

制造业的子部门范围很广，印度制造业有如下三个主要的子部门。

（1）纺织业是印度最古老的制造业。在未来的几十年里，印度的纺织业将更多地采用组合工艺和天然染料,更多地使用无水工艺和更具成本效益的本土机械。

(2)金属加工行业。未来的技术理念将更倾向于使用先进的定制材料,自设置、自重构的机器人滚动式制造技术,以及纳米级制造工艺,使用部件自组装更快的增材生产技术和机器。

(3)微纳制造行业。分子制造、量子计算将成为未来几十年的新兴技术。在电子和信息通信技术应用的领域,未来的技术将更多朝着纳米光子学、自旋电子学和分子电子学等方向发展。

五 金砖国家工业4.0技术合作的重要意义

鉴于环境、健康和气候变化等领域面临的全球性挑战纷繁复杂、相互交织,国界变得越来越不重要,更重要的是从区域乃至全球层面制定科技创新政策。[①]21世纪初以来,这样的观点日益得到认同。

(一)21世纪的南南合作

南南合作要想成为促进技术转移转化,尤其是促进科技能力内生式增长的有效机制,关键在于改善国家自身的制度和能力。[②] 一国必须掌握一整套广泛的知识和技能,才能有效地吸收、转化和应用引进的科学知识,进而找到应对发展挑战的全新解决方案。[③]

进入21世纪,立足发展中国家具体国情成为南南合作中倡导的新发展理念。人们不再仅仅从自由主义国际秩序的视角来看待发展问题。南半球国

---

① UNESCO, *Science Report 2010*. Paris:UNESCO, 2010.

② J. E. Cassiolato, H. Lastres, M. Maciel, *Systems of Innovation and Development:Evidence from Brazil*, Cheltenham, UK.:Edward Elgar, 2003;J. E. Cassiolato, V. Vitorino, *BRICS and Development Alternatives*, London:Anthem Press, 2011.

③ R. Maharajh, "International Cooperation in S & T in the New Global Geopolitical Framework:Continuities and Changes," in CGEE (ed.), *Cooperação Internacional na Era do Conhecimento*, Brasília:Centro de Gestão e Estudos Estratégicos, 2015.

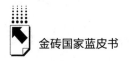

家及国家联盟在制定合作计划中开始发挥日趋重要的作用。

自此之后，南半球部分国家试图以不同的方式在国际上与发达国家开展对话。21世纪初以来，南南合作支撑制度的设计多基于以下认知：鉴于共同的身份（同为前殖民国，拥有相似的经济地位和历史经历等）、共同的愿望和相依互惠的需要，发展中国家能够且应该携手合作，共同致力于推动全球治理的政治改革，解决自身的经济社会问题。这意味着南南合作的前提是在全球地缘政治和地缘经济中不能只体现西方的重点关切。①

进入21世纪，南南合作关于发展的政策转向支持南半球国家之间能够且应该开展合作这一理念，这与部分实力较强的发展中国家在国际体系中地位的上升密不可分。此外，南南合作不仅改变了项目和资金的性质，还改变了发展模式之争的风向。

自第一次金砖国家峰会2009年在俄罗斯叶卡捷琳堡召开以来，金砖国家一直围绕加强与国际会议和组织的协调、塑造成员国之间多部门合作的议程这两条主线拓展其活动。2014年7月签署的《金砖国家科技创新合作谅解备忘录》为金砖国家在优先领域开展政府间合作确立了战略框架。该谅解备忘录的主要目标之一是"金砖国家合作开发新知识、新产品、新服务和新工艺流程"。

（二）未来金砖国家工业4.0创新合作议程

的确，世界经济能否转向新的可持续增长模式这个问题尚未找到最终答案，但金砖国家的国际合作对于解决当前世界经济的难题而言至关重要。

制定金砖国家在工业4.0活动和技术方面的合作议程应该将国家创新体系的广泛路径与可持续发展的宏观视角结合起来，综合分析以下五个维度。（1）效率：需要开发对环境影响相对较小的全新技术生产范式；（2）新的消费模式：能够遏制人类对自然资源的持续恣意利用；（3）在社会发展与

① R. Maharajh, "International Cooperation in S & T in the New Global Geopolitical Framework: Continuities and Changes," in CGEE (ed.), *Cooperação Internacional na Era do Conhecimento*, Brasília: Centro de Gestão e Estudos Estratégicos, 2015.

环境保护之间保持平衡：需要能够兼顾消除贫困和保护环境的分配机制；（4）尊重多样性：认识到要在维持发展的物质基础的同时，提升地区的管理能力，可以更多地发挥当地的传统知识的重要作用；（5）生态生存：需要在发展中保证生态基础的可再生性。

合作议程应关注基于金砖国家国情的新知识形式。此外，还应该重点关注金砖国家在以下方面的复杂性：生产、创新和生态系统、生物多样性，以及包括多民族和多元文化群体在内的社会群体及其与自然和文化的互动形式。

为实现这一目标，金砖国家的合作应建立在能够兼顾各国国家背景、地缘政治和权力冲突，以及各自机遇的分析和规范框架之上，能够充分发挥各国生产和创新体系的独特优势，能够抓住区域扩张和多样性、国内市场规模等发展机遇，能够应对社会、环境等方面的挑战。

金砖国家数百万的人口进入消费市场，对于扩大自身的技术知识来说意味着绝佳机会。金砖国家可以借助填补卫生、住房和保健等基本需求缺口之良机，发掘本国的独特优势，缓解技术发展与社会包容二者之间的矛盾。

最后，为了使国际合作的行动和政策取得实效，合作议程的制定需要考虑实际情况和合作伙伴的具体需求。从这个角度出发，才能解决"享受特权的少数派和需求未能满足的多数派之间相互对立"的难题。为了使国际科技合作朝这个方向发生有效的范式转变，合作议程应包括以下三点核心内容：（1）认识到从历史发展和社会发展的角度来看科技知识的产生都具有本地化的特征；（2）制定和实施国际科技合作的新理念；（3）重新确定国际科技合作的方向，打造国际科技合作的新形式，为国际科技合作提供资助。

国 别 报 告

Country Reports

B.8

巴西科技创新发展报告（2021）

负涛　郭栋　高昌林*

摘　要： 巴西是拉丁美洲及加勒比地区主要的创新大国，2020 年，巴西
科技部年度预算支出达 80.2 亿雷亚尔，建成了同步加速器光源
Sirius 以及费拉兹司令南极科学考察站，并在艾滋病和哮喘治疗
研究方面取得重要进展。2019 年新政府成立以来，巴西启动了
5G 网络战略、国家物联网计划、科学进校园计划，发布了《国
家创新政策》《MCTIC2020—2023 年优先事项》。2020 年 6 月，
巴西拆分了原科技创新与通信部，组建科技创新部、通信与新闻
部，重建了国家科学技术发展委员会。作为新冠肺炎大流行的震
中，巴西一方面组建科技部病毒研究网络等机制，另一方面世界
各国的药物、疫苗企业纷纷利用巴西作为临床试验基地。2016 ~

* 负涛，山东泰安人，博士，中国科学技术交流中心助理研究员，主要研究方向为科技创新发
展战略、科技项目管理、国际科技合作；郭栋，中国科学技术交流中心助理研究员，主要研
究方向为国际科技合作政策；高昌林（通讯作者），中国科学技术部科技人才交流开发服务
中心副主任，研究员，研究方向为科技创新政策、科技战略规划、科技统计与指标。

2021 年，巴西共发表学术论文 24.41 万篇，其中约 39% 是国际合作发表文章，国际合作排名前三位的领域是物理、工程和化学，主要合作国家为美国、英国和西班牙，中国与巴西合作发文数量的排名进入了前十，占比为 6.97%。巴西在包括金砖国家合作框架的国际多边、双边机制下也开展了卓有成效的国际科技合作。在新工业革命相关领域，巴西利用雄厚的工业基础，启动了"工业 4.0"计划及数字转型战略，在人工智能、航空制造和航天工业中取得了系列重要进展。

关键词：　巴西　金砖国家　科技政策

　　巴西是拉丁美洲及加勒比地区的创新大国，2020 年巴西的 GDP 达 1.44 万亿美元，排名世界第 11 位。2019 年 1 月巴西新政府成立以来，推行了一系列改革措施，但受到全球大宗商品价格波动及 2020 年全球新冠肺炎疫情冲击，巴西的 GDP 下滑较大；据统计，2019 年巴西贸易顺差达 345 亿美元，外国直接投资为 750 亿美元。图 1 所示为 2016~2020 年巴西 GDP 及其增速。

　　2019 年巴西科技创新与通信部新任部长马科斯·庞特斯对巴西科技创新工作目标进行了新的定位，即生产更多知识，创造更多财富，为改善巴西人民生活质量作出更大贡献。巴西科技创新与通信部出台了一系列促进科技创新的战略和政策，并积极开展国际合作，以实现新任部长提出的三大目标。面对新冠肺炎大流行对巴西经济社会的巨大冲击，巴西投入大量资源提升国家应对新冠肺炎疫情的科技创新能力，并尝试运用科技创新手段为恢复经济活力和改善民生贡献力量。在 2020 年抗击新冠肺炎全球大流行的斗争中，巴西科技创新部（2020 年 6 月，巴西科技创新与通信部拆分为科技创新部、通信与新闻部）充分发挥"科技抗疫"的重要作用，在多条战线上应对疫情挑战。

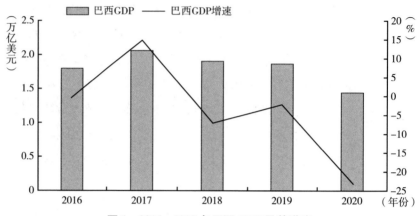

图 1　2016～2020 年巴西 GDP 及其增速

数据来源：世界银行。

一　巴西科技创新基本情况

（一）科技研发投入及产出

世界知识产权组织（WIPO）发布的《全球创新指数 2020》显示，巴西国家创新能力居全球第 62 位，比 2019 年上升了 4 位（见图 2），在拉丁美洲排名第 4 位。巴西在创新投入排名中列第 59 位，在创新产出排名中列第64 位；在人力资本和研究方面排名第 49 位，在知识和技术产出方面排名第56 位。在创新质量排名中，巴西居中国、印度、俄罗斯之后，排名中等收入经济体第 4 位，全球第 29 位。

世界经济论坛（WEF）发布的《全球竞争力报告 2020》显示，2020 年巴西列第 56 位，较 2019 年的第 71 位有大幅提升；中国科学技术发展战略研究院（CASTED）发布的《2020 年国家创新指数报告》显示，2020 年巴西列第 40 位，较 2019 年降低了 2 位；根据《彭博创新指数 2021》，2021 年巴西列第 46 位，与 2020 年持平（详见图 2）。

巴西 2018 年度的研发投入为 799.4 亿雷亚尔，研发投入占 GDP 比重为1.16%，较 2016 年有所下降，较 2017 年略有上升。研发投入中企业投入占

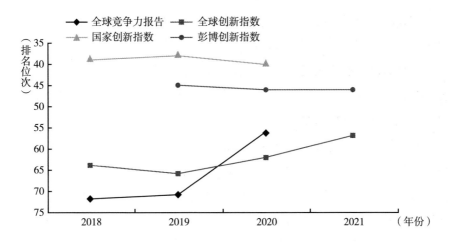

图 2　2018~2021 年全球主要创新指数中巴西排名变化

比为 49.7%，政府投入占比为 50.3%。巴西政府研发投入已经自 2014 年起连续 4 年下降。各州（地方政府）研发投入 207 亿雷亚尔，其中圣保罗州为 118.6 亿雷亚尔，占各州研发投入的 57.3%，巴西全国只有圣保罗州的研发投入占区域生产总值的比重超过 2%。全时研发研究人员为 18 万人，科研辅助人员为 19.7 万人，其中高等院校占 70%。2018 年巴西注册博士学位 114867 人，新增博士毕业生 22894 人。2019 年巴西高科技产品出口额占制成品出口额的比例为 13.3%，连续 3 年稳定在 13% 以上（见图 3）。

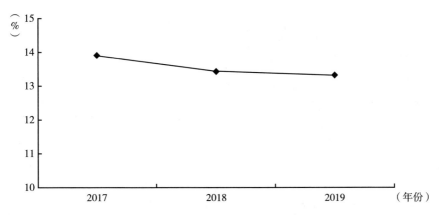

图 3　2017~2019 年巴西高科技产品出口额占制成品出口额的比例

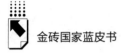

2020 年，巴西科技创新部年度预算支出 80.2 亿雷亚尔，较 2019 年减少了 11.5 亿雷亚尔。巴西科技创新部累计获得超过 4 亿雷亚尔的特别注资，用以支持对新冠肺炎疫情的研究。在经济恢复重建中，巴西着重支持了巴西数字化转型战略（4.0 版——工业、农业、卫生和城市）、健康领域科学技术和人工智能技术的举措。

在科研产出方面，近年来巴西对世界论文的贡献率逐年上升。2016～2020 年，巴西共发表学术论文 24.41 万篇，论文发表数量逐年攀升。2020 年巴西共发表学术论文 57232 篇（详见图 4）。其中，巴西论文发表数量排名靠前的领域有工程技术、化学、农学、物理学、生态与环境科学（详见表 1）。科睿唯安发布的 2020 年"高被引科学家"名单显示，全球共有 6167 位科学家入榜，其中有 19 位巴西科学家。

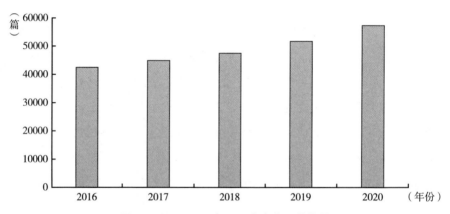

图 4　2016～2020 年巴西发表论文的数量

数据来源：Web of Science。

表 1　2016～2020 年巴西发表的论文领域分布情况

领域	论文数量（篇）	百分比（%）	领域	论文数量（篇）	百分比（%）
工程技术	23618	9.68	寄生虫学	4716	1.93
化学	21813	8.94	公共环境与职业健康	4453	1.82
农学	19774	8.10	海洋及淡水生物学	4446	1.82
物理学	16779	6.87	生物技术应用微生物学	4440	1.82
生态与环境科学	16320	6.69	地质学	4176	1.71
材料科学	14251	5.84	外科学	4033	1.65

续表

领域	论文数量（篇）	百分比（%）	领域	论文数量（篇）	百分比（%）
其他科学技术	13649	5.59	兽医科学	7723	3.16
生物化学与分子生物学	9508	3.89	动物科学	7608	3.12
植物科学	9296	3.81	神经科学	7273	2.98
数学	8581	3.52	口腔外科学	6183	2.53
计算机科学	8304	3.40	天文学天体物理学	4982	2.04
药学	8023	3.29	微生物学	4897	2.01
食品科学技术	7874	3.23			

注：数据不全。

数据来源：Web of Science。

2019 年巴西共获得授予专利 7452 项、工业设计 8976 项、商标 23788 项（见图 5）。2017 年巴西获得美国专利及商标局授予专利 371 项，各项知识产权产出均稳步增长。

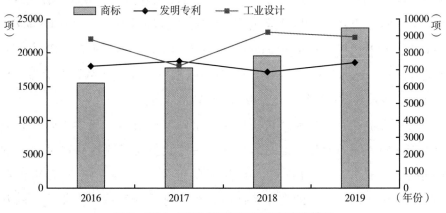

图 5　2016~2019 年巴西知识产权产出情况

数据来源：WIPO。

（二）巴西重要科技成就

1. Sirius 同步加速器光源建成

Sirius 是巴西最新的同步加速器光源，这是巴西有史以来建造的最大、

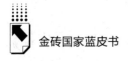
最复杂的科学基础设施，也是世界上最早的第四代同步加速器光源之一。

建成后的 Sirius 将成为向科学和工业界开放的研究设施，这将使科学家能够在健康、农业、能源和环境等领域寻找全球性问题的解决方案。该项目已完成第一个研究站的组装，2020 年科学家开始使用 Sirius 同步加速器进行实验，从而揭示各种有机材料和无机材料的细节，例如蛋白病毒、岩石、植物、土壤、合金等。巴西希望利用这一研究设施走在世界科学技术的前沿。

Sirius 位于坎皮纳斯的巴西国家能源和材料研究中心（CNPEM）。整个项目包括土建、3 个加速器装置（线性加速器、助推器和主加速器）、13 个研究站等。项目需要 18 亿美元的投资，由巴西科技创新与通信部资助。

2. 在艾滋病（HIV）和哮喘治疗方面取得突破

巴西科学家从植物中提取出治疗 HIV 的有效成分。里约热内卢联邦大学在巴西科技创新与通信部的支持下通过"鉴定和表征从大戟科植物家族中取的用于 HIV 功能治愈的化合物"的项目从巴西植物中鉴定出有抗 HIV 病毒活性的化合物。项目结果表明，大戟科巴西植物［大戟（Euphorbia tirucalis）和麻风树（Jatropha curcas）］的天然提取物可以抑制 HIV 病毒的传播和复制，还具有激活病毒转录和从潜伏期中清除 HIV 病毒的能力，与常规抗反转录病毒疗法相结合，可用于功能性康复。

巴西科学家通过基因疗法使哮喘的治疗实现突破。科学界长期致力于改善慢性哮喘的治疗，但是针对症状治疗仍然是控制这种高度流行的疾病的唯一选择。巴西科技创新与通信部副部长马塞洛·莫拉雷斯（Marcelo Morales）和他的合作者证明，将具有抗炎和抗纤维化能力的基因（胸腺素）通过吸入的方式直接传递至气道，可以使用基因疗法彻底解决过敏性哮喘的关键病理。这项工作于 2020 年 9 月发表在高影响力的期刊《科学进展》上。

3. 费拉兹司令南极科学考察站落成

巴西费拉兹司令南极科学考察站（以下简称"费拉兹站"）于 2020 年 1 月 15 日在南极乔治王岛举行了落成典礼。新的费拉兹站位于南极的乔治王岛，可容纳 64 人，有 17 个实验室，主要用于微生物学、分子生物学、大气化学、医学、生态学、环境科学和气候变化等研究。费拉兹站始建于 1984 年，2012 年因火灾被毁。费拉兹站由中国电子进出口总公司施工建造，巴西政府共耗资 9960 万美元，具有可抵御时速 200 千米大风的防风及抗冻土、抗震结构。

（三）重要科技规划

1. 巴西5G 网络战略

2019 年 7 月，巴西科技创新与通信部启动了"巴西第五代移动电信网络（5G 网络）战略"的公众咨询。《巴西 5G 网络战略》在展望巴西发展 5G 技术的潜力和机遇，通过借鉴全球最佳实践，解决巴西现有的挑战，促进在巴西建成第五代移动服务，用技术进步实现经济增长和人民生活质量的提高。该战略分为五部分：射频，招标和许可，研究、开发和创新，应用，以及 5G 的安全性。其中第三部分介绍了巴西现有的 5G 技术研究情况，巴西全国现有 5G 技术研究人员 61 名，大多数专家来自东南部，其中米纳斯吉拉斯州有 21 名研究人员，圣保罗州有 13 名研究人员，二州研究人员占总数的 55.7%。相关研究人员最集中的研究所是巴西国家电信研究所（Inatel），有 17 名研究人员。巴西目前主要支持 5G 研发与创新的政策和法律工具是电信技术发展基金（FUNTTEL）、信息技术法。

巴西关于 5G 技术的研发计划：（1）鼓励正在进行的研发项目，在全球 5G 标准制定的过程中反映巴西的需求；（2）鼓励与其他国家开展政府间 5G 技术联合研发的项目征集；（3）通过与研发投资义务相关的税收激励机制鼓励 5G 技术开发；（4）鼓励建立技术中心；（5）培育巴西的 5G 生态系统，将巴西服务供应商和生产商整合到全球生产链中。

巴西关于应用的优先领域是智能汽车及交通、大数据分析、智能制造、智能医疗和健康产业、智能运营和业务支持系统，以及智慧城市。巴西的 5G 技术将为物联网建设提供解决方案。

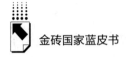
2.巴西国家物联网计划

2019年6月，巴西发布《国家物联网计划》，并设立"国家物联网会议"。国家物联网计划是巴西科技创新与通信部、经济部和国家经济与社会发展银行（BNDES）共同发起的。巴西国家物联网计划的目标是：通过实施物联网解决方案提高人民的生活质量并促进服务效率的提高；促进与数字经济中物联网应用开发和创造就业岗位相关的专业培训；促进创新生态系统形成，提高生产力并提高巴西的竞争力；参与国际标准制定、科技和创新方面的国际合作，以及巴西物联网解决方案的国际化，提高该国在该领域的国际话语权。巴西将着重在城市、卫生、农业（农村）和工业四个领域推广物联网建设。通过科技创新、国际合作、教育和专业培训、基础设施的互联互通、监管、安全与隐私保护等方面推进计划的实施。为实施国家物联网计划，巴西政府有以下几项具体举措：成立物联网创新平台；支持建立物联网技术能力建设中心和国家数字转型监测系统。

"国家物联网会议"由巴西科技创新与通信部、经济部、农业部、卫生部和区域发展部的代表参加。执行秘书处将由巴西科技创新与通信部主管创新创业的副部长主持，该副部长可邀请行业协会代表，以及企业和科研机构的代表参加会议。"国家物联网会议"的职责是监督和评估巴西国家物联网计划的实施，促进公共机构与私营实体合作，讨论行动计划的主题，建议和支持相关项目倡议等。

每个优先领域将设立行业会议机制，"工业4.0会议"和"农业4.0会议"已经成立，"城市会议"和"卫生会议"在2020年成立。"工业4.0会议"由30多个政府、企业和科研机构的代表组成，重点讨论技术发展与创新、人力资源、供应链与供应商发展、法规、技术标准化和基础设施。2019年，巴西科技创新与通信部委托巴西研究和产业创新协会（EMBRAPII）投资800万雷亚尔支持物联网和工业4.0的企业创新项目。

3.科学进校园计划

2019年4月，由巴西科技创新与通信部、教育部发起的，国家科学技术发展委员会（CNPq）和高等教育人员促进会（CAPES）共同参与的"科学进校园计划"发布。

该计划的目标是：改善基础教育阶段的科学教学；实行解决问题教学方式；加强基础教育教师的科学素养提升培训；激发学生对从事科学职业的兴趣；培养科学领域的年轻人才；鼓励有助于改善科学教学的创新解决方案；鼓励使用新技术和新方法；加强小学、高等教育机构、科研机构与其他创新机构之间的互动，最终促进全社会科学的普及。

该计划包括四项举措：一是"科学进校园计划"实施网络的公开征集；二是"科学进校园计划"研究者的公开征集；三是国家科学奥林匹克计划；四是远程科学教育计划。实施网络征集拟投入 1 亿雷亚尔，支持联邦与地方科研、教育机构组建跨地区的"科学进校园计划"实施网络。研究者征集计划拟投入 1000 万雷亚尔，用于"科学进校园计划"的研究和评估。国家科学奥林匹克计划在 2019 年吸引了 200 万巴西学生参加，政府投入了 150 万雷亚尔。远程科学教育计划拟投资 300 万雷亚尔，上线 2000 门基础教育课程，鼓励 4000 名优质公立学校科学教师参与，拟每年使 5 万名学生从中受益。

4. 发布《MCTIC 2020—2023 年优先事项》

2020 年 3 月，巴西科技创新与通信部（MCTIC）发布《MCTIC 2020—2023 年优先事项》。该文件规定了巴西科技创新与通信部在 2020 年至 2023 年之间支持的研究、技术开发和创新项目的优先领域。巴西科技创新与通信部共支持五类技术的研发和创新项目：战略技术、高新技术、生产技术、可持续发展技术和生活质量技术。战略技术包括空间、核能、网络空间和公共及边境安全等领域；高新技术包括人工智能、物联网、先进材料、生物技术和纳米技术等领域；生产技术包括工业、农业贸易、通信、基础设施和服务等领域；可持续发展技术包括智慧城市、可再生能源、生物经济、固废处理和回收、污染治理、监测预防和恢复自然，以及环境灾害和环境保护等领域；生活质量技术包括健康、基本卫生、水安全和辅助技术等领域。

5. 发布《MCTIC 2020－2030 战略规划》

2020 年 5 月，巴西科技创新与通信部建立了"MCTIC2020—2030"门

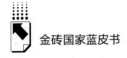

户网站并发布了《MCTIC 2020－2030 战略规划》，确定了巴西科技创新与通信部 2030 年战略规划的 15 个战略目标和 31 项重要指标。

《MCTIC 2020—2030 战略规划》是巴西科技创新与通信部为落实《国家经济社会发展战略（2019—2031）》《国家科技创新战略（2016—2022）》《联邦政府多年期计划 2020—2023》制定的科技创新领域的中长期规划，确定了到 2030 年的重要战略目标和指标，并在科技创新与通信部内部指定了落实责任部门。

该文件重申了《联邦政府多年期计划 2020—2023》规定的巴西联邦政府在科技创新领域的战略目标：增强国家的科学能力；促进普遍接入并提高该国通信服务的质量；在满足航天产品和服务需求方面增加国家自主权；促进核技术及其应用的发展；促进创新创业和技术应用，为可持续发展作出贡献。巴西科技创新与通信部的机构战略目标为：促进科学研究，并将科学知识转化为社会财富；促进广电业务的创新转型和融合，提高行业的管理水平；促进可持续发展技术和战略技术的掌握和应用；加强科研体系，确保科研基础设施的维护；扩大创新和创业精神的影响力；促进科学教育、科学传播和普及；促进数字化转型。

（四）科技政策、机构设置

1. 发布《国家创新政策》

2020 年 10 月，巴西政府发布《国家创新政策》，该文件旨在指导、协调和阐明巴西促进创新的战略、计划和行动，并在各级政府、各部门之间建立合作机制，整合各级政府和部门间的创新政策和举措。《国家创新政策》希望解决巴西创新的历史问题，特别是巴西企业的创新能力低下，以及政府在创新战略上缺乏协调的问题。这些问题阻碍了巴西更好地促进创新及经济和社会发展，阻碍巴西融入竞争激烈的数字化、互联互通的全球化国际体系，阻碍巴西跻身世界上最具创新力的国家之一的目标的实现。

《国家创新政策》是巴西政府自 2019 年底举行公众咨询后经过一年的研讨制定的。该政策分为六部分：技术培训和人力资源建设、创新和企业投资、创新技术知识库、知识产权、创新创业文化传播、创新产品和服务市场发展。每部分都设定了行动指南并分为计划和行动计划。《国家创新政策》发布后，巴西政府建立了创新议事厅并对《国家创新战略》公开征集公众意见。《国家创新政策》规定该政策出台180天内将拟订《国家创新战略》。创新议事厅（类似国家创新领导小组）是一个审议机构，负责组织和指导实施国家创新政策所需的工具和程序的运作。除科技创新与通信部外，还有10个部委共同参与确定政府针对创新主题的优先行动，负责审议批准国家创新战略和行业（或主题）创新行动计划。在议事厅机制下，成立专题咨询小组负责制定具体方案。

2. 管理体制变化

巴西拆分科技创新与通信部，组建科技创新部、通信与新闻部。2020年6月10日，博索纳罗政府颁布成立通信与新闻部的法令，将总统府新闻局和科技创新与通信部有关通信领域的职能划入通信与新闻部。

通信与新闻部主管新闻传播政策、国家电信政策、国家广播政策、电信广播和邮政服务、公共电视系统、政府宣介工作、舆论研究，以及政府与媒体关系。通信与新闻部下设四个秘书处，分别为机构社会传播特别秘书处（负责领导政府的官方宣传和巴西传媒公司）、广播秘书处、电信秘书处和宣传公关秘书处。此外，通信与新闻部还管理着巴西电信局、巴西邮政和巴西电信公司等机构。

2020年8月，巴西科技创新部完成了重组，下设部长办公室和5个秘书处（副部级），分别是执行秘书处、科学传播与促进秘书处、财务与科研项目秘书处、科学研究与培训秘书处、创新创业秘书处。原规划合作项目和控制秘书处、培训和战略行动政策秘书处、应用技术秘书处撤销。科学传播与促进秘书处是新成立的秘书处，负责国家科学普及和传播工作；财务与科研项目秘书处负责国家科技项目和经费的管理；科学研究与培训秘书处下设数字科学技术创新司、应用科学司、创新创业司。原设在规划合作项目和控制秘书处的国际事务与合作司撤销，改设在部长办公室，改称国际事务特别咨询司。

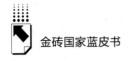

（五）应对疫情的挑战

新冠肺炎在巴西大流行，一方面，巴西政府及国家科研机构的科研人员组成了科技创新与通信部病毒研究网络等机制，集中国家力量研究新冠病毒，共同研发有关新冠肺炎的诊断、治疗和疫苗；另一方面；世界各国的药物、疫苗企业纷纷利用巴西作为临床试验基地，在巴西科研人员的共同努力下，获得了积极的数据。

1.疫情相关计划、任务的布置情况

（1）成立科技创新与通信部病毒研究网络

2020 年 2 月 10 日，巴西尚未报告新冠肺炎病例，巴西政府即宣布由科技创新与通信部牵头成立了病毒研究网络（MCTIC Rede Virus）。该研究网络由巴西科技创新与通信部协调，召集各部委、研究单位和实验室定期讨论，确定研究重点和未来行动的议程。

巴西科技创新与通信部抗击新冠肺炎疫情的主要举措：2020 年 3 月，巴西科技创新与通信部宣布应对新冠肺炎行动，投资 1 亿雷亚尔应对巴西新冠肺炎疫情，其中 5000 万雷亚尔用于病毒病理学、治疗、诊断、疫苗、并发症和复健等研究，5000 万雷亚尔用于建设大规模测序的国家网、利用人工智能进行药物选择及智能医疗等。2020 年 4 月，巴西成立科技创新与通信部虚拟研究网络，开展新冠肺炎大流行对民众健康和经济影响的研究；科技创新与通信部为 1.6 万家医疗机构提供了互联网接入。2020 年 5 月，巴西科学研究与发展项目资助署（FINEP）拨款 6 亿雷亚尔加强医疗设备生产，拨款分为三类：第一类，工业改造基金将支持工厂改组生产抗击疾病所需的物品。第二类，医疗器械开发和扩展基金将支撑增加全国重症监护病房使用的疾疗器械供应。第三类，健康创新基金将资助医疗机构采购中小企业生产的基本设备，同时将部分国家级 P3 实验室升级成国家级 P4 实验室。2020 年 9 月，巴西科技创新部投资 3500 万雷亚尔为 13 所大学建立现场核酸检测实验室，为巴西每月增加 10 万次核酸检测能力。

截至 2020 年 10 月，巴西科技创新部宣布已在新冠肺炎相关研究项目中资助 4 亿雷亚尔。

（2）四支新冠疫苗在巴西开展临床 III 期试验

新冠肺炎大流行以来，巴西努力寻求诊断、治疗和疫苗的本土研发和国际合作。2020 年 6 月以来，新冠肺炎在巴西大流行，加上已有超过 100 年的疫苗生产和接种经验，使得巴西成为世界疫苗生产者良好的临床 III 期试验基地。尽管俄罗斯已与巴西巴拉那州敲定临床试验协议，但至今未向巴西国家卫生监督局提出申请。巴西只批准了四支新冠疫苗进行临床 III 期试验（见表2）。

表 2　巴西临床测试的新冠疫苗

疫苗	实验室	来源国	技术路线	在巴西和世界志愿者人数	年龄	技术转移
CHADONX1NCOV – 19	牛津/阿斯利康	英国	腺病毒载体	巴西，10000 人世界，不详	≥ 18 周岁	是，Biomangunhos 工厂
CORONAVAC	科兴/布坦坦	中国	灭活	巴西，13060 人世界，不详	≥ 18 周岁	是，布坦坦研究所
VACC. BT162	辉瑞/Wyeth	美国/欧洲	mRNA	巴西，3100 人世界，约 44000 人	≥ 16 周岁	否
AD26. COV2. S	杨森—克莱格	欧洲	腺病毒载体	巴西，7600 人世界，约 60000 人	≥ 18 周岁	否

（3）启动卡介苗疫苗对抗新冠病毒的国际临床试验

2020 年 11 月，巴西国家级公共卫生研究机构奥斯瓦尔多·克鲁兹基金会（Fiocruz）宣布，在里约热内卢市开启"巴西 Brace Trial"（以下简称 BTB）临床研究项目。BTB 项目旨在通过卡介苗（BCG 疫苗，可预防肺结核）的使用降低新冠病毒对 18 岁以上特定职业工作人员的影响，其中包括 1 万名医护人员。该研究是一个全球性项目，由默多克儿童研究所的澳大利亚研究员奈杰尔·柯蒂斯（Nigel Curtis）领导，并得到了比尔及梅琳达·盖茨基金会的资助，巴西将与澳大利亚、西班牙、英国和荷兰的研究人员一道开展临床研究。

（4）疫情相关基础研究

巴西发布的新冠肺炎主题论文数量居世界第 11 位。新冠肺炎大流行以

来，巴西是新冠肺炎主题论文发表数量最多的研究国家之一。截至 2020 年 10 月 17 日，全球共有 168546 篇与新冠肺炎有关的论文，其中有 4029 篇是在巴西工作的研究人员署名完成的，该数字使巴西在世界排名中列第 11 位，位居荷兰、瑞士和日本等国之前。

2. 疫情相关治疗研究

2020 年 4 月，巴西国家能源与材料研究中心利用大数据评估了大约 2000 种已有药物，并找出了 5 种对治疗新冠肺炎很有前途的药物。2020 年 10 月，巴西科技创新部宣布，针对新冠肺炎早期患者在治疗中使用抗寄生虫药物硝唑尼特（Nitazoxanide），取得"积极成果"，能够降低具有新冠肺炎初始症状的患者的病毒载量。

巴西科学家发现抗炎化合物可能帮助患者从新冠肺炎中恢复。《临床免疫学》上发表的一篇文章比较了两种抗炎化合物治疗新冠肺炎的效果。其中一项临床试验研究是由巴西圣保罗州里贝朗普雷的细胞疗法中心（CTC）的研究人员进行的单克隆抗体——依库丽单抗（Eculizumab）临床试验。临床试验表明，依库丽单抗引发了强大的抗炎反应，使患者体内的 C 反应蛋白（CRP）和白介素 6（IL-6）的水平急剧下降，患者肺功能显著改善。

专注于肿瘤、炎症创新疗法的 Tizianc 生物技术公司宣布启动一项临床合作研究，以研究单独使用 Foralumab（一种完全人源抗 CD3 单克隆抗体）鼻腔给药和联合使用口服地塞米松（dexamethasone）治疗巴西新冠肺炎患者的效果。临床试验证明，这是一种创新的方法，可用于治疗中东呼吸综合征（MERS）、非典型肺炎（SARS）、新冠肺炎（COVID-19）和急性呼吸窘迫综合征（ARDS）的患者。

二 开展国际科技合作有关情况

（一）巴西科技创新国际合作总体情况

2016～2020 年，巴西共发表学术论文 24.41 万篇，其中 96543 篇是国际合作发表文章，占总发文量的 39.55%。巴西国际合作发文领域排名前三位的是物理学、工程技术和化学（见表3）。巴西论文研究主要合作国家是美国、英国和西班牙，中国与巴西的合作发文量排名进入了前十，占6.88%（见表4）。

表3　2016～2020 年巴西国际合作发表的论文领域分布情况

研究方向	论文数量（篇）	占比（%）	研究方向	论文数量（篇）	占比（%）
物理学	9623	9.97	动物科学	2696	2.79
工程技术	8421	8.72	药学	2634	2.73
化学	7939	8.22	食品科学技术	2286	2.37
生态与环境科学	7449	7.72	口腔外科学	2220	2.30
其他科学技术	6761	7.00	微生物学	2189	2.27
材料科学	5919	6.13	地质学	2137	2.21
农学	4312	4.47	基因遗传学	1810	1.87
数学	4257	4.41	海洋及淡水生物学	1739	1.80
生物化学与分子生物学	3878	4.02	公共环境与职业健康	1734	1.80
天文学天体物理学	3768	3.90	免疫学	1733	1.80
神经科学	3419	3.54	兽医科学	1666	1.73
计算机科学	3239	3.35	传染病	1615	1.67
植物科学	3099	3.21			

数据来源：Web of Science。

表4　2016～2020 年与巴西合作发表论文前十的国家

合作国家	美国	英国	西班牙	德国	法国	意大利	葡萄牙	加拿大	澳大利亚	中国
论文数量（篇）	35551	13663	12732	12334	12196	10070	8918	8721	7156	6644
占比（%）	36.82	14.15	13.19	12.78	12.63	10.43	9.24	9.03	7.41	6.88

注：存在论文由 2 个以上国家共同发表的情况。
数据来源：Web of Science。

（二）与金砖国家开展的国际合作

1. 金砖框架下的多边合作

金砖国家领导人第十一次会晤于 2019 年 11 月 13—14 日在巴西首都巴

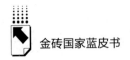

西利亚举行，金砖国家领导人为全球治理和经济发展提供"金砖"方案。大会的主题为"经济增长打造创新未来"，优先议题包括加强科技创新合作、推动数字经济合作等。

2019 年 9 月，第七届金砖国家科技创新部长级会议在巴西圣保罗州坎皮纳斯市举行。会议重点讨论了金砖国家科技创新政策和优先发展领域的进展、科技创新框架计划、创新金砖网络等议题，并发表了《坎皮纳斯宣言》和《金砖国家科技创新工作计划（2019—2022 年）》。

为促进联合研究，金砖国家决定建立金砖国家研究基础设施平台（BRICS Grain）。巴西有五家科研机构参与其中，分别是：巴西生物乙醇科技实验室、巴西国家能源与材料研究中心、巴西纳米技术国家实验室、巴西生物科学国家实验室、巴西 Sirius 同步加速器实验室。

2018 年，巴西在第二次金砖国家科技创新创业伙伴关系工作组会议上提出了 iBRICS 网络，即建立金砖国家科技园区、技术企业孵化器与中小企业网络，简称"创新金砖网络"。在 2019 年的第三次工作组会议上，巴西提供了"创新金砖网络"的行动方案，在加强对话、能力建设、跨国孵化、软着陆四个方面提出了行动建议。在 2019 年 9 月举行的第七届金砖国家科技创新部长级会议上，"创新金砖网络"作为会议成果列入未来工作计划，并列入《金砖国家领导人第十一次会晤巴西利亚宣言》。

2020 年，金砖国家在科技抗击新冠肺炎疫情方面发出了自己的声音，并谋求在多边机制下实现诊断、药物和疫苗的合作。2020 年 11 月 13 日，第八届金砖国家科技创新部长级会议以线上方式举行。巴西科技创新部部长庞特斯出席了会议。

庞特斯强调了科技国际合作在抗击新冠肺炎疫情的重要作用并呼吁携手合作应对下一次新冠肺炎大流行。在巴西采取的抗疫行动中，庞特斯着重指出了寻找替代药物、开发国家疫苗和新冠诊断测试、对实验室和研究基础设施的升级改造、对该国新冠病毒基因组的测序，以及卡介苗临床试验。庞特斯认为巴西科技创新部在后大流行时代应加强科技和创新行动。他认为，重点是用科技力量刺激经济活动，并通过创新为国家的复兴作出贡献。

为应对新冠肺炎疫情，2020 年，金砖国家科技和创新框架计划（BRICS STI Framework Programme）在冠状病毒研究领域联合支持金砖五国科学家携手开展科研合作与攻关，巴西科技创新部出资 500 万雷亚尔，卫生部出资 100 万雷亚尔资助新的诊断技术、疫苗、药物和病毒的基因测序等领域的合作研究。

2. 与中国的合作情况

（1）合作应对疫情。中巴两国携手应对新冠肺炎疫情，积极开展多层次国际科技合作和交流。2020 年 9 月 9 日，中国科学院和巴西科学院联合举办的新冠肺炎合作网络研讨会召开，中国驻巴西大使杨万明、巴西科技创新部副部长莫拉莱斯、中国科学院副院长张亚平、巴西科学院副院长纳德尔出席论坛并致辞，中国科学院微生物研究所高福教授等与巴西奥斯瓦尔多·克鲁兹基金会等机构的专家就科技应对新冠肺炎疫情及疫苗和药物合作等议题深入交流探讨。

2020 年 9 月 17～20 日，由中国科技部、中国科学院、中国科协和北京市政府共同主办的"中关村论坛"在北京召开。2020 年 9 月 18 日，"全球科学与生命健康"平行论坛举行。中国科技部部长王志刚、中国科学院副院长侯建国、北京市市长陈吉宁致辞。巴西科技创新部副部长莫拉莱斯通过视频方式参与论坛并介绍了巴西科技抗疫的工作。

巴西地方政府积极与中国新冠疫苗企业开展科技合作。2020 年 7 月，圣保罗州政府与中国科兴公司就新冠疫苗在巴西进行临床三期试验达成一致，双方还签署了技术转让协议，疫苗试验成功后，将在巴西布坦坦研究所进行疫苗生产。圣保罗州购买了 4600 万剂科兴疫苗，该州将于试验结束后公布疫苗有效性数据并向巴西国家卫生监督局申请疫苗上市。

（2）空间合作。作为中巴科技合作的旗舰项目，中巴地球资源卫星（CBERS）经过双方 30 多年的精诚合作，继续稳步推进。巴西的 04A 星于 2019 年 12 月中旬在中国发射。2020 年，巴西科技创新部多次报道卫星陆续传回高品质卫星图像，《通过 CBERS－04A 捕获的第一批图像》《巴西科技创新部提供 CBERS－04A 卫星的高分辨率图像应对贝鲁特爆炸灾难》

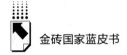

《CBERS 毛里求斯图像显示了 CBERS –04A 卫星的技术进步》等报道向巴西和国际社会集中展示了中巴卫星合作的重要战略意义。中方多次与巴西科技创新部和巴西航天局沟通，推动中巴航天合作向深度和广度发展。

中巴空间天气联合实验室合作研究取得突破。"南美实验室二期"和"南大西洋异常区空间环境天地联合研究"成功立项；营利科研机构在巴西注册成功；实验室累计获得 2TB 南美空间环境监测数据；联合培养来自巴西、阿根廷、古巴等国的博士生；在 *Nature Communications*、*JGR*、*ANN* 等著名刊物发表论文 12 篇；实验室科研人员在范艾伦辐射带和南大西洋异常带的研究成果荣登美国 *JGR* 刊物年度下载排行榜前列。中巴空间天气联合实验室深入拓展空间天气、大气科学、遥感科学、微小卫星等合作，建设"南美空间环境综合监测研究平台"，持续为"一带一路"倡议提供空间环境支撑和保障服务。

（3）信息技术。2019 年 11 月，中国国家信息通信研究院与巴西电信研究发展中心签署合作谅解备忘录。双方旨在通信技术联合研发、标准制定等方面开展合作。

华为公司深度参与了巴西科技创新部未来 3 年重点工作之一"农业4.0"在各地的试点，运用最新的信息通信技术帮助巴西农业实现智能化转型，树立两国在农业高科技领域合作的典范。华为公司与巴西科技创新部、巴西圣保罗研究基金会（FAPESP）合作，开展农业 4.0AI 联合实验室项目，项目为期 5 年，并可再延长 5 年。圣保罗研究基金会将每年投资 100 万雷亚尔，华为公司将配套相同的金额。实验室在研项目包括：建立巴拉那州数据合作（气候、土壤、植物检疫、操作等）平台数据库、栽培植物种子活力检测系统、亚洲大豆锈病的预测模型等。华为公司与戈亚斯州政府合作，推动垂直农业项目，提供基于物联网的解决方案。华为公司运用 5G 技术实现农场的无人机巡航，成功达成首个"5G＋云＋AI"农业项目突破，配合无人机、农用车等农业应用，实现巡田效率的大幅提升，巡田时间从一周缩短到一天，精准农药喷洒，降低 90% 的农药使用。同时，结合 5G 网络实现"5G＋媒体"直播应用，在巴西全国电视台直播。华为公司还与戈亚斯联邦大学建立"未来农业"科研合作关系，开发更多适用于巴西当地情况的农业4.0应用。华为公司与巴西农牧研究院联合开展了物联网农业—牧业—森林整合项目，用物联网技术，监测各个生产生态系统，实现所有生产环节的透明化，可监控、可追溯，保证产品质量，提高土地利用效率、增加碳捕获、减少温室气体排放，改善动物的生存环境和生存状况。

（4）气候变化和能源技术。2020年7月，巴西科技创新部、圣保罗研究基金会发起建设4个人工智能研究中心。研究中心与塞阿拉州政府合作加入人工智能创新网络（IARA）。该网络汇集圣保罗州、里约热内卢州、塞阿拉州等7个州的科研力量，开展AI、5G物联网技术研发，应用于通信、能源、出行、卫生、网络安全、教育和休闲等行业。2020年12月，清华大学、中国工程院、联合国教科文组织共同主办的第二届国际工程教育论坛举行。研究中心巴方主任里约热内卢联邦大学工程技术研究院（COPPE）院长Romildo Toledo Filho教授参加了可持续化工与未来的议题讨论，介绍了研究中心合作的最新进展。

（5）基础研究。2019年5月，应巴西圣保罗研究基金会的邀请，中国国家自然科学基金委员会主任、中国科学院院士李静海率团访问巴西，出席第八届全球研究理事会年度会议。来自50多个国家的科学研究资助机构领导人就"科学研究的社会和经济影响"展开充分研讨，一致通过并签署《回应社会和经济影响的期望》的原则声明。李静海主任访问巴西期间代表中国国家自然科学基金委员会与巴西圣保罗研究基金会签署了科学研究合作协议。协议旨在加强两国科技界交流，并鼓励两国高校和科研机构开展新形式合作，促进双方在优先领域进行科学研究和技术开发的合作。2019年10月，李静海主任会见了来访的巴西高等教育人员促进会（CAPES）主席科雷亚教授一行。2019年10月25日，双方在中巴两国元首的见证下在北京人民大会堂正式签署《中国国家自然科学基金委员会与巴西高等教育人员促进会谅解备忘录》。

（6）农业领域。2019年7月，由中国农业生物技术学会主办的中国巴西农业生物技术学术交流会在巴西召开，来自巴西国家生物安全委员会、巴

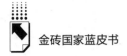

西农牧研究院、中国科学院、中国农业科学院等单位的30位专家参加了研讨。2019年10月25日，中国科学院种子创新研究院与巴西农牧研究院在北京人民大会堂正式签署了合作谅解备忘录，将在大豆育种方面开展联合研究。这是继2012年两院共建农业科学联合实验室后，合作平台的又一成果。2019年12月，首届中拉农业科技合作圆桌会在巴西福塔莱萨举办，会议得到了中国科技部、联合国拉丁美洲经贸委员会、联合国粮农组织、塞阿拉州政府的大力支持，来自国际组织、政府机构、科研机构、企业界的代表参会。会议代表就中拉农业科技政策、合作前景、农业技术、农业市场发展等开展了热烈交流。

（三）与其他国家开展的国际合作

1. 与美国的科技合作

2019年3月18日，巴西总统博索纳罗在访问美国期间，与美国签署了《技术保障协议》，允许美国公司使用巴西阿尔坎塔拉卫星发射基地。双方表示，《技术保障协议》模式已被很多其他国家效仿。例如中国、乌克兰、俄罗斯、印度和新西兰等。巴西国防部表示，通过这项协议，巴西有望获得15亿雷亚尔的经济注入并扩建发射场地，并强调有望到2040年带动1万亿美元的投资资金。此外，巴西航天局和美国国家航空航天局还签署了一份谅解备忘录，未来两国将发射一颗科研试验卫星。

巴西－美国科学技术合作混合委员会第五次会议于2020年3月6日在巴西外交部召开，来自两国30多家政府机构、大学和科研机构单位的代表参加。巴方主席是科技创新与通信部部长庞特斯，美方主席是美国国家标准技术研究院院长沃尔特·科潘。参会的美方机构包括美国国家标准技术研究院、能源部、卫生与公共服务部、国务院、国立卫生研究院、国家海洋与大气管理局、国家科学基金会和军事科研工程部门。

会议主题涉及诸如抗击新冠肺炎疫情合作、地球观测、科学技术工程和数学（STEM）教育、先进制造（人工智能、工业4.0、机器人技术）、粒子物理学、水文监测、海洋学、防减灾、计量学、开放科学等，并讨论两国共同加强私营部门与研究中心的伙伴关系，研究资助机构间的新合作模式及支持联合研究。

会议期间，两国通过了 2020 年至 2023 年两国科技工作计划。美国费米实验室还分别与巴西圣保罗研究基金会和坎皮纳斯大学签署了高能物理科学合作协议和 LNBF 低温系统合作研发协议。会后双方发表了联合声明，重申两国未来 3 年合作的优先领域。双方强调 2019 年两国签订的《技术保障协议》是巴美太空合作里程碑，这将使美国公司能够在巴西进行商业太空发射，为两国提供航天先进技术（包括卫星）合作和商业机会。

2020 年 11 月，巴西科技创新部与美国史密森尼学会签署了新的科学研究和教育合作协议，落实了巴美在 STEM 教育领域的合作。合作关系将使美国史密森尼学会与巴西科技创新部多个研究机构（如巴西天文台、Emilio Goeldi 博物馆和亚马孙国家研究所）开展研究和教育项目。

2. 与欧洲科技合作关系

2020 年 5 月，巴西 - 欧盟（科技）部门对话以线上形式召开，双方商定了通过部门机制下的"支持欧盟和巴西科技创新活动结对项目"，双方科研人员合作开展抗击新冠肺炎疫情的项目。巴西与欧盟确定了 12 个研究项目，其中 6 个与抗击新冠肺炎疫情直接相关，其他 6 个与农业、环境和能源等战略领域有关。抗击新冠肺炎疫情的研究项目包括在诊断、治疗和疫苗开发方面的合作。"结对项目"自 2019 年起设立。

2020 年 10 月，巴西和英国续签了气候研究合作协议。气候科学服务伙伴关系（CSSP）巴西项目于 2016 年启动，巴西国家自然灾害监测警报中心（CEMADEN）、国家空间研究院（INPE）、亚马孙国家研究所（INPA）与英国气象局致力于天气、气候和环境的联合研究，并共享气候和自然灾害预防的数据。CSSP 巴西项目的优先领域是：对碳循环进行建模并为减排政策提供依据、发展气候模式，以及气候影响和减少灾害风险。CSSP 是英国牛顿基金项目的一部分，旨在通过科学合作伙伴关系和创新促进经济发展，英国为上述项目资助了 400 万英镑。

2020 年 11 月，第 29 届巴西 - 德国科技合作联委会会议召开。巴西科

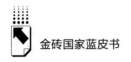

技创新部部长庞特斯强调了与德国在生物多样性、海洋研究和气候监测等领域开展新研究项目的意向，重点合作地区是亚马孙地区。庞特斯强调了巴德合作旗舰项目——亚马孙高塔观测组织（ATTO）对亚马孙生态研究保护的作用，他表示巴西在保护亚马孙生物多样性方面需要国际合作。双方计划未来三年在以下五个领域优先开展合作：生物经济学、智慧城市和工业4.0、卫生、生物多样性和气候，以及海洋研究。

3. 多边机制下的国际科技合作

2019年10月，巴西正式成为"全球生物多样性信息平台"（GBIF）成员。巴西参与该平台有利于巴西研究人员在获取和共享生物多样性信息方面受益，也有利于巴西生物多样性的保护。巴西是世界上生物多样性最丰富的国家之一，拥有46731种植物和118928种动物。

2020年9月24日巴西政府宣布加入"全球新冠肺炎疫苗实施计划"（COVAX），并将为此拨款25亿雷亚尔。通过加入该机制，巴西预计可以在2021年底前通过获得新冠疫苗来确保10%的人口接种，从而能够为最脆弱人群实现免疫。加入该计划的国家可以获得正在研发的9种疫苗。

2020年9月，巴西科技创新部部长庞特斯访问联合国维也纳机构，并与联合国外层空间事务办公室（UNOOSA）签订了和平利用空间的合作谅解备忘录。双方商定在空间法、空间政策、空间科学技术、空间可持续利用、灾害管理、导航、通信和能力建设等方面优先合作。

三 巴西新工业革命相关领域进展

2018年，中国国家主席习近平在金砖国家工商论坛上指出，"我们将共同建设金砖国家新工业革命伙伴关系，加强宏观经济政策协调，促进创新和工业化合作，联手加快经济新旧动能转换和转型升级"。[1] 巴西作为世界工

---

[1] 《提升金砖竞争力，建设新工业革命伙伴关系》，http://www.scio.gov.cn/m/31773/35507/35510/35524/Document/1634934/1634934.htm.

业大国之一，在能源、航空、农业等方面具备雄厚实力和基础。近年来，受到世界经济波动和新冠肺炎疫情冲击，巴西的经济增长遭遇重大挑战。巴西政府重视新工业革命相关科学技术研究及应用转化，并出台了一系列战略规划，促进巴西工业的转型升级。

（一）战略规划

1. 启动"巴西工业4.0"计划

2018年3月，巴西政府提出一项促进"巴西工业4.0"的计划。该计划将提供86亿雷亚尔的信贷给相关企业，并且将免去相关机器人的进口税，涉及3D打印、人工智能、物联网等。巴西政府旨在通过这一刺激计划来帮助巴西企业提升技术和生产效率，最终实现巴西工业的现代化，即从目前5%的企业达到工业4.0标准，提升到8年后15%的企业达到工业4.0标准。为此，巴西国家经济和社会发展银行提供利率为0.9%的贷款；为20个最具创新潜力的项目提供2000万雷亚尔的资金；为初创企业解决工业技术难题提供3000万雷亚尔的攻关基金；为工业界培训15000名专业技术教师，提升职业教育水平。据估计，工业4.0计划将为巴西每年节省730亿雷亚尔，包括生产效率的提升、生产和维修成本的减低和能耗的降低。巴西的国有企业可以结合自身优势助力巴西工业4.0计划。

2. 数字转型战略

巴西在未来四年内将采取一系列措施促进社会的数字化转型。数字转型战略将成为提高巴西经济竞争力和生产力的决定性因素，该战略确定了九个主题：网络基础设施和互联网接入、研发和创新、数字环境信心、教育和专业培训、国际合作、数据经济、世界互联、新的商业模式、公民和政府的数字化转型。该战略分析了各主要领域巴西的发展情况、面临的挑战、愿景、战略行动与具体指标，旨在营造有利于巴西经济数字化转型的发展环境。巴西联邦政府和地方各级政府正在着手"智慧城市"建设，巴西的科技型企业可以积极参与政府的数字转型和数字城市建设。

在相关政策的促进激励下，巴西在相关工业领域取得了显著进展。

（二）相关领域进展

1. 人工智能

2019 年 8 月，位于里约热内卢的巴西物理研究中心（CBPF）成立图像处理和人工智能小组，公布了一款专注于人工智能的超级计算机。该超级计算机称为 SciMining，源于术语"数据挖掘"。数据挖掘采用复杂的统计工具、信息处理技术、人工智能和模式识别。SciMining 的技术资料允许使用超级计算机对机器进行分类：32 个 CPU、500GB 固态磁盘（用于操作系统存储）、128GB 的 RAM（可扩展至 1TB）、6 个包含 26112 个图形处理单元的视频卡、66GB 图形处理内存。该计算机允许对 1632 个纹理映射单元和528 个元素进行渲染。该计算机安装在巴西国家石油公司研究中心，用于先进的地壳物理研究。

2. 航空制造业

2018 年，巴西航空工业公司发布首款电动垂直起降飞机（eVTOL）概念机。巴西航空工业公司旨在打造城市飞行服务，并基于以下主要设计因素：安全性、乘客体验、经济性，以及尽量确保对社区造成较小影响（噪音和污染排放）。巴西航空工业公司旗下的创新机构 Embraer X 还于 2019 年发布了《飞行计划 2030 白皮书》（*Flight Plan 2030*）。报告中提出空中交通管理概念能够为未来城市空间带来安全的解决方案，包括传统的直升机、固翼飞机和电动垂直起降飞机等均将受益。报告认为城市空中交通生态系统的发展将从根本上改变城市交通，改善全球数百万人的生活质量。为此，巴西航空工业公司也在推进全电力驱动演示飞机研发。2019 年 8 月，巴西航空工业公司向公众展示了正处于研发阶段的 100% 电力驱动演示飞机图片。这架原型机采用了特殊涂装，将很快安装操作系统和其他零部件。巴西航空工业公司技术团队将会在实验室中对飞机整装前的系统进行测试，并准备真实运营环境测试。

2020 年 10 月，巴西航空工业公司宣布在美国成立名为"Eve"的独立子公司，这是 Embraer X 孵化出来的第一家公司，将专注于城市空中交通生态系统（UAM）。Eve 正在开发 UAM 整体解决方案，包括电动垂直起降（eVTOL）的研发和适航审定、综合服务和支持网络、空中交通管理等。

3. 航天工业

2019 年 12 月，中巴地球资源卫星 04A 星（CBERS - 4A）在中国成功发射以来，巴西科技创新与通信部三次报道该卫星，称赞其进步和其遥感技术对世界重大灾害事件的作用。CBERS - 4A 捕获的第一批图像表明，新卫星的性能有了显著提高。巴西国家空间研究院可以利用该卫星改善其环境监测性能。巴西自行研制的纳米卫星 Floripa Sat - 1 通过中国长征 4A 号火箭作为 CBERS - 4A 的辅助载荷发射升空。来自圣卡塔琳娜州联邦大学空间技术研究实验室（Space Lab）的学生和研究人员共同研制了该卫星，代表了巴西科研人员在纳米卫星领域的技术发展与进步。

B.9
俄罗斯科技创新发展报告（2021）

辛秉清　孙　键*

摘　要： 俄罗斯是重要的创新大国，拥有良好的科技创新基础。俄罗斯政府高度重视科技工作，发挥科技对经济社会发展的重要支撑作用。面对新冠肺炎疫情、全球经济疲软等不利因素，俄罗斯政府出台了一系列政策措施促进科技发展，研发投入持续上升，研发机构、学术论文、PCT专利等科研产出数量呈增长态势，在生物医药、先进制造、航空航天、高能物理等领域取得进展。科技在应对新冠肺炎疫情挑战中发挥了重要作用。俄罗斯的国际科技合作平稳开展，与其他金砖国家的科技合作不断深入。在信息、制造、能源和生物医药等新工业革命领域，俄罗斯出台了行业发展规划，并重视科技创新。

关键词： 金砖国家　俄罗斯　科技创新

俄罗斯是重要的创新大国，继承了苏联的科技实力，拥有良好的科技创新基础。在国家经济形势不佳的情况下，面对新冠肺炎疫情、全球经济疲软和西方制裁等不利因素，俄罗斯政府高度重视科技工作，出台了支持科技发展的规划和政策，并不断加大研发投入，发挥科技对经济社会发展的重要支撑作用。

---

* 辛秉清，博士，中国科学技术交流中心副研究员，研究领域为国际科技合作项目管理、应对气候变化；孙键（通讯作者），博士，中国国际核聚变能源计划执行中心原副主任，长期从事中俄科技外交与实践研究，研究领域为管理科学与工程、国际关系。

一 俄罗斯科技创新基本情况

（一）科技研发投入与产出

1. 研发投入

2020 年俄罗斯全社会研发支出（GERD，按各国货币购买力平价计算）为 1.17 万亿卢布，占俄罗斯 GDP 的比重为 1.10%。2014～2020 年，俄罗斯 GERD 逐年上升（见图 1）。甚至在 2020 年俄罗斯 GDP 出现负增长的情况下，GERD 仍比 2019 年增长了 3.5%。根据联合国教科文组织（UNESCO）数据库可获得的最新数据，2018 年俄罗斯 GERD 世界排名第 9 位、欧洲排名第 4 位、中东欧地区排名第 1 位，但俄罗斯 GRED 占 GDP 的比重世界排名第 29 位、欧洲排名第 23 位、中东欧地区排名第 7 位，低于世界和欧洲国家的平均水平。

从研发投入构成看，政府和企业是主要来源，2019 年，政府研发投入 7522 亿卢布，占 66.28%，企业投入 3428 亿卢布，占 30.21%。政府投入是企业投入的 2.19 倍，企业还未成为研发投入的主体。2020 年用于试验发

图 1 俄罗斯全社会研发支出及其占 GDP 比重

数据来源：联合国教科文组织数据库。

展、应用研究和基础研究的经费投入分别为 6676 亿卢布、2185 亿卢布和 2052 亿卢布,分别占 56.84%、18.60%、17.47%。2014 年以来,俄罗斯研发支出中基础研究比重呈上升态势。

2. 研发机构与研究人员

2020 年,俄罗斯从事研发的机构数为 4181 家,比 2019 年增加 3.21%。从 2014～2020 年来看,俄罗斯研发机构数量总体上呈增长趋势,个别年份略有波动。2020 年俄罗斯研发机构主要由科研机构和高校构成,占 63.29%,工业企业所属研发部门数量偏少,仅占 10.55%(见表 1)。

表 1　俄罗斯研发机构数量

单位:家

类型	2014 年	2015 年	2016 年	2017 年	2018 年	2019 年	2020 年
研发机构总数	3604	4175	4032	3944	3950	4051	4181
科研机构	1689	1708	1673	1577	1574	1618	1566
设计局	317	322	304	273	254	255	239
设计(探索)机构	32	29	26	23	20	11	12
试验工厂	53	61	62	63	49	44	35
高校	702	1040	979	970	917	951	1080
工业企业所属研发部门	275	371	363	380	419	450	441
其他	536	644	625	658	717	722	808

数据来源:俄罗斯国家统计局,https://rosstat.gov.ru/。

2020 年,俄罗斯研发人员总量为 67.94 万人,其中,研究人员为 34.65 万人,技术人员为 5.96 万人,辅助人员和其他人员为 27.33 万人。俄罗斯研发人员总量呈下降趋势,2014～2020 年,俄罗斯研发人员总量平均每年减少 0.88 万人(见表 2)。从年龄结构上来看,俄罗斯 40 岁以下、40～59 岁、60 岁及以上的研究人员占比分别为 44%、31% 和 25%。2020 年,俄罗斯大学生人数为 404 万人,其中全日制大学生 242 万人、函授大学生 141 万人、夜校大学生 21 万人。到 2025 年,每 2 名俄罗斯科学家中就有 1 名年龄低于 40 岁的年轻人。[①]

---

① 普京 2020 国情咨文,http://www.gov.ru。

表 2　俄罗斯研发人员数量

单位：万人

类型	2014 年	2015 年	2016 年	2017 年	2018 年	2019 年	2020 年
研发人员总数	73.23	73.89	72.23	70.79	68.26	68.25	67.94
研究人员	37.39	37.94	37.04	35.98	34.79	34.82	34.65
研究人员中博士和副博士	10.96	11.15	10.84	10.33	10.03	9.99	9.91
技术人员	6.32	6.28	6.04	5.97	5.77	5.87	5.96
辅助人员	17.36	17.41	17.19	17.03	16.06	16.09	15.83
其他人员	12.16	12.26	11.96	11.81	11.64	11.47	11.50

数据来源：俄罗斯国家统计局，https：//rosstat.gov.ru/。

3. 科研产出

2015～2019 年俄罗斯知识产权申请情况见表 3、表 4。2019 年，俄罗斯申请专利（本国居民在国内和海外申请专利合计）2.97 万件，较上年减少 3.21%，外国申请者在俄罗斯申请专利 1.22 万件，较上年减少 6.58%；申请商标 33.19 万件，较上年增加 10.83%，申请工业外观设计 1.01 万件，较上年增加 21.20%，申请实用新型 1.02 万件，较上年增加 2.79%。2015～2019 年，俄罗斯专利和实用新型申请量呈下降趋势，但商标和工业外观设计申请数逐步上升。专利中外国申请量占申请总量的比例很高，主要为来自美国、德国、日本、中国和瑞士的专利申请。

表 3　俄罗斯知识产权产出情况

单位：件

年份	专利申请数	商标申请数	工业外观设计申请数	实用新型申请数
2015 年	33796	210574	5427	12175
2016 年	31833	249280	5779	11314
2017 年	27807	314899	6401	10840
2018 年	30696	299496	8303	9969
2019 年	29711	331921	10063	10247

数据来源：WIPO。

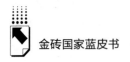

表4　俄罗斯专利申请情况

单位：件

年份	本国居民在国内申请	外国申请者申请	本国居民在国外申请
2015 年	29567	16248	4229
2016 年	27136	14792	4697
2017 年	23115	14106	4692
2018 年	25333	13031	5363
2019 年	23764	12174	5947

数据来源：WIPO。

　　2020 年，俄罗斯发表 SCI 论文 4.29 万篇（见图 2），比上年增加 5.61%。论文发表的主要领域集中在物理、化学、物质科学、工程、数学和天文学天体物理学。

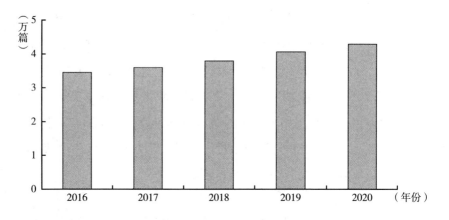

图 2　俄罗斯 SCI 论文情况

数据来源：Web of Science。

　　根据 2021 年 9 月世界知识产权组织（WIPO）发布的《全球创新指数 2021》（*Global Innovation Index 2021*），在 2021 年全球创新指数评级中，俄罗斯排名第 45 位，比 2020 年评级排名上升 2 位，在中等偏上国家中排名第 6 位，在欧洲地区排名第 29 位。根据 2019 年 10 月世界经济论坛发布的《全球竞争力报告 2019》（*The Global Competitiveness Report 2019*），俄罗斯全球竞争力指数在 141 个经济体中排名第 43 位，与上一年度排名持平。根据报告，俄罗斯在宏观经济环境、市场规模、政策环境、人力资本与研究方面发展较好，在知识与技术产出、创意产出、制度等方面仍有较大发展潜力（见图 3、图 4）。

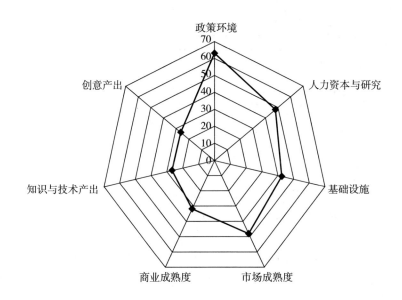

图 3 俄罗斯全球创新指数（2021 年）指标分解

资料来源：《全球创新指数 2021》。

（二）重要科技进展

在生命科学方面，俄罗斯快速研发和生产出"卫星 – V""EpiVacCorona""Kovivac"新冠疫苗，用于新冠肺炎防治。托木斯克国立大学（TSU）的科学家分离出细菌 Desulforudis audaxviator。[①] 托木斯克理工大学的科学家研发出一种更好的治疗急性血栓的新型人造血管制造技术。[②]

---

① https：//minobrnauki. gov. ru/press – center/news/？ELEMENT_ID = 29098.

② https：//sputniknews. cn/science/202008051031906649/.

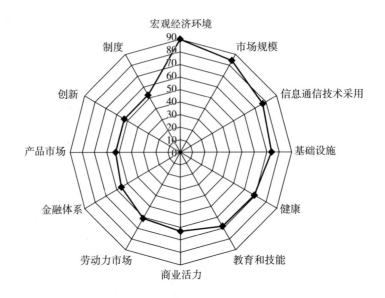

图4 俄罗斯全球竞争力指数（2019年）指标分解

资料来源：《全球竞争力报告2019》。

在航空航天方面，装配了俄罗斯国产新一代 PD-14 发动机的俄罗斯新一代近程和中程干线客机 MC-21-300 于 2020 年完成首飞。[①] PD-14 双路式涡轮喷气发动机于 2018 年获得生产许可证，它参考了国际标准，推力达14 吨，采用了最新材料技术，具有现代化运行特性且环保水平较高。[②] 新型伊尔-114-300 支线客机于 2020 年进行了首飞，该飞机安装数字化新型导航系统，能在复杂气象条件下（如北极地区）起降，将成为保障俄罗斯各地区之间航空运输的主要机型之一。[③] 2020 年，"安加拉-A5"重型运载火箭进行了再次试射，载重量为 22～24 吨。推力更高的安加拉 A5M、A5V 将于 2025 年后发射，有望用于月球甚至火星探测计划。[④]

在能源方面，2019 年俄罗斯第三代核电机组——VVER-1200 核反应堆

① https：//sputniknews. cn/russia/202012151032709075/.

② https：//sputniknews. cn/russia/202001221030501458/.

③ https：//sputniknews. cn/video/202105131033683315/.

④ https：//sputniknews. cn/society/201808081026076604/.

首次在国外（白俄罗斯）投入使用，2021 年俄罗斯第四座 VVER – 1200 反应堆投入运行。"罗蒙诺索夫院士"号浮动核电站 2019 年年中并网发电，将成为俄罗斯偏远滨海地区的"救星"。圣彼得堡国立工业技术与设计大学研发了将塑料垃圾加工为柴油燃料的技术。① 俄罗斯国产大功率燃气轮机 GTD – 110M 启动量产工作，功率为 90～130 兆瓦，热效率为 36%。② 托木斯克理工大学开发出一种加氢裂化过程中降低能源成本的技术，燃气和燃油消耗量降低了 54%，电力消耗量降低了 20%。③

在船舶制造方面，俄罗斯国产的阿芙拉型油船"弗拉基米尔·莫诺马赫"号投入使用。俄罗斯造船厂首次建成现代科考船，将在北极和南极等战略地区开展工作，研究海洋的陆架和自然资源。

在大科学方面，俄罗斯库尔恰托夫研究所启动科研用核反应堆高通量中子束流反应堆（PIK）。2020 年，重离子超导同步加速器（NICA）正式启动。④ 2021 年 4 月俄罗斯批准 130 亿卢布预算升级库尔恰托夫同步加速器，预计 2025 年投入运营，升级后的加速器属于第三代同步加速器，可产生 2.5 吉电子伏特的能量，进行更长期的实验。⑤ 2021 年，北半球最大的深水中微子望远镜"Baikal-GVD"在贝加尔湖中正式启用，将开展地球物理学、水文学和淡水生物学等方面的研究。⑥ "光谱 – RG"太空天文台上搭载的 X 射线望远镜对宇宙空间进行了首次全范围 X 光扫描。⑦

在信息方面，2019 年，俄罗斯技术集团、俄罗斯电信联合研发新一代无线通信（5G），俄罗斯政府确定 3.4 GHz～3.8 GHz 和 4.4 GHz～4.99 GHz 频段来发展 5G 技术高速通信，⑧ 莫斯科、圣彼得堡和喀山等地区正在进行

---

① https：//sputniknews. cn/science/202108021034186829/.
② https：//sputniknews. cn/russia/202101141032889888/.
③ https：//sputniknews. cn/science/202107201034101736/.
④ https：//sputniknews. cn/politics/202011201032571031/.
⑤ https：//m. gmw. cn/baijia/2021 – 04/07/1302214342. html.
⑥ https：//baijiahao. baidu. com/s？id = 1694118626801912018&wfr = spider&for = pc.
⑦ https：//sputniknews. cn/science/202108061034218777/.
⑧ https：//sputniknews. cn/economics/201909051029482580/.

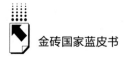
5G 商用测试。① 俄罗斯斯科尔科沃科学技术研究院研制出"若列斯"（Zhores）超级计算机，这是俄罗斯第一台专门解决人工智能领域问题的千兆级高能效超级计算机，它将帮助俄罗斯研究人员在数字医学、物联网、精准农业、图像处理等方面取得突破。② 莫斯科国立鲍曼技术大学和全俄杜霍夫自动化科学研究所等创造了超导量子比特的世界纪录——寿命达 50 微秒，单量子位和双量子位逻辑门运算准确度达 80% ~ 99%，使俄罗斯接近制作出首台功能型量子计算机。③

（三）科技规划与政策

2018 年，普京第 4 次就任总统，发布了《关于俄罗斯联邦 2024 年前国家目标和战略发展问题的法令》（新《五月法令》）（见表 5），提出了俄罗斯到 2024 年的经济社会发展规划，其中在科技方面提出到 2024 年俄罗斯要跻身全球科技五强、教育十强。④ 俄罗斯新一届联邦政府对科教领域进行了改革，将教育与科学部拆分为负责基础教育的教育部和负责科技发展和创新的科学和高等教育部，将教育与科学部管理的联邦教育科学监督署提升为由联邦政府直接领导，联邦青年事务署从教育与科学部中独立出来，更加重视青年科技创新。2020 年，俄罗斯发布了《俄罗斯联邦 2030 年前的国家发展目标》（《七月法令》），尽管新冠肺炎疫情对俄罗斯经济社会发展造成了很大影响，政府调整了经济社会发展目标，但仍明确了科学教育发展的中长期目标。2019 ~ 2021 年，俄罗斯总统普京在每年的国情咨文中都重点强调科技对经济社会发展的重要性，并提出促进科技发展的相关措施，如 2019 年提到全球竞争正转向科技和教育领域，2021 年提到对于现在的世界，科学绝对是关键（详见表 6）。

---

① https：//sputniknews. cn/economics/201906151028765639/.

② http：//www. cac. gov. cn/2020 – 02/14/c_ 1583219996249199. htm.

③ https：//sputniknews. cn/science/201904191028242175/.

④ http：//aoc. ouc. edu. cn/2018/0806/c9829a207549/pagem. htm.

表5　新《五月法令》确定的科技目标

类别	具体内容
目标	目标1：确保俄罗斯在智能制造、机器人系统、新材料、清洁能源、碳氢化合物原料生产与深加工、能源运输、个性化医疗、药物合理利用、生态农业、农产品储存与加工、智能运输系统、光电系统、智能电信系统、航空航天技术、海洋和北极开发与利用等科技优先发展领域进入全球五强 目标2：确保俄罗斯对国内外顶尖科学家和杰出青年研究人员具有吸引力 目标3：加大研发投入，确保其增速超过GDP增速，提高科研投入占GDP的比重
指标	指标1：建造先进科研基础设施，包括高通量中子束流反应堆（PIK）、重离子超导同步加速器（NICA）、正负电子对撞机（Super Charm-Tau）、极端光场国际研究中心（CIES）、托卡马克核聚变反应堆（IGNITOR）和第四代同步辐射光源（ISSI－4）等具有本国特色的大科学装置 指标2：将重点科研机构仪器设备更新率提升至50%以上 指标3：建立一批国际一流的科学中心，包括国际数学中心和基因组研究中心 指标4：在高校、科研机构等基础上，成立15个以上世界一流科学教育中心 指标5：制定科研及科教人员培养和职业发展体系，为青年科学家开展科研、建设实验室和有竞争力的团队创造条件

资料来源：俄罗斯政府网。

表6　2019～2021年总统国情咨文对科技政策的阐述

年度	科技相关内容
2019年	全球竞争越来越多地转向科学、技术和教育领域；开发新一代武器时培养的人才，获得的知识、能力和材料都应有效地用于民用领域；必须实施新的雄心勃勃的科技计划，俄罗斯已经签署遗传研究的法令，建议在人工智能领域开展大规模国家级计划，俄罗斯应成为这些领域的领导者；加快建设先进的科学基础设施，PIK反应堆将成为世界上最强大的中子源之一；俄罗斯造船厂首次建成现代科考船，将在北极和南极等战略地区开展工作，研究海洋的陆架和自然资源；建立现代研发模式，整合教育、科学组织和商业资源，3年内建立15个科研和教育中心；需要从事先进生产、创造和使用突破性技术解决方案的专家
2020年	生态、气候变化、环境和海洋污染是全人类共同面临的挑战，俄罗斯愿意支持国内外科学家进行联合研究；必须在人工智能、遗传学、新材料、能源资源和数字技术等关乎未来的领域自主研发、设立标准；将继续建设研究基地，包括大科学设施；让有才华的年轻一代有机会接触高精尖的设备，参与攻克最难突破的课题；赋予研究人员、工程师和企业家科研创新的自由度。加快讨论技术领域立法方案；围绕企业直接融资工具，建立社会支持机制；技术型企业家应当被给予试错空间，让尽可能多的创新领域的初创企业做大做强；支持高科技产品出口，推动国内对创新产品需求的增长

续表

年度	科技相关内容
2021 年	2021 年是俄罗斯科学技术年;对于现在的世界,科学绝对是关键;到 2024 年,俄罗斯将从联邦预算中拨出 1.63 万亿卢布用于民用科技,包括基础研究;正在对国家发展至关重要的领域推出创新计划,它们将获得国家重要项目的地位;至少 100 所大学将获得 1 亿卢布甚至更多的拨款,用于设立学生技术园区、企业孵化器,更新教育和实验室设施以及培训;发展新能源和新医药、应对气候问题应成为经济社会各领域全面现代化的强大动力

资料来源:俄罗斯政府网。

出台国家科技发展规划和科技计划。2018 年 10 月,俄罗斯国家科学计划（2019～2024 年）实施,投资总额约为 6350 亿卢布,其目标为:在重点科学领域进入世界前五强;吸引国内外科学家在俄罗斯工作;确保科研投入增幅超过 GDP 增幅。该计划共由 3 个联邦项目组成:"科学与生产融合发展"、"先进研发基础设施"和"发展研发领域人力资源"联邦项目。2019年 3 月,俄罗斯政府批准实施了《俄罗斯联邦国家科技发展规划》（以下简称《规划》）,旨在发展国家智力潜能,为国家经济结构转型提供科技和智力保障,有效组织科学和科技创新活动。《规划》分 2019～2024 年和 2025～2030 年两个阶段实施。计划的联邦预算拨款额度为 2019 年 6883 亿卢布、2020 年 7407 亿卢布、2021 年 7959 亿卢布,到 2030 年,联邦预算拨款将增至 1 万亿卢布。

在重点领域陆续出台发展战略和计划。2019 年 4 月,俄罗斯政府发布《2019—2027 年发展遗传技术的联邦科技计划》,旨在解决包括基因编辑技术在内的基因技术加速发展带来的问题,为医药、农业和工业发展提供科技基础,完善生物突发事件的预防和控制措施。2019 年 10 月,俄罗斯政府批准了《2030 年前俄罗斯国家人工智能发展战略》,旨在促进俄罗斯在人工智能领域的快速发展,包括强化人工智能领域科学研究,提升信息和计算资源的可访问度,完善人工智能领域的人才培养体系等。2020 年 3 月,俄罗斯政府批准了《2019—2027 年发展同步加速器和中子研究基础设施的联邦科技计划》，该计划的主要目标是全面解决同步加速器和中子研究的加速发展问题，并确保俄罗斯联邦研究基础设施的建设和发展。2021 年 6 月，俄罗斯科学和高等教育部启动了俄罗斯大学国家支持计划"优先 2030"。该项目的目标是在俄罗斯建立一个广泛的大学群体，成为创造新科学知识、促进技术应用推广的领导者。

将 2021 年确定为俄罗斯科学技术年。俄罗斯总统普京宣布 2021 年为俄罗斯科学技术年，主要目标是吸引有才华的青年投身科学技术领域，促进专业团体参与俄罗斯科学技术发展战略，使公民清楚地了解国家和企业在科技领域的举措。科学技术年将采用不同的主题，如 3 月的主题为新医学，4 月的主题为航天工业的发展，9 月的主题为遗传学和生活质量，11 月的主题为人工智能。

（四）应对疫情的挑战

2020 年 1 月，俄罗斯出现首例新冠肺炎病例。疫情发生后，俄罗斯采取了一系列防控措施，严守边境以防止境外疫情输入，并加强内部管控，部署了新冠病毒检测试剂盒、治疗药物和疫苗的研发和生产工作。

目前，新冠肺炎疫情在俄罗斯总体可控，截至 2021 年 9 月 7 日，俄罗斯累计确诊新冠肺炎病例 703 万例，治愈率 89.4%，病死率 2.7%。感染率和治愈率相对平衡。复工复产导致俄罗斯国内抗疫态势严峻，最大的考验是公共卫生资源地区分布不均衡。由于国际石油价格大跌，俄罗斯抗疫支出紧张，地方财政捉襟见肘，企业经营艰难，贫困率急剧上升。俄罗斯对新冠肺炎疫情的总体防控措施是从全面防守、隔离限制，到有针对性严控、逐步解禁，专门建立了抗疫机制。

在新冠疫苗研制方面，俄罗斯加马列亚流行病与微生物学国家研究中心研发"卫星 – V"（Sputnik-V）、"卫星 – Light"（Sputnik-Light）疫苗，消费者权益监督局"矢量"病毒学与生物技术国家科学中心研发了"EpiVacCorona-N"和"EpiVacCorona"疫苗，俄罗斯科学院丘马科夫联邦免疫生物制剂研究与开发研究中心研发了"Kovivac"疫苗，俄罗斯联邦生物医药署的圣彼得堡疫

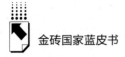

苗与血清科研所也在开展疫苗研制工作。其中，"卫星-V"为腺病毒疫苗，2020年8月由俄罗斯卫生部注册，"EpiVacCorona"疫苗为合成疫苗，"Kovivac"疫苗为灭活疫苗。根据Logunov等在《柳叶刀》发表的文章，19886名接种两剂"卫星-V"疫苗的志愿者的临床试验结果显示，疫苗有效率达到91.6%。① 俄罗斯在疫苗研发方面的成果显示了其疫苗研发的基础和实力，根据WHO数据，截至2021年10月，进入临床阶段的新冠疫苗共124种，其中进入临床4期的只有8种疫苗，分别来自美国、英国、俄罗斯和中国。②

在抗新冠病毒药物研制方面，俄罗斯已开始生产以康复者血浆为基础的抗新冠病毒免疫球蛋白，并计划扩大生产。③ 新冠肺炎治疗药物"和平-19"在Ⅱ期试验过程中显示出良好的效果。④ 俄罗斯卫生部2020年9月批准两款国产抗新冠病毒制剂，分别是R-Pharm公司的科罗纳韦（Coronavir）和Promomed公司的阿雷普韦。

在对新冠病毒溯源问题的态度上，俄罗斯总统普京2021年9月3日在第六届东方经济论坛表示，不应将新冠病毒溯源问题政治化，而应努力共同抗击疫情。

二 俄罗斯国际科技合作情况

（一）国际合作总体数据

2020年，俄罗斯合作发表论文1.77万篇，占俄罗斯发表论文总量的

---

① D. Y. Logunov, I. V. Dolzhikova, D. V. Shcheblyakov, "Safety and Efficacy of an rAd26 and rAd5 Vector-Based Heterologous Prime-Boost COVID-19 Vaccine: An Interim Analysis of a Randomised Controlled Phase 3 Trial in Russia", *Lancet*, doi: 10.1016/S0140-6736（21）00234-8. published online Feb 2

② https://www.who.int/publications/m/item/draft-landscape-of-covid-19-candidate-vaccines.

③ https://sputniknews.cn/science/202106051033836787/.

④ https://sputniknews.cn/covid-2019/202109071034418880/.

41.33%。2016~2020年，俄罗斯合作发表论文数稳步增加，合作论文占比也呈增长趋势（见图5）。从合作国别来看，美国、德国、法国、中国和英国是俄罗斯国际合作前五的国家（见图6）。

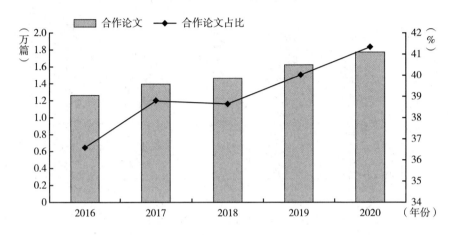

图5　俄罗斯SCI合作论文数及占比

数据来源：Web of Science。

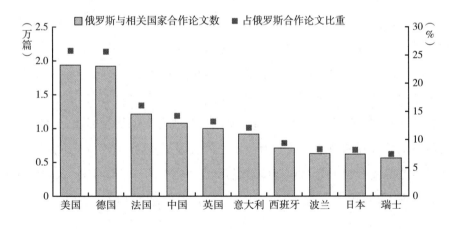

图6　俄罗斯SCI合作论文前十合作国别情况

数据来源：Web of Science。

2020年，俄罗斯申请PCT专利1291件，其中合作申请为250件，占俄罗斯PCT专利申请总量的19.36%。2016~2020年，俄罗斯PCT合作专利

申请数稳步增加，合作专利申请占比也呈增长趋势（见图7）。从合作国别来看，美国、德国、法国、中国和英国是俄罗斯合作前5的国家。

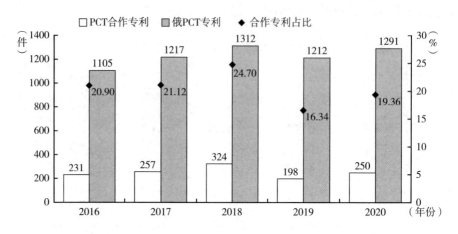

图7　俄罗斯 PCT 合作专利情况

数据来源：WIPO。

在俄罗斯的留学生人数逐年递增。2019～2020学年，俄罗斯大学的外国留学生总数为31.5万人，约占俄罗斯大学在校生总数的8%。而2014～2015学年，俄罗斯大学的外国留学生人数只有18.3万人。最青睐俄罗斯大学教育的学生来自独联体国家和亚洲地区，在俄罗斯的留学生人数排名前5位的国家为哈萨克斯坦（6.14万人）、乌兹别克斯坦（4万人）、土库曼斯坦（3.64万人）、中国（2.96万人）和塔吉克斯坦（2.12万人）。在俄留学生最青睐的前4所大学为俄罗斯人民友谊大学、喀山联邦大学、圣彼得堡彼得大帝理工大学和乌拉尔联邦大学。近60%的学生选择的研究方向为工程（19.89%）、医学（20.46%）和经济管理（17.77%）。

（二）与金砖国家开展的国际合作

2020年，俄罗斯与金砖国家合作发表论文4015篇，占俄罗斯合作发表论文的22.68%。2016～2020年，俄罗斯与金砖国家合作发表论文数稳步增加，从2016年的2258篇增加到2020年的4015篇，增长77.81%，合作论文占比从 2016 年的 17.89% 增长到 2020 年的 22.68% （见图 8）。从合作国别来看，2020 年，俄中合作论文 2766 篇，占与金砖国家合作论文的 68.89%，俄印合作论文 1068 篇，占与金砖国家合作论文的 26.60%，俄巴合作论文 811 篇，占与金砖国家合作论文的 20.20%，俄南合作论文 562 篇，占与金砖国家合作论文的 14.00%。①

俄中合作论文数量排名前 3 位的领域为物理、化学和物质科学，俄印合作论文数量排名前 3 位的领域为物理、天文学和天体物理学、化学，俄巴合作论文数量排名前 3 位的领域为物理、天文学和天体物理学、物质科学，俄南合作论文数量排名前 3 位的领域为物理、天文学和天体物理学、动物学。在合作论文中，俄罗斯的主要机构为俄罗斯国家科学院、俄罗斯国家科学中心库尔恰托夫研究所和莫斯科罗蒙诺索夫国立大学，其他 4 国的主要机构为中国科学院、印度理工学院、巴西圣保罗大学、南非开普敦大学。

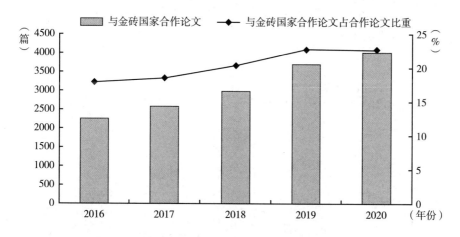

图 8　俄罗斯与金砖国家合作 SCI 论文情况（数量与占比）

数据来源：WIPO。

2020 年，俄罗斯与金砖国家合作 PCT 专利 39 件，占俄罗斯合作 PCT 专利的 15.60%。2016~2020 年，俄罗斯与金砖国家合作 PCT 专利数量

———————————

① 合作论文有的是多国合作的。

呈波动态势。从合作国别来看，2020年，中俄合作PCT专利37件，占与金砖国家合作PCT专利总数的94.87%，俄罗斯与其他金砖3国合作PCT专利数量少（详见图9~图11）。

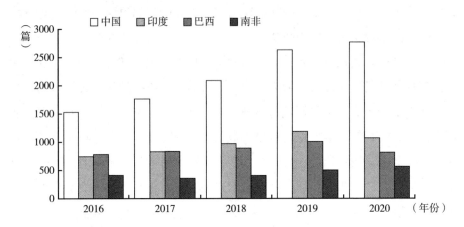

图9　俄罗斯与金砖国家SCI合作论文情况（分国别）

数据来源：WIPO。

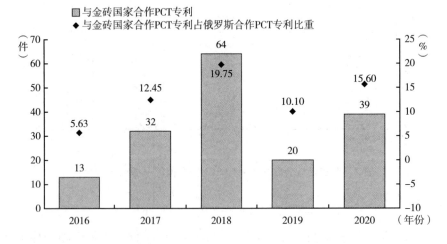

图10　俄罗斯与金砖国家PCT合作专利情况（数量与占比）

数据来源：WIPO。

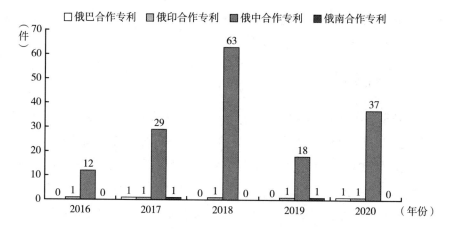

图11　俄罗斯与金砖国家 PCT 合作专利情况（分国别）

数据来源：WIPO。

三　俄罗斯新工业革命有关情况

（一）信息通信

《七月法令》提出了俄罗斯"数字化转型"的国家目标：到2030年，确保经济社会领域的主要行业实现"数字成熟"，如医疗、教育和国家管理等；将大众电子化服务比例提高到95%；将可接入"互联网"（宽带）家庭的比例提高到97%；将信息技术领域的本国投资较2019年增长3倍。[①]

2020年，俄罗斯家庭有电脑的比例为72%，家庭能接入互联网的比例为80%，因特网用户达全国人口的84.99%。2019年，俄罗斯的网络国际带宽为7.58Tbit/s。截至2017年底，俄罗斯信息通信技术领域的注册企业达到134900家。俄罗斯是世界上少数几个拥有本国社交网络、电子邮件和搜索引擎资源的国家之一。

俄罗斯科学院西伯利亚分院会同德国保罗－德鲁德固态电子学研究所

---

① http://www.mofcom.gov.cn/article/i/jyjl/e/202007/20200702986313.shtml.

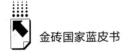

（柏林）的联合科研团队计算了激子（一种准粒子）行为并构建了数学模型，此项研究可用于下一代微电子技术。

（二）制造业

《俄罗斯制造业发展战略（2020—2035）》明确 2035 年前，俄罗斯优先发展的领域包括航空、造船、电子、医疗、汽车、运输、农业工程以及石化综合体等，① 规划重点关注数字技术、创新与人才培养，旨在通过加速高新技术发展、将数字技术进一步引入生产等，提高产品竞争力。根据规划，2024 年前，俄罗斯创新领域公司总数增长 50%，大中型企业劳动生产率年增速不能低于5%，实现工业产品出口 2050 亿美元，等等。《俄罗斯 2013—2025 年航空工业发展规划》的主要目标是到 2025 年，俄罗斯建立具有高竞争力的航空工业，保持俄罗斯作为世界航空强国的地位，巩固俄罗斯航空工业在世界市场上的地位，保证俄罗斯航空产品生产规模世界排名第三。② 计划涵盖了飞机制造、直升机制造、发动机制造、组装和仪表等，分 2013~2015 年、2016~2020 年、2021~2025 年三个阶段实施。《俄罗斯造船业发展计划（2013—2030）》的目标是提高俄罗斯国内企业的船舶和海洋装备设计与建造水平，俄罗斯加大在船舶科研、海洋工程装备研发等领域的投入。③ 到 2030 年，俄罗斯民用船舶和船舶设备产量比 2013 年增加 5 倍，造船产品国产化水平达到 70%。④

俄罗斯萨马拉国立大学研制出俄罗斯最强的工业磁力脉冲装置，该装置可以用于生产飞机和直升机的大型部件。俄罗斯巴拉诺夫中央航空发动机研究所表示，纯电动飞机将于 2035 年前面世，主要是小型飞机。

（三）能源

气候变化正在给俄罗斯带来严重挑战。俄罗斯温室气体排放量位居全球

---

① http：//news. youth. cn/gj/202006/t20200610_12363705. htm.
② 张慧、程文渊：《解读〈俄罗斯 2013—2025 年航空工业发展规划〉》，载中国航空学会编《2015 年第二届中国航空科学技术大会论文集》，中国航空学会，2015。
③ https：//programs. gov. ru/Portal/program/17/passport.
④ https：//minpromtorg. gov. ru/activities/state_programs/list/gp5.

第四，俄罗斯将应对气候变化作为优先事项。2019 年，俄罗斯宣布加入《巴黎协定》，表示俄将成为《巴黎协定》的"全方位合格参与者"。2020 年，俄罗斯总统普京签署了减排法令，旨在到 2030 年将俄罗斯的温室气体排放量较 1990 年的水平减少 70%。2021 年，俄罗斯总统普京在国情咨文中表示，未来 30 年，俄罗斯的温室气体净排放累计量应低于欧盟。俄罗斯正在制定气候法，2021 年气候法草案已经在俄罗斯国家杜马一读通过。2020 年无碳能源在俄罗斯发电结构中占 40.8%（水电占 20.2%，核电占 20.6%，可再生能源发电占 0.3%）。① 《俄罗斯电动车产业发展规划（2021—2030)》显示，到 2024 年俄罗斯电动车年产量将达 2.5 万辆，到 2030 年建成 7.2 万个电动车充电站，电动车产量达到俄罗斯乘用车总产量的 10%。②

2019 年，俄罗斯建成了世界首座浮动核电站"罗蒙诺索夫院士"号，为俄罗斯极其偏远地区、海上天然气和石油钻井平台提供电能。③ 俄罗斯科学院西伯利亚分院研发出采用纳米超分散催化剂及激光辐射方法以天然气作为原料制取氢气和乙烯的技术，此项节能技术既有助于氢能技术的发展，还可提高乙烯产量；通过岩样有机物含量的研究评估油田的油气生成能力，借助各种仪器采用综合方法根据岩样分析结果形成西伯利亚地区、北极地区油气田特性的信息汇总；开发出新型地热探针并研发出洋底沉积层热性能研究新方法，可用于勘探洋底以及永冻层中的可燃冰。

（四）生物医药

《俄罗斯医疗保健发展计划（2018—2024)》规定，到 2024 年，俄罗斯婴儿死亡率降至 4.5‰，将包括恶性肿瘤在内的肿瘤死亡率降低至 1.85‰，劳动年龄人口死亡率降低至 5‰，循环系统疾病的死亡率降低至 4.5‰，俄罗斯预

---

① https：//minenergo. gov. ru/node/21547.
② https：//sputniknews. cn/russia/202108231034335018/.
③ 董映璧：《俄罗斯建成世界首座浮动核电站　研发废弃油田再利用技术》，《科技日报》2020 年 1 月 7 日。

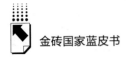

计为该计划投入 12.65 万亿卢布。① 2014 年俄罗斯制定了《俄罗斯制药和医疗行业发展计划（2013~2020）》，经 2017 年 12 月和 2021 年 3 月政府决议，目前该计划的实施期更新至 2024 年。该计划目的在于提升俄罗斯制药和医疗行业的科技和生产潜力，加强医药医疗行业人力资源和信息基础设施建设，促进俄罗斯药品和医疗器械生产，以及医药医疗产业综合发展。计划到 2024 年，俄罗斯医药产品中的高科技和科学密集型产品比重比 2011 年增加 7 倍，医药制造商中实施技术创新的机构数占比增加到 56%，医疗器械消费额中国产医疗器械的比重增加到 40%，药品和医疗器械出口额至少增加到 1800 亿卢布。②

俄罗斯医疗产业不够发达。2018 年，俄罗斯医药市场规模达到 155 亿美元，未来 5 年复合增长率为 7%~10%，预计在 2023 年达到 210 亿~250 亿美元。2018 年俄罗斯医药市场规模全球排名第 13 位。2013~2016 年，俄罗斯建成 30 家制药工厂以加大药品和医疗制品的供给。到 2017 年，俄罗斯医药市场有 950 多家医药产品企业。前十大制药公司加起来约占俄罗斯医药市场的 1/3。俄罗斯有 600 多家工厂生产药品和生物医疗产品。俄罗斯联邦生物医药署正在研制一种对抗新冠病毒的药物，临床前试验显示其有效性超过 99%。

俄罗斯有核医疗发展计划，普京总统表示这是治疗领域最重要、最有前景的方向之一。③

参考文献

《俄罗斯总统普京 2020 年国情咨文》，观察者网，https：//www. guancha. cn/f - putin/2020_01_19_532168. shtml。

《科学日：关于俄罗斯科学家的成就》，俄罗斯教育与科学部网，https：// minobrnauki. gov. ru/press - center/news/？ELEMENT_ID = 29098。

《俄科学家研发出独特的人造血管》，俄罗斯卫星通讯社网，https：//

---

① https：//programs. gov. ru/Portal/pilot_ program/1/passport.

② https：//programs. gov. ru/Portal/program/20/passport.

③ https：//sputniknews. cn/science/20201102032422830/.

sputniknews. cn/science/202008051031906649/。

《俄配装国产 PD－14 发动机的 MC－21 飞机完成首飞》，俄罗斯卫星通讯社网，https：//sputniknews. cn/russia/202012151032709075/。

《俄技集团：MC－21 客机首批 PD－14 发动机交付工厂组装》，俄罗斯卫星通讯社网，https：//sputniknews. cn/russia/202001221030501458/。

《俄罗斯客机伊尔－114－300》，俄罗斯卫星通讯社网，https：//sputniknews. cn/video/202105131033683315/。

《俄火箭设计师："安加拉－A5M"火箭将于 2025 年在东方发射场首次发射》，俄罗斯卫星通讯社网，https：//sputniknews. cn/society/201808081026076604/。

《俄科学家找到将塑料垃圾转化为柴油燃料的办法》，俄罗斯卫星通讯社网，https：//sputniknews. cn/science/202108021034186829/。

《俄罗斯将首次启动大功率燃气轮机量产工作》，俄罗斯卫星通讯社网，https：//sputniknews. cn/russia/202101141032889888/。

《俄罗斯科学家找到节省一半以上工厂能耗的方法》，俄罗斯卫星通讯社网，https：//sputniknews. cn/science/202107201034101736/。

《俄总理启动重离子超导同步加速器》，俄罗斯卫星通讯社网，https：//sputniknews. cn/politics/202011201032571031/。

《俄罗斯升级库尔恰托夫同步加速器》，光明网，https：//m. gmw. cn/baijia/2021－04/07/1302214342. html。

《北半球最大深水中微子望远镜在俄罗斯贝加尔湖中启用》，中国青年网，https：//baijiahao. baidu. com/s？id＝16941186268019120188&wfr＝spider&for＝pc。

《俄学者：俄罗斯"光谱－RG"望远镜证实大爆炸理论》，俄罗斯卫星通讯社网，https：//sputniknews. cn/science/202108061034218777/。

《俄通信部将用所宣布的两个频段发展 5G 技术高速通信》，俄罗斯卫星通讯社网，https：//sputniknews. cn/economics/201909051029482580/。

《俄副总理指出首批启用 5G 商业网络的俄罗斯城市》，俄罗斯卫星通讯社网，https：//sputniknews. cn/economics/201906151028765639/。

《俄罗斯拟建超级计算机网络》，中国青年网，https：//baijiahao. baidu. com/s？id＝1658497157658452772&wfr＝spider&for＝pc。

《俄罗斯科研新成果拟掀量子革命》，俄罗斯卫星通讯社网，https：//sputniknews. cn/science/201904191028242175/。

《俄罗斯提出 2024 年前科学发展目标和战略任务》，中国海洋发展研究中心网，http：//aoc. ouc. edu. cn/2018/0806/c9829a207549/pagem. htm。

D. Y. Logunov, I. V. Dolzhikova, D. V. Shcheblyakov, "Safety and Efficacy of an rAd26 and rAd5 Vector-Based Heterologous Prime-Boost COVID－19 Vaccine：An Interim Analysis of a Randomised Controlled Phase 3 Trial in Russia", *Lancet*, 2021, Feb. 2.

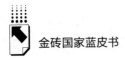

"COVID – 19 Vaccine Tracker and Landscape," https：//www. who. int/publications/m/item/draft – landscape – of – covid – 19 – candidate – vaccines.

《俄卫生部长：俄开始生产以康复者血浆为基础的新冠药物》，俄罗斯卫星通讯社网，https：//sputniknews. cn/science/202106051033836787/。

《俄医药署：新冠治疗药物"和平 – 19"在试验中显示出良好效果》，俄罗斯卫星通讯社网，https：//sputniknews. cn/covid – 2019/202109071034418880/。

《普京总统签署〈关于 2030 年前俄罗斯联邦国家发展目标的法令〉》，中国商务部网，http：//www. mofcom. gov. cn/article/i/jyjl/e/202007/20200702986313. shtml。

《俄罗斯推出"2035 年前制造业发展战略"》，中国青年网，http：//news. youth. cn/gj/202006/t20200610_12363705. htm。

张慧、程文渊：《解读〈俄罗斯 2013 – 2025 年航空工业发展规划〉》，载中国航空学会编《2015 年第二届中国航空科学技术大会论文集》，中国航空学会，2015。

《航空业的发展》，俄罗斯政府网，https：//programs. gov. ru/Portal/program/17/passport。

《俄联邦政府批准〈2013 – 2030 年造船业发展国家计划〉》，搜狐网，http：//roll. sohu. com/20121113/n357468424. shtml。

《俄罗斯造船业：对症下药 不遗余力希冀造船业"站"起来》，中国水运网，http：//www. zgsyb. com/news. html？aid = 252745。

《造船业的发展》，俄罗斯政府网，https：//programs. gov. ru/Portal/program/18/passport。

《造船业的发展目标》，俄罗斯政府网，https：//minpromtorg. gov. ru/activities/state_programs/list/gp5。

《安德烈·马克西莫夫："2020 年无碳能源在俄罗斯发电结构中占比 40. 8%"》，俄罗斯能源部网，https：//minenergo. gov. ru/node/21547。

《俄政府：2024 年前俄罗斯电动车产量将达到每年至少 25000 辆的水平》，俄罗斯卫星通讯社网，https：//sputniknews. cn/russia/202108231034335018/。

《规划：2030 年前俄罗斯至少会建成 7. 2 万个电动车充电站》，俄罗斯卫星通讯社网，https：//sputniknews. cn/russia/202108241034337478/。

董映璧：《俄罗斯建成世界首座浮动核电站 研发废弃油田再利用技术》，《科技日报》2020 年 1 月 7 日。

《医疗保健发展》，俄罗斯政府网，https：//programs. gov. ru/Portal/pilot_ program/1/passport。

《制药和医疗行业的发展》，俄罗斯政府网，https：//programs. gov. ru/Portal/program/20/passport。

《普京：俄罗斯有核医疗发展计划》，俄罗斯卫星通讯社网，https：//sputniknews. cn/science/202011021032422830/。

B.10
印度科技创新发展报告（2021）

谷芃　叶晗　单祖华　柏杰*

摘　要： 印度是南亚次大陆主要创新大国，近年来经济发展迅速。在政府的重视和支持下，印度科技创新能力不断提升，全球创新指数排名自 2015 年的第 81 位持续攀升至 2021 年的第 46 位。印度研发产出呈持续增长态势，近 10 年科研论文年均增长率为 8.24%，远高于全球 4.1% 的增长率；专利授权数量大幅增加，2019 年专利授权数量占专利申请总量的 45%。印度在信息技术、生物医药、航空航天、能源等领域的科技水平具备优势。印度已开始参与全球顶层治理设计，在某些重要全球机构中发挥出独特作用。随着印度政府对科技创新重视程度不断加大及各项保障措施的落地，以及印度与各国科技创新合作机制建设的进一步稳定，印度科技创新仍然具有很大发展潜力和空间。

关键词： 印度　研发投入与产出　科技创新　国际合作

一　印度科技创新基本情况

近年来，印度经济增速一直保持在 7% 左右，被国际社会普遍视为

---

* 谷芃，硕士，中国科学技术交流中心专技八级职员，研究领域为科学管理与政策研究；叶晗，博士，自然资源部油气资源战略研究中心助理研究员，研究领域为油气资源管理研究、科技管理研究；单祖华，中南大学博士研究生，研究领域为科学管理与政策研究；柏杰（通讯作者），管理学博士，副研究员，中国科技部办公厅干部，研究领域为科技政策。

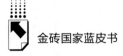
未来10年内最具潜力的新兴发展中国家之一。随着印度在全球科技版图中影响力的快速增长，印度政府愈加重视科技的发展，不断加强科技创新前瞻布局。2019年莫迪成功连任印度总理，按照既有轨道稳步推进科技发展，推动印度科技创新能力稳步提升。2020年全球新冠肺炎疫情发生，印度经济、社会、民生遭受重创，在一定程度上影响了各领域科技发展。

根据世界经济论坛（WEF）发布的《全球竞争力报告2019》，2019年，印度在141个经济体中排名第68位，较2018年下降了10位。根据中国科学技术发展战略研究院《国家创新指数报告2020》，2020年，印度排名第39位，与上一年度持平。根据彭博社（Bloomberg）《彭博创新指数2021》排名，2021年印度居第50位，较2020年上升4位。根据世界知识产权组织（WIPO）发布的《全球创新指数2021》，2021年印度在132个经济体中排名第46位，较2020年上升了2位（详见表1和图1）。

据世界知识产权组织（WIPO）发布的2015～2020年度全球创新指数报告显示，印度的全球创新指数自2015年的第81位持续攀升至2021年的第46位，6年内上升了35位，是金砖国家中唯一连续6年实现正增长且增幅最大的国家（见图2）。从印度科技现状水平和未来发展趋势来看，印度的科技创新发展仍然具有很大潜力和空间。

表1 2018～2021年全球主要创新指数中印度排名情况

	年份	排名	变化
全球竞争力报告	2018	58	↓10
	2019	68	
国家创新指数报告	2019	39	0
	2020	39	
彭博创新指数	2020	54	↑4
	2021	50	
全球创新指数	2020	48	↑2
	2021	46	

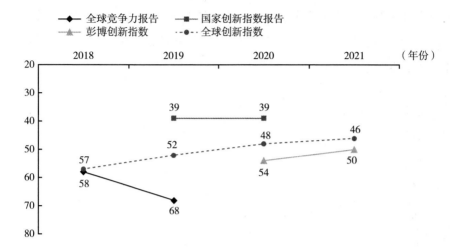

图1 2018～2021年全球主要创新指数中印度排名变化

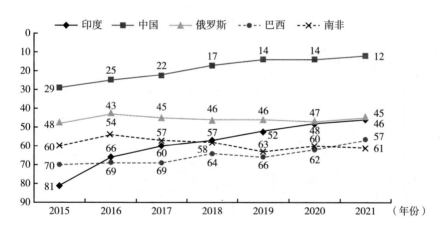

图2 2015～2021年金砖五国全球创新指数排名

（一）科研投入与产出

1. 科研投入情况

印度全社会研发投入较为不足，近10年来一直不到GDP的1%。2020年4月印度科技部发布的《研发统计一览2019—2020》显示，2017～2018财年，印度全社会研发投入为1.14万亿卢比，仅占GDP的0.70%。2018～

2019 财年仍维持该水平，全社会研发投入约为 1.24 万亿卢比。印度 2010～2018 年全国研发经费支出占 GDP 的比重和全国研发经费支出按来源和执行部门划分的比重见图3、图4和表2。

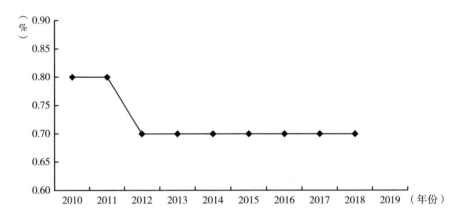

图3　2010～2018 年印度全国研发经费支出占 GDP 的比重

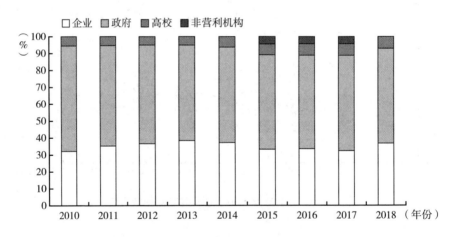

图4　2010～2018 年印度全国研发经费支出按来源和执行部门划分的比重

如图3、图4、表2所示，印度全国研发经费支出占 GDP 的比重近年来均为 0.70% 左右，研发支出以政府投入为主，2018 年政府研发投入占 56.11%，较 2010 年下降了 6.27 个百分点，企业研发投入占 36.79%，较 2010 年提升了 4.67 个百分点。

表2　2010～2018年印度全国研发经费支出所占比重一览

单位：%

年份	2010	2011	2012	2013	2014	2015	2016	2017	2018
GERD占GDP的比重	0.80	0.80	0.70	0.70	0.70	0.70	0.70	0.70	0.70
企业研发投入占比	32.12	35.32	36.63	38.45	37.20	33.22	33.49	32.39	36.79
政府研发投入占比	62.38	59.37	58.36	56.49	56.50	55.88	55.37	56.39	56.11
高校研发投入占比	5.49	5.32	5.01	5.05	6.30	6.39	6.68	6.84	7.10
非营利机构研发投入占比	_*	_*	_*	_*	_*	4.52	4.46	4.38	_*

注：GERD即全国研发经费支出，_*表示没有获得相关数据。

数据来源：UNESCO数据中心（http://uis.unesco.org）。

印度2017～2018财年全社会研发投入中，印度政府科技投入主要投向制药、交通、信息技术、机械工程等领域，93%的中央财政科技投入被12家科技组织获取，其中占比最高的前四个机构分别为国防研发组织（31%）、空间署（19%）、农业研究理事会（11.1%）、原子能署（10.8%）。① 印度政府更加关注国防、空间、核能等领域，而企业的研发投入更加关注民生和市场，如医药、生物、信息等领域。

2010～2019年，印度人口高等教育毛入学率呈递增趋势，其中，2019年高等教育毛入学率为28.57%（见图5）。但在金砖五国内，印度高等教育毛入学率仍然处于偏低位置。

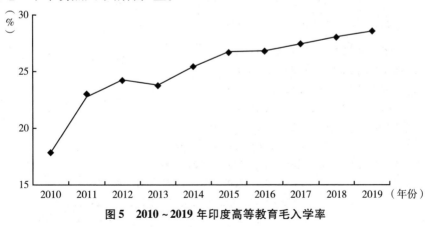

图5　2010～2019年印度高等教育毛入学率

① 印度科技部发布的《研发统计一览2019—2020》。

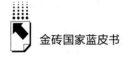

2. 科研产出情况

据美国国家科学基金会（NSF）统计，印度是世界第三大科学论文生产国。Web of Science 数据库显示，2010～2020 年，印度发表科研论文数量从40789 篇增长至 90029 篇（见图 6），年均增长率为 8.27%，远高于全球4.1%的增长率。从 2018～2020 年印度学术论文分布领域来看，主要集中在材料科学、电气电子工程、化学物理、化学多学科、应用物理学、环境科学等领域（见图 7）。

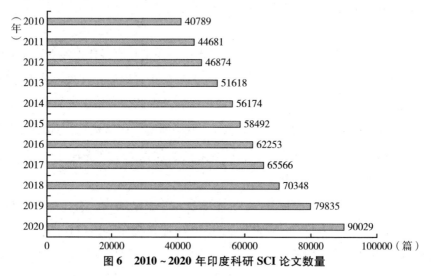

图 6　2010～2020 年印度科研 SCI 论文数量

数据来源：Web of Science 核心合集检索数据。

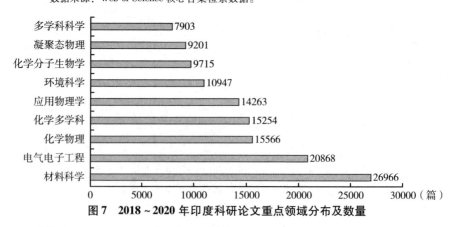

图 7　2018～2020 年印度科研论文重点领域分布及数量

数据来源：Web of Science 核心合集检索数据。

2019 年世界知识产权组织公布了 49 个国家的所有知识产权专利申请活动，其中印度排在前 10 位。如图 8 所示，印度的专利申请量，近 10 年来总体保持增长态势。根据世界知识产权组织（WIPO）数据，2010～2019 年印度专利申请总量为 560654 件，主要集中在计算机和电子、机械、化学等领域。但其中印度本国居民专利申请量占比较低，近 10 年印度本国居民专利申请量最多不超过专利申请总量的 36%，在 2019 年印度专利申请总量中，海外专利申请量占 21.35%，其中，海外申请专利前 5 名的国家分别为美国 10405 件、日本 4853 件、中国 3767 件、德国 2754 件、韩国 2673 件。[①] 如图 9 所示，印度专利授权数量近年来大幅增加，2019 年达到 30692 件。

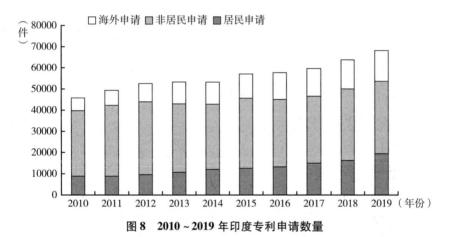

图 8　2010～2019 年印度专利申请数量

数据来源：世界知识产权组织（WIPO）。

同时，印度商标申请类别量和注册类别量也呈增长趋势。2019 年印度商标注册类别量达 358546 个，占商标申请类别量的 96.93%。其中印度本国居民商标注册类别量占注册总类别量的 75.90%（见图 10、图 11 和表 3）。

印度工业品外观设计申请数量在 2019 年有所下滑，但工业品外观设计注册数量呈正增长态势。2019 年印度工业品外观设计注册数量占设计申请数量的 95.86%（详见图 12 和图 13）。

---

① https：//www.wipo.int/ipstats/IpsStatsResultvalue.

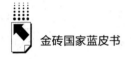

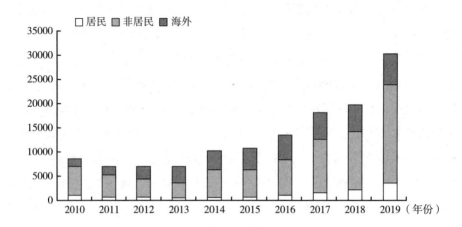

图9　2010～2019年印度专利授权数量

数据来源：世界知识产权组织（WIPO）。

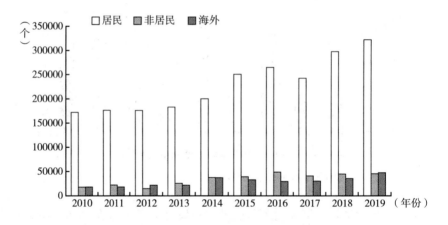

图10　2010～2019年印度商标申请类别量

数据来源：世界知识产权组织（WIPO）。

　　印度科研投入占GDP的比例并不高，但是科研产出实力居世界前列。随着印度政府对科研投入的重视程度加大，新的国家教育政策的启动和国家研究基金会的建立，印度的研究生产率提升仍有很大潜力，可能在未来几年内会有进一步提升。

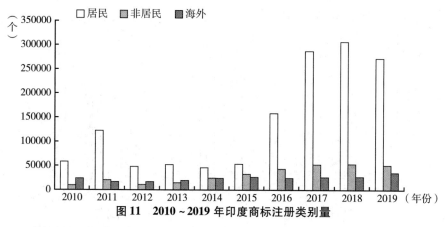

图11 2010～2019年印度商标注册类别量

数据来源：世界知识产权组织（WIPO）。

表3 2010～2019年印度知识产权申请（居民＋海外，包含向地区局申请）

年份	专利申请量（件）	商标申请类别量（个）	工业品外观设计申请量（个）
2010	14870	190326	6738
2011	15897	194796	8179
2012	18201	197877	7137
2015	23990	283497	9256
2016	25853	294412	7882
2017	28009	272707	10374
2018	30035	333447	15211
2019	34015	369905	12753

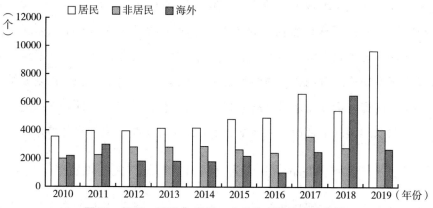

图12 2010～2019年印度工业品外观设计申请数量

数据来源：世界知识产权组织（WIPO）。

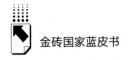

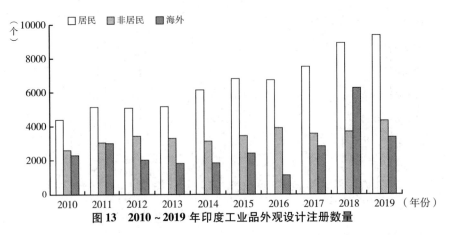

图13　2010～2019年印度工业品外观设计注册数量

（二）印度重要科技成就

印度在信息技术、生物医药、航空航天、能源等领域的科技水平具有优势。近年来，印度信息技术产业如计算机编程、云计算、大数据、软件集成等对GDP的贡献上升至10%。作为全球最大的仿制药生产国和全球最大的疫苗生产国，印度在全球制药业领域也扮演着举足轻重的角色。在空间领域，印度在月球探测器、自主导航卫星、空间天文望远镜、"一箭多星"发射等方面的技术达到或接近世界领先水平。核技术领域的钚提取、钍燃料循环等取得重大成就。印度可再生能源发电量占其发电总量的比例已从2015年的5.6%提升至2019年的9.2%，2020年接近10%。世界知识产权组织（WIPO）发布的《全球创新指数2020》显示，印度连续第五年在创新质量排名中居中等收入经济体的第二位；中国连续第八年位居中等收入经济体的榜首；俄罗斯连续第四年位居中等收入经济体的第三位；巴西的创新质量位居中国、印度、俄罗斯之后，居中等收入经济体的第四位。此外，印度已经开始参与全球顶层治理设计，在某些重要的全球机构中发挥出独特作用。

（三）印度科技创新战略、政策及科技管理重大变化

印度政府一贯重视科技创新，莫迪政府相继出台了"印度制造""数字印度""创业印度""智慧城市"等一系列创新战略，以科技创新助力经济

发展。近年来，印度政府对科技发展的重视程度进一步加强，将科技创新提升到国家战略规划层面，以更长远的眼光考虑国家科技创新发展方向。

1. 制定第五个国家科技政策《科技创新政策2020（草案）》（STIP 2020）

该政策（草案）于2020年12月提出，目标是在优先事项、部门重点和战略方面重新定位科学、技术和创新的方向；更加聚焦发展自主技术，鼓励草根创新，增强政府、学术界和产业界紧密联系；充分利用新兴颠覆性和具影响力技术促进所有领域发展；重点将解决研发投入强度、增加私营部门对研发投入贡献等关键问题；提升科研便利化程度，加强中央和地方的合作，实施科技外交战略。

该政策制定核心涉及：知识和资源获取；农业、水和粮食安全；能力发展；数据和法规框架；未来颠覆性技术；教育；能源、环境和气候变化；企业家精神；平等与包容；科技创新融资；健康；创新；国际科技参与和科技创新外交；大科学；政策与计划关联；研究；科学，技术和创新治理；科学，技术和创新政策治理；战略性技术；可持续技术；系统互联。其中最重要的10个关键领域如表4所示。

印度第五个国家科技政策《科技创新政策2020（草案）》在新冠肺炎疫情导致印度经济衰退大背景下，肩负重振经济使命，对印度科学、技术和创新生态系统意义重大。

表4　印度第五个国家科技政策《科技创新政策2020（草案）》10个关键领域

序号	领域	主要内容
1	数据和法规框架	致力于在印度建立一个"开放数据生态系统"网络，促进科学技术与创新。通过战略性管理数据，增强研发产出可获得性，以实现有效再利用和商业化。同时配套合理、统一、透明、强有力的"监管框架"，将思想快速转化为实践
2	未来颠覆性技术	旨在通过发展本土技术，在印度建立一个自我维持的生态系统。通过关键基础架构设计，制定路线图解决颠覆性技术有关问题
3	能源、环境和气候变化	关注新兴能源领域科学技术和创新，减少对常规能源依赖，增强抵御气候变化风险能力。主要通过科学研究和利益相关者之间合作，减少碳排放

续表

序号	领域	主要内容
4	创新	将印度中长期技术战略列为优先事项,深入思考印度必须面对的三个重要问题。一是与可持续发展有关的各种挑战,如气候变化;二是在新技术获取方面收入不平等和冲突日益加剧;三是技术变革的速度和复杂性日益增强
5	国际科技参与和科技创新外交	致力于通过国际参与,最大限度提升印度本地化进程。通过南南合作和三方合作,帮助印度实现工业革命和可持续科技创新外交发展方面各项目标
6	大科学	聚焦印度前沿技术研发,建立国际一流科学设施,并利用这些设施衍生技术实现社会效益。协同科学界和产业界,共同应对挑战
7	研究	旨在为印度战略研究领域的全球竞争力提供建议,解决尚未充分解决的国家重要事项。将特别强调卫生、医学以及社会科学等优先领域研发
8	科学,技术和创新治理	该专题涵盖其他所有领域,重点讨论如何在现代基础设施和资金、科学氛围和道德价值体系基础上,构建强大的、有包容性的科技创新生态系统,寻找解决印度面临挑战的方法
9	战略性技术	聚焦战略性关键技术,包括核能、太空、生物和网络以及相关领域如人工智能、机器人、量子技术等研究,如何通过谨慎、科学的方法加快关键技术本土化进程
10	可持续技术	重点研究适用技术发展,讨论产品从原材料到最终使用每个环节中,通过采取适用技术满足人民基本需求,实现经济、社会、生态可持续发展

2. 发布《后新冠疫情时期"印度制造"重点干预措施》白皮书

2020 年 7 月印度科技部发布了《后新冠疫情时期"印度制造"重点干预措施》白皮书,提出依靠科技驱动加强"印度制造",减少对中国产品进口,缓解疫情对印度经济负面影响。

白皮书分析疫情对全球及印度经济和产业影响,重点讨论印度医疗与卫生、机械与制造、信息与通信技术、电子、农业与食品加工等五大领域现状、挑战、机遇与对策。具体科技政策建议如下。

在全印度建立一批技术集群,创造同质性就业机会。

确定领军行业的技术,制定分类解决方案,建设一站式聚合平台。

建设初创企业孵化"高速公路",推动货币化技术交流。

与学术机构和研究中心合作,促进进口替代、自主创新(将资金支持与确定的技术应用联系起来)。

确定 10 项具有重大影响的突破性技术，协调所有研究机构开展技术中试。

与以色列、日本和德国合作发展太阳能技术电动汽车和农业加工新技术平台。

建设一批增值中心，支持印度机构研究相关技术，与投资者一道促进技术规模化应用和改进，与德国、美国的孵化辅导平台合作。

对目前主要依赖进口的高价值医疗产品和技术给予特别关注，加快临床试验和依法监管。

支持面向农村地区的负担得起的技术开发、微型化和应用，包括现场加工、无土栽培、水产养殖、移动测试中心远程学习和知识平台。

采取政府和社会资本合作（PPP）模式拓展远程医疗技术在农村地区的推广应用。

建设成熟技术数据库。

3. 科技管理体制机制方面的重大变化

（1）印度科技部及其他相关部门机构设置调整

印度科技部整合科技合作相关部门。2020 年，印度科技部所属科技署将其原国际科技合作司（多边）和国家合作司（双边）合并为国际科技合作司，统筹对外科技合作与交流。

印度外交部新设立新兴战略技术司。为强化科技外交统筹，印度外交部于 2020 年初设立该部门，其职能包括评估新兴技术对外交政策和国际法律的影响，根据印度优先发展事项和国家安全目标，制定或建议印度技术外交政策，负责国际技术治理规则、标准和架构谈判，并促进印度外交部各技术领域外交官员专业化。

批准空间部门改革。该领域改革促进了私营部门参与空间活动，包括改善私营部门获得空间资产、数据和设施的机会，向私营部门开放部分行星探索任务。通过改革减少印度空间研究组织（ISRO）开展空间活动所需的巨额投资。

新设立印度国家空间促进和授权中心。意在促进私营企业开展空间活动。该机构将独立运作，与新空间印度有限公司（NSIL）合作，承担更多

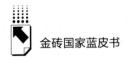
ISRO 项目，包括运载火箭和卫星生产、发射和空间基础服务。

新建青年科学家实验室。印度国防研究与发展组织将新建 5 个实验室，专门研究未来技术核心领域，包括人工智能、量子技术、认知技术、非对称技术和智能材料，大幅提升印度战术战略防御能力。5 个实验室由 35 岁以下青年科学家研发先进技术，为未来国防高科技战做准备。

（2）科研人才培养

印度新设"加速科学"计划，通过该计划加强全国青年科研人员培养。主要包括两部分：一是高端研习班。5 年内将在特定领域组织 1000 个高端研习班，对 2.5 万名硕博士研究生进行实操科研训练。二是研究实习。将在高水平研究机构为 1000 名优秀硕士生提供实习机会，使其获得必要技能，在未来承担高水平科研任务。

印度计划出台"科学社会责任"政策。该政策旨在加强学术界与各行业、各阶层互动交流。印度每年将安排 80 亿卢比直接支持 1 万多名研究者，扩大政府资助受益对象。

（3）基础设施使用

印度升级"大学和高等教育机构科技基础设施改善基金"。该基金升级后，方便初创企业和各行业获取全印度不同大学、科研高校的科技基础设施，促进行业技术转化研究，吸引工业界参与研发。

印度计划出台科学基础设施共享政策。该政策将明确国家科技任务产生的科学基础设施由科学界、产业界和初创企业、职能部门和学术界三个部门平等拥有和参与。科学基础设施所在机构将获得 25% 的时间分配，其余 75% 的时间将留给其他机构。

（四）应对疫情的挑战

2020 年新冠肺炎疫情发生以来，印度经济、社会、民生遭受重创。根据世界卫生组织的统计，截至 2021 年 9 月 2 日，印度在全球各国新冠肺炎累计确诊人数中排名第二，仅次于美国。印度 GDP 经历 2014 年以来的最大跌幅，严重影响各领域科技发展。

印度因其丰富的医学经验和深厚的医学知识而被称为"世界药房"，是世界上最大的药品生产国之一。新冠肺炎疫情催化了印度生物医药产业的迅猛发展。2020 年 4 月，印度耗资 1500 亿卢比，批准了新冠肺炎紧急响应和卫生系统一揽子计划。该计划旨在通过开发诊断程序和新冠肺炎专用治疗设施，对印度疫情作出紧急响应，集中采购基本的医疗设备和药品，在中央和地方两级强化卫生系统，设立实验室，加强监测流行病研究。同期，印度批准了促进原料药和医疗设备生产一揽子计划，总支出 1376 亿卢比，以促进国内原料药和医疗设备的生产和出口。

印度在疫苗药物、监测装置等领域取得重要成果。研发出本土新冠疫苗 COVAXIN（灭活疫苗）和 ZyCov-D（DNA 疫苗）；利用 AI 识别新冠病毒特定部位新分子，成功发现 31 个可作为凝乳蛋白酶样蛋白酶抑制剂的小分子；研发出世界上第一个基于 CRISPR/CAS 基因编辑技术的新冠纸质监测工具 FELUDA；研究出"无探针监测"技术，通过设计针对新冠病毒刺突蛋白独特片段进行检测，灵敏度和准确性高。2020 年，印度安排 90 亿卢比实施该计划，不断加大疫苗研发支持力度，成为世界最大的新冠疫苗对外输出国之一。同时，印度加强医药领域国际科技合作，与美国、英国、意大利等国开展疫苗研发合作。

二 开展国际科技合作有关情况

（一）印度国际科技合作情况

2017~2020 年，印度在国际上合作发表的论文数量呈逐年递增趋势，2020 年印度与别国合作发表论文数量达 26406 篇，占印度论文发表数量的 29.33%（见图 14）。论文主要合作领域涉及化学、物理、工程、材料、计算机等。与印度合作发表论文数量排名前 5 的国家分别为：美国占 29.46%，中国占 11.8%，英国占 11.6%，韩国占 10.25%，德国占 10.15%。[①]

---

① 数据来源于 Web of Science 核心合集检索数据。

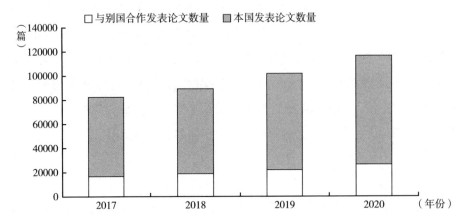

图 14　2017～2020 年印度发表论文数量及与别国合作发表论文数量情况

印度积极参与全球科技创新治理，基于本国创新资源需求，在国际公共问题领域谋求国际合作。

（1）发起成立国际抗灾基础设施联盟。在 2019 年纽约举行的联合国气候行动高级别峰会上，印度总理莫迪邀请联合国成员国加入印度发起的国际抗灾基础设施联盟（Coalition for Disaster Resilient Infrastructure，CDRI）以共同应对相关灾害。该联盟由约 30 个发达国家和发展中国家组成，致力于基础设施的共同标准，在抗灾研发领域进行投资，为适应气候变化作出贡献。该倡议已得到联合国、世界银行和其他多边银行的支持。

（2）实施学术研究合作促进计划（SPARC）。该计划批准 600 个国际合作研究项目，旨在通过支持印度高校与国外高水平高校的学术研究合作，优化印度高校的研究生态。计划总预算 41.8 亿卢比。

（二）与金砖国家开展的国际合作

在金砖框架下，印度积极参与实施金砖国家科技创新合作，每年安排 200 万美元用于支持相关合作项目。目前，印度参与在研的金砖国际研发项目有 58 个，主要涉及先进材料、光学、生物医学、能源等领域。2019 年金砖国家科技创新合作框架获得通过的 33 个项目中，印度参与了

24 个。2020 年，印度参加了由俄罗斯主办的第一届金砖国家研究基础设施特别工作组会议，与其他金砖国家共同审议中子源、同步加速器和地下实验室基础设施的未来合作。在第八届金砖国家科技创新部长级会议上，印度科技部部长与其他四国部长主要就金砖五国科技创新发展和政策开展交流。响应金砖国家新冠肺炎科学、技术和创新合作呼吁，支持疫苗、药物开发、流行病学研究、AI 药物设计及公共卫生基础设施建设。

据统计，2017～2020 年，印度与其他金砖国家合作发表的科研论文如图 15 所示。在金砖国家中，印度与中国合作发表论文数占印度与世界其他国家合作论文数的 11.8%，印度与俄罗斯合作发表论文数占印度与世界其他国家合作论文数的 4.81%，印度与巴西合作发表论文数占印度与世界其他国家合作论文数的 4.53%，印度与南非合作发表论文数占印度与世界其他国家合作论文数的 4.12%。从学术论文领域分布看，合作领域主要集中于粒子物理领域、化学、天文学天体物理学、材料、电子工程、核能、环境科学合作等。①

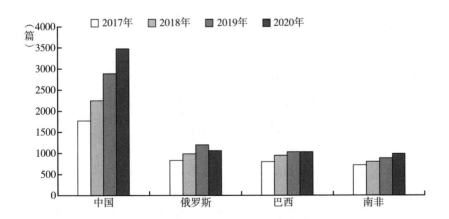

图 15　2017～2020 年印度与其他金砖国家合作发表科研论文数量

①　数据来源于 Web of Science 核心合集检索数据。

据世界知识产权组织数据统计，在金砖国家中，2017～2020年，印度PCT专利总数位居第二，达到15675件（见图16）。与印度PCT专利合作最密切的国家为中国，其次为巴西（见图17）。①

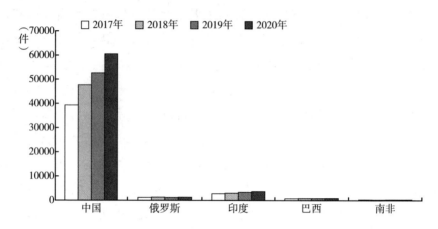

图16　2017～2020年金砖国家PCT专利数

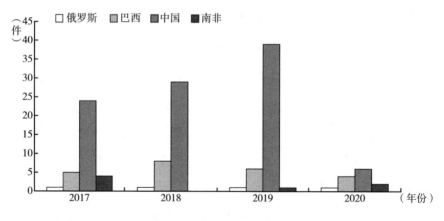

图17　2017～2020年印度与金砖国家PCT合作专利数

印度与中国。随着中印边境发生多次对峙事件，中印关系陷入低谷。抗疫科技交流成为重点。两国分享新冠肺炎诊疗方案，举办多场抗疫经验国际交流会，围绕新冠肺炎防控举措进行深入交流。2020年中印技术转

---

① https：//patentscope2. wipo. int/search/en/advancedSearch. jsf.

移、创新合作与投资大会举行，搭建了中印科技交流合作平台。作为 2019
年第二届中印科技创新联合研究工作研讨会的后续，中国科技发展战略研
究院与印度国家科技发展研究院正在积极推动编辑出版中印科技政策论
文集。

印度与俄罗斯。双方共同启动印 - 俄联合技术评估及加速商业化计
划，将两国科技型中小初创企业联系起来，通过联合伙伴关系和技术转
让等方式在信息与通信技术、医药、可再生能源、航空航天、环境、新
材料、生物技术、无人机等领域进行联合研发。2020 年，印俄举办"科
学网络研讨会"，围绕网络物理系统、AI 领域讨论潜在合作项目和前进方
向。印度药企引进、生产俄罗斯研发的新冠疫苗"卫星 - V"，并开展临
床试验。

印度与巴西。两国科技部门就可再生能源及低碳技术、地球系统科学、
创新企业、信息和通信、生物多样性可持续利用、生物技术和人类健康、农
业等领域签订合作协议。

印度与南非。2019 年，在印度 - 南非科技合作框架下召开印度 - 南非
可再生能源双边研讨会，启动了第六次联合研究项目征集，涉及制造、生物
技术、可再生能源、先进材料等领域。

（三）与其他国家开展的国际合作

1. 积极推进与发达国家、欧盟双边合作

在全球新冠肺炎疫情背景下，印度致力于在生物医药领域与多国开展双
边合作。与美国药企和科研机构合作进行新冠疫苗研发和生产，同时与美国
公司合作生产疫苗，开展疫苗临床试验、疫苗相关药物生产合作等，开展区
域性结核病前瞻性研究，讨论结核病诊断新方法和疫苗研发。印度与英国签
署"英 - 印 Covid - 19 合作伙伴计划"，推出英 - 印虚拟疫苗中心，分享临
床试验和监管领域最佳实践；印度与英国联合研究从抗菌药物制造废物中解
决环境中抗微生物药物耐药性难题。

密切与美国合作关系。进一步与美国加强国防和科技合作。在 2019 年

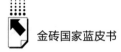

《印美科技合作协议》框架下，印度与美国利用科技领域共同利益融合所激发的互补优势，为促进"高质量"和"高影响"的研究和创新伙伴关系，以及扩大科技界之间广泛的关系提供支持。印美科技合作采取多种形式，包括：科技信息和专家交流，召开研讨会，培训科学家和技术专家，开展合作研究项目，建立以科学和创新为基础的公私伙伴关系，使用先进研究设施等。在能源等领域加强与美国长期合作。印度与美国续签了《关于地球观测和地球科学技术合作的谅解备忘录》《全球核能伙伴关系中心合作谅解备忘录》。印美能源部门共同举行推进清洁能源伙伴关系研究会议，在"加速清洁能源研究计划"下进行洁净煤技术、超临界二氧化碳动力循环和碳捕获利用与储存技术对话。

在电子信息技术领域，印度与美国就数据隐私和跨境数据流动、电信领域标准制定、5G 试验和基础设施，以及新兴技术在全球供应链中的应用开展合作交流。印度与日本在第七届印日信息技术与电子/数字合作联合工作组会议上同意在电子制造领域、数据治理和网络安全（仅限 G－2－G），以及软件、初创企业/创新和新兴技术领域开展合作，加强全球供应链以及与人工智能和半导体领域相关研究。

在量子信息方面，印度与日本举办印度－日本量子技术网络研讨会，探索量子技术、基础研发和创新、人才培养等领域的合作可能性。印度分别与日本、德国就量子技术前沿领域战略合作计划进行联合项目征集。

与欧盟持续开展科技合作。印度与欧盟续签《印度－欧盟科学与技术协定（2020—2025）》，继续扩大科技研究领域合作及科技成果在经济和社会各领域的应用。双方通过"欧盟－印度战略合作关系：2025 年路线图"，战略性引领未来 5 年的合作方向。围绕"欧盟地平线 2020"研究与创新框架计划，在医疗技术、数字工具和 AI 分析等领域开展联合研究，并就清洁能源、循环经济、恢复生物多样性和恢复生态系统服务领域联合提出倡议，共同资助相关领域合作。

此外，印度注重拓宽科技合作领域与渠道，积极扩展双边合作机制。与韩国共建印韩联合网络中心，利用双方现有基础设施和资金，开展联合研究，同时联合呼吁在绿色交通、工程科学、材料科学与技术、可再生能源领域开展研究项目。与瑞典在循环经济、电动交通和数字技术三个研究领域提出联合建议，并就印度 – 瑞典合作工业研究和发展计划 2020 智能电网领域达成广泛协议，与瑞典组织"人工智能促进医疗保健"网络研讨会，探讨数字医疗领域的合作模式。印度与法国签署合作协定，加强空间海洋领域合作，共建近地轨道卫星群和海洋监测中心；积极推动印度国家信息物理系统计划与法国国家信息与自动化研究所的人工智能大型计划对接。印度与英国启动生命医学联合研究计划，重点支持研究团队和医学基础研究能力建设和高风险、重要前沿医学健康研究项目。

2. 加强与发展中国家、周边邻国合作

印度科学研究计划遴选了 43 名来自东南亚国家的科学家到印度开展工程、医学和农业研究。在孟加拉国启动了新冠疫苗 3 期临床试验方案，并与孟加拉国签署了 3000 万剂新冠疫苗提供协议。印度还与乌兹别克斯坦签署了科技创新合作计划，将在农业与食品科技、工程科学、信息与通信技术、卫生与医疗技术等领域开展联合研究、培训和研讨会等合作。印度与白俄罗斯就能源、信息通信、生物技术、医药、农业技术、清洁技术、材料等领域联合发起项目征集，并考虑建设虚拟联合网络中心。

印度启动"加强邻国临床试验研究能力"培训计划，对尼泊尔、马尔代夫、孟加拉国、斯里兰卡、不丹、阿富汗等国的医生进行临床培训，帮助这些国家提升疫苗试验能力；为孟加拉国、不丹、尼泊尔、斯里兰卡等南亚国家提供紧急洪水指导服务。

三 印度新工业革命重点科技领域发展动态

2018 年 7 月，金砖五国的国家领导人在约翰内斯堡会晤，五国领导人围绕"金砖国家在非洲：在第四次工业革命中共谋包容增长和共同繁荣"主题达成广泛共识，将"建设金砖国家新工业革命伙伴关系"写入《金砖国家领导人第十次会晤约翰内斯堡宣言》。2018 年以来，印度在部分重点科

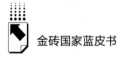
技领域发展迅速，创新能力不断增强。印度在保留其计算机和软件产业原有优势的基础上，在电子信息、航空航天、生物医药、核能等领域的部分技术达到了世界领先水平。

（一）电子信息

2020 年，印度出台电子元器件和半导体制造促进计划。该计划意在推动包括印度芯片组在内的核心部件研发能力，实现电子元器件最大附加值。计划将为电子产品下游价值链的电子元器件、半导体/显示器制造单元、ATMP 单元以及用于制造上述产品的专门组件电子产品清单提供25%的资本开支奖励。同时，印度升级电子制造集群计划。该计划旨在完善印度电子制造生态系统，开发世界一流基础设施，吸引全球主要电子制造商及其供应链在印度设立工厂。通过加强供应链响应能力、整合供应商、缩短上市时间、降低物流成本等措施，加强印度国内与国际市场对接。该计划下的项目最低投资额度为 30 亿卢比，财政奖励最高可达项目成本的50%。

发明出可检测汗液和土壤中锌含量的传感器。该传感器可作为一种非入侵式的即时传感器，即使在有其他元素的情况下，也可用于检测土壤中的锌以及人体汗液中的微量锌。准确测定土壤样品中的锌有助于评估土壤养分，防止肥料过度使用。检测汗液样品中的锌，有助于提示肌肉疲劳的早期发生。

开发出高灵敏度氢传感器，可在浓度极低情况下检测氢气。该传感器对1ppm 浓度下的氢具有 30% 的灵敏度，当气体浓度为 100ppm 时，灵敏度高达74%。探测过程大约需要 25 秒。

制造出高灵敏度、便携式铅检测装置。即使水中铅含量仅为 0.018ppb（ppb 为十亿分之一）也可被检测出。世界卫生组织规定饮用水中铅含量上限位为 5ppb。即使存在汞、铜、锌、镉和铬等其他金属，该传感器对铅的特异性也很高，检测铅仅需 4 秒。

制造出轻便耐用的可穿戴超级电容器。通过在面纱上均匀涂上碳纳米管，制造出超级电容器电极，然后将聚乙烯醇和氢氧化钾按适当比例混合制成一层只有 150 微米厚的固体电解质膜，最终构建了可穿戴电容器，可储存和传输大量电能，超过其他类似设备。这种可穿戴储能设备可缝在任何织物上，提供从微瓦到毫瓦不等的能量，可为 GPS 定位发射器或 1.8 伏的 LED 灯供电。

研发出自修复柔性电子技术。采用铜制微球补丁技术，研发了一种自修复柔性电子技术，可以较好地解决柔性电子易损坏的难题。铜制微球补丁连接具有柔性和伸展性，其对电路的修复不需要其他稀有材料或添加任何复杂的电路。

制造出多用途压电纳米发电机。该设备具有 62% 的能量转换效率和高输出电流（超过 12 微安）、电压（约 61.5 伏特）及功率密度（每立方厘米超过 9 毫瓦），可从机械、声学和风力等不同来源产生电能。纳米发电机的高电压可用于点亮约 100 个商用微瓦发光二极管灯。

（二）航空航天

在航空航天领域，印度在曲折探索中前行。2019 年印度发射的"月球二号"探测器着陆月球失败。受新冠肺炎疫情影响，原定于 2020 年 3 月发射地球同步轨道卫星的计划不断推迟。2021 年 8 月，印度进行了 GSLV MKII 运载火箭的发射活动，但以失败而告终。这是印度 2017 年以来的首次发射失败，连续 14 发的成功纪录戛然而止。

2019 年，印度空间研究组织的极轨卫星运载火箭（PSLV）C-44 成功运用新技术将军事卫星 Microsat-R 送入轨道；利用极轨卫星运载火箭（PSLV）C-47 成功发射对地观测卫星 Cartosat-3。Cartosat-3 是印度迄今为止建造的最复杂、最先进的地球成像卫星，除国防和军事用途外，还可为大规模城市规划、农村资源和基础设施发展、沿海土地利用等提供服务。

成功试射反卫星导弹。印度实施了名为"沙克提使命"（Shakti Mission）的反卫星计划，成功完成反低轨道（300 公里高度以下）卫星导弹武器试验，成为全球第四个掌握反卫星技术的国家。

利用极轨卫星运载火箭成功发射 29 颗卫星。印度于 2019 年成功发射一

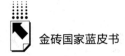

枚极轨卫星运载火箭，将印度军用电磁频谱测量卫星 EMISAT 和 28 颗外国卫星送入预定轨道。EMISAT 是印度国防研究与发展组织自行研制的电子情报卫星，用于电磁频谱测量的 28 颗外国卫星中，有 24 颗来自美国，2 颗来自立陶宛，另外 2 颗分别来自西班牙和瑞士。

固体火箭冲压发动机取得新突破。印度成功试射了自主研发的固体火箭冲压发动机导弹，固体火箭冲压发动机已具备装配远程空对空导弹的条件，为加快研制远程空对空导弹奠定了重要基础。目前，仅少数国家拥有远程空对空导弹实力，此次成功试射意味着印度将在数年内装备自主远程空对空导弹。

2020 年，印度极轨卫星运载火箭成功发射 CMS - 01 通信卫星、EOS - 01 对地观测卫星，以及 9 颗客户卫星，为印度提供 C 波段扩展频段服务，可用于农业、林业和灾害管理支持。印度通过合作开发出部分支持印度区域导航卫星系统 NavIC 芯片组，大力增强 NavIC 覆盖区域内移动网络、汽车和物联网的地理定位能力。

（三）能源

1. 核能

印度首个国内建造的 700 兆瓦卡克拉帕核电站 3 号机组（KAPS - 3）已正式并网，KAPS - 3 是印度最大的单一反应堆，为加压重水反应堆，使用重水作为调节剂，由重水冷却剂和天然二氧化铀作为燃料。印度启动建设 4 个核反应堆，分别为两座 700 兆瓦的和两座 1000 兆瓦的。印度计划未来 5 年新增 5300 兆瓦核电装机容量，届时印度核电总装机容量将达 12080 兆瓦。

2. 新能源和可再生能源

印度开始为"一个太阳一个世界一个电网"计划制定长期愿景、实施计划、路线图和制度框架，并计划一两年内启动 2 ~ 3 个跨境项目；印度基于自主研发的燃料电池堆，成功进行第一辆氢燃料电池原型车试运行，该电池是一种低温质子交换膜燃料电池，在 65℃ ~ 75℃环境下工作，适用于车载应用。

研发出高能量密度金属空气电池。可使电动汽车续航里程超 1000 千米。该电池集成石墨烯纳米技术，由水、空气和金属供能，是一种与燃料电池非常相似的一次能源生产技术。

研发出可充电铁离子电池。该铁离子电池可进行 150 次循环的充放电，储存电量高，在可控条件下，铁离子电池每千克可提取 220Wh（瓦/小时）能量，是锂离子电池性能的 55%～60%。

开发出太阳能制氢技术。该技术适用于将太阳能电池板的电流通过放在水中的钛板制造氢气，适用于汽车燃料电池的实施现场制氢，操作和维护简单，致密性好，不需要腐蚀性液体，所产氢气纯度高。

研发出新型沸石催化剂——可再生能源转换技术。可高效地将工业生物质转化为有效的生物燃料化合物——糠醛，为能源工业提供新型可再生能源转换技术。

（四）节能环保

印度成立国家清洁煤研发中心和跨学科能源研究中心。国家清洁煤研发中心将通过开发新的燃烧和气化技术，向高效率的先进超临界蒸汽发电厂和超临界二氧化碳工厂转变，着力解决清洁煤技术的关键技术问题。跨学科能源研究中心将聚焦发展可再生能源、集成式太阳能、下一代太阳能光伏、能量存储、氢能、生物能等可持续发展技术。

开发利用土壤细菌进行砷污染修复工艺。从砷污染土壤中分离出可以有效去除土壤中砷的两株细菌，两株细菌能在细胞内积累砷，将其转化为毒性较小的植物毒素形式。

（五）生物医药

印度正在实施 SARS-Cov2 病毒 1000 个基因组测序计划。该计划旨在研究新冠病毒进化系统发育和病毒 RNA 中出现的突变、鉴定与传播，易感性和疾病严重程度相关的宿主遗传变异。

在生命健康方面，印度启动"国家数字健康使命"（National Digital

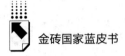

Health Mission）计划，该计划旨在实现印度健康记录及全国医生和医疗机构注册信息数字化，为每一位公民提供个人健康 ID，将推出健康 ID、个人健康记录、数字医生和医疗设施注册 4 项关键功能，并将集成电子药房和远程医疗服务。

制定促进医药创新与产业化新政策。印度计划建设 3 个大型医药产业园，预计投资 300 亿卢比，以促进药物发现，支持研究机构和产业界开展联合研究，加速研发成果产业化。

建立全球传统医学中心。2020 年 11 月 13 日，世界卫生组织宣布将在印度建立全球传统医学中心（Global Centre for Traditional Medicine）。印度已授予阿育吠陀主要研究机构重要资质，以将印度全球传统医学中心打造成全球健康中心。

启动实施人体细胞图谱项目。创建统一的人体所有器官的分子网络数据库，获得人体运行的全图。该项收集的信息有助于科学家了解人体各器官病态与正常态的分子因素差异，实现各种器官的分子因素的整合，更好地了解器官之间的网络，有利于今后开展医疗诊断和疾病生物学研究。该项目总投资 2 亿卢比。

实施大规模基因组测序计划。该计划将对至少 1 万名印度人进行基因组测序，绘制基因组图谱。此系首次针对大规模印度人样本的深入基因组测序研究，总预算 1.8 亿卢比。该项目将建立印度人口的基因基准，并据此开展相关研究，如通过长期观察和健康跟踪来研究基因在导致印度高腹泻感染率中的作用。

取得一系列医学新发现。（1）发现金黄色葡萄球菌的可用药靶点。印度科学教育与研究学院的研究人员发现一种新的蛋白质靶点，研发的药物若能够抑制该蛋白的功能，则可导致金黄色葡萄球菌最终死亡，包括耐药金黄色葡萄球菌。（2）发现抗菌新机制。印度科学与工业研究理事会下属的细胞与分子生物学中心的科学家研究了细菌调控细胞壁合成的早先机制，发现大肠杆菌中的一种酶在细胞壁生成中起基础性作用，若能抑制这种酶的功能，则能开辟一条抗菌新道路，研发出系列新抗菌药物。（3）新发现多种巨型病毒。印度理工学院孟买分校通过现代分子生物学鉴定、DNA 分离技术，以及大数据分析，对污水处理厂污水池和家用水预过滤器等进行生物采样分析，发现了 20 多种新型巨型病毒，巨型病毒包含所有人类已知病毒中蛋白质组装所需的最全基因集以及将所有 20 种氨基酸组装成蛋白质所需要的基因，通过它可以了解病毒的演化，同时对巨型病毒的认知可以帮助揭示生物进化的秘密。（4）发现更高效生产乙醇的新型酵母菌株。在对葡萄糖或木质纤维素生物质（水稻和小麦秸秆）发酵时，这种新型酵母菌株与现有菌株比，能多产生 15.5% 的乙醇，且具有耐热性，可以同时对己糖和戊糖进行发酵，不仅提高了使用木质纤维素生产乙醇的产量，也降低了乙醇生产成本。（5）发现新的抑制幽门螺杆菌的靶向分子。印度理工学院利用吲哚设计了一种新化合物，能够靶向作用于细菌繁殖所必需的次黄嘌呤核苷酸脱氢酶（IMPDH），可以抑制幽门螺杆菌，IMPDH 在分枝杆菌、肺炎链球菌等很多病菌中均可作为潜在的靶向目标。（6）首次在唾液中发现特定蛋白可用于诊断乳腺癌和卵巢癌转移的生物标记。研究者计划用更多样本对这些特有或表达程度不同的蛋白进行研究，以期将唾液蛋白作为乳腺癌和卵巢癌早期诊断和发展的生物标记。（7）发现 DNA 某些区域可免受辐射伤害。基因组中富含鸟嘌呤的 DNA 区域更能抵抗辐射，DNA 链断裂更少，富含鸟嘌呤的 DNA G－四链体的形成对人类基因组的辐射敏感性差异有重要影响。

在新药研发方面取得重要突破。（1）合成新型化合物可杀死癌细胞。印度研究者设计并合成大约 25 种喹啉衍生物，并使用乳腺癌、卵巢癌、宫颈癌和结肠癌等细胞系，在体外测试这些化合物抑制人拓扑异构酶 1 活性和杀死癌细胞的效果，显示出强大的抗癌活性。（2）曲妥珠单抗生物仿制药 Ogivir 获得欧盟批准上市。Ogivir 适用于 HER2 阳性早期乳腺癌、转移性乳腺癌和转移性胃癌的治疗，该药可作为单药疗法，也可与其他药物联用。（3）发现一种草药制剂可杀死登革热病毒并预防基孔肯雅热。基于体外研究的正面结果，研究人员正在使用小白鼠模型研究该制剂的安全性和作用模式。（4）开展新型肿瘤药物研发。印度与美国合作研发 MALT－1 抑制剂创

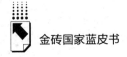

新药，用于治疗血液系统癌症。

在新型诊断设备研发方面，开发出便携式血脂检测装置，可同时快速测定总胆固醇、高密度脂蛋白、低密度脂蛋白和甘油三酯，具有高特异性，灵敏度与传统方法相当；开发出便携高效高灵敏度的结核病检测装置，已被用于检测 300 多名疑似肺部病人，该装置和试剂已申请专利；开发出超低成本血液检测装置，该装置仅包括一个用纸带做成的元件、用于分析和读取数据的智能手机和用于成像的 LED 灯，在多尘土、高湿度等极端环境下也能使用，成本低于 1 卢比（约合人民币 0.1 元），该装置未来还将被开发用于检测尿液、唾液等体液，以诊断相关疾病。

在新型生物医学技术方面取得进展。（1）利用机器学习模型研究基因组特征可预测和分析皮肤癌进展，在鉴别原发性和转移性皮肤黑色素瘤方面准确率高达 89% 以上。成功用 3D 生物打印技术打印出人造皮肤模型，具有与天然人体皮肤相似的解剖学结构、机械和生化特征，可用于化妆品、皮肤病药物，以及个性化药物测试。（2）实现用光捕捉并移动纳米粒子。该技术可在低于活微生物损伤阈值的光强度下，在离子溶液中运输纳米级货物，且简单易于实现，目前已获得专利。（3）开发出提高维生素 E 产量的方法，通过改造向日葵植物细胞，使其维生素 E 产量提高了 10 倍，这种基于模型的技术可以作为一种平台技术，一旦知道了细胞内的代谢网络，就可从任何植物中生产生物燃料等产品，也可以用于生产有药用价值的植物化合物，如抗癌药物。（4）推动生物医学研究中试验动物的替代品，芯片培养器官和模拟药物毒性的计算机模型，比动物试验效益更高、更人性化，目前正在考虑对替代技术进行多学科研究的路线图。

（六）材料

1. 新型催化剂材料

开发出燃料电池用新型硒－石墨烯催化剂。氧化还原反应是燃料电池工作的关键步骤，昂贵的铂常被用来催化这个反应。作为铂的替代品，硒－石墨烯催化剂比通常的铂基催化剂更高效、成本更低，且更稳定。该催化剂在金属空气电池等其他领域也有着广泛的应用前景。

发明新型催化剂将甲苯转化为苯甲酸。利用双萘酚助稳铂纳米颗粒催化剂，通过选择性受控氧化，成功并且环保地将石油废料甲苯转化为苯甲酸。一般情况下，甲苯转化反应需要使用有机酸，被氧化后产生四种产物。研究人员采用一种绿色氧化剂代替有机酸，与新型催化剂结合使用，只产生苯甲酸，不产生醇、醛或酯。

开发出性能优越成本低廉的水分解催化剂。该催化剂可加速水分解，产生氢气，向大规模制氢迈出重要一步。新催化剂的材料成本是目前最先进的二氧化钌催化剂的 1/200，反应速度却更快。这种材料在金属空气电池、燃料电池等设备的大规模应用中很有前景。

2. 光电新材料

开发出具有量子光电子学性质的材料。二硒化钨和二硒化钼等材料的光致发光特性被广泛研究。通过在二维薄膜上滴注金纳米颗粒，可使二硒化钨的光电子性能提高约 30 倍，该材料有望应用于量子发光二极管等器件中。

新建精密光学薄膜实验室。印度科学与工业研究理事会新建了精密光学薄膜实验室，用于设计、制造和检测光学薄膜，应用于战略和国防工业。

3. 石墨烯材料

设计出生产高质量单层石墨烯的设备。印度国家物理实验室设计了一种低压化学气相沉积（LPCVD）设备，可制造 4 英寸 ×2 英寸的高质量单层石墨烯，石墨烯中有大约 10 亿个紧密相连的颗粒，厚度为 0.34 纳米，能用于下一代量子器件。

开发出超灵敏量子温度计。该温度计可以精确测量 −196℃ ~27℃ 的温度变化，具有很高的灵敏度，可以测量非常微小的温度变化（微开尔文）。研究人员正在致力于开发一种用于电子设备的原型温度计，使其小型化，以便集成到集成电路中，作为不需校准的芯片上的温度计。

4. 医疗新材料

发明可更快更好培养皮肤细胞的水凝胶。此种水凝胶可代替传统的塑料组织培养皿，不依赖饲养层或任何外源性药物，可在实验室中培养更多的皮

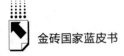

肤细胞。生长在水凝胶上的细胞质量、生理功能比生长在塑料板上的细胞更好，伤口愈合能力更强。

研制出促进骨组织生成的新型材料。该材料由硅、锌和蚕丝等物质制成，可用作骨组织缺陷处的支架，有效促进骨组织生成。

（七）地球科学

1. 海洋

开发了名为"GAGAN"的基于卫星的海上导航手机 App，可用于灾害预警和潜在捕捞区预测。新的海洋研究船"Sagar Tara"号交付使用，另一艘海岸研究船"Sagar Anveshika"号启动建造，两艘船均用于污染检测、海岸调研等。

印度国家海洋技术研究所（NIOT）与俄罗斯克雷洛夫国家研究中心签署协议，加强深海采矿、载人深潜器研发合作；与印度空间研究组织签署协议，研发深潜 6000 米的载人器钛合金体；在 5000 米深的中印度洋盆地开展了原位土壤检测器测试；正在开发一套深海采矿系统，以满足印度日益增长的矿产需求。

2. 气变与气象

印度科技署支持启动"适应气候变化的多尺度脆弱性研究"等 18 个气候变化领域项目，"喜马拉雅融冰变化对经济社会的影响评估"等 6 个喜马拉雅冰冻圈计划项目，并计划 5 年内建设 6 个邦级气候变化中心。

（八）新兴技术

印度人工智能（AI）应用与研发较为活跃。微软公司和国际数据公司（IDC）的一项研究调查显示，印度 200 名商业领袖开办的企业中有 1/3 开启了 AI 之旅。《全球人工智能产业数据报告（2019Q1）》研究报告表明，印度人工智能发展势头强劲。报告指出，截至 2019 年 3 月底，印度人工智能活跃企业 169 家，位居全球第五，居美国（2169 家）、中国（1189 家）、英国（404家）和加拿大（303 家）之后；印度近 10 年全球 AI 领域论文发表量位居全球第三，占全球 AI 论文发表量的 5.8%，居中国（占全球 AI 论文发表量的 22.7%）、美国（占全球 AI 论文发表量的 20.4%）之后；印度理工学院近 10 年 AI 论文发表量在全球研发机构中位居第四，居中国科学院、加州大学、法国国家科学研究中心之后；印度班加罗尔已成为全球人工智能企业数量最多的 20 座城市之一，列全球第 19 位。印度微软研究中心在印度班加罗尔成立了云计算与人工智能社会影响研究中心，借助云和人工智能技术，解决印度社会公共服务需求问题。此外，印度电信部提议设立国家 AI 使命，以促进印度 AI 发展。预计耗资约 200 亿卢比，具体包括在各部委之间开展政府项目、建立一个 AI 卓越中心、鼓励 AI 初创企业、探月计划和基础研究项目等。

宣布启动国家量子技术与应用任务（NM-QTA）。该计划为期 5 年，旨在促进研发和演示量子计算、量子通信、量子密钥分配、量子设备等，加强国际合作研究和人力资源开发，培育创新和初创企业。

计划加大超级计算机投入。在国家超级计算机（NSM）计划下，印度将有 14 台新超级计算机投入使用，部署在印度各个国家级研究实验室和学术机构。部署完毕后，NSM 计划下超级计算机总数将增至 17 台，成为印度国家知识网络主干。

参考文献

世界知识产权组织（WIPO）2015－2020 年全球创新指数报告。

世界经济论坛（WEF）《全球竞争力报告 2020》，http：//www3. weforum. org/docs/WEF_TheGlobalCompetitivenessReport2020. pdf。

彭博社（Bloomberg）《彭博创新指数 2020》，https：//innovationexcellence. com/blog/2020/01/21/germany－now－the－worlds－most－innovative－country/。

Michelle Jamrisko, Wei Lu, Alexandre Tanzi, "South Korea Leads World in Innovation as U. S. Exits Top Ten," https：//www. bloombergquint. com/global－economics/south－korea－leads－world－in－innovation－u－s－drops－out－of－top－10.

UNESCO 数据中心，http：//uis. unesco. org.

Web of Science 核心合集检索数据，https：//www. webofscience. com/wos/alldb/basic－

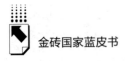

search.

世界银行数据库，https：//data. worldbank. org. cn/country/india? view = chart.

https：//www. wipo. int/ipstats/en/statistics/country_ profile/profile. jsp? code = IN.

驻印度使馆科技处《印度科技情况反映》，2019 年第 1 ~ 11 期，2020 年第 1 ~ 9 期。

印度科技署（DST）月度报告 2019 年 1 ~ 10 月，2020 年 1 ~ 10 月。

印度生物技术署（DBT）月度报告 2019 年 1 ~ 9 月，2020 年 1 ~ 9 月。

印度科学与工业研究理事会（CSIR）月度报告 2019 年 1 ~ 9 月，2020 年 1 ~ 9 月。

印度农业研究理事会新闻（ICAR News）第一至第三季度。

印度地球科学部（MOES）月度报告 2019 年 1 ~ 10 月。

印度原子能署（DAE）网站 Dashborad 数据。

www. investindia. gov. in 网站相关产业数据。

自然指数网站数据 www. natureindex. com。

印度航空部（DOS）/印度空间研究组织（ISRO）官网 2020 年度新闻。

印度国防研究组织（DRDO）Newsletter1 – 12 期。

印度新能源与可再生能源署（MNRE）月报 2020 年 8 ~ 11 月。

印度电子与信息技术部（MOEIT）官网信息。

印度《研发统计一览 2019 – 2020》。

印度《科技创新政策 2020（草案）》（STIP 2020）http：//thesciencepolicyforum. org/initiatives/science – technology – and – innovation – policy – stip – 2020/。

B.11
中国科技创新报告（2021）

康　琪*

摘　要： 全球创新指数显示，中国的国家科技创新竞争力的全球排名从
2012 年的第 34 位快速攀升至 2021 年的第 12 位。3 年来，中国
加快实施创新驱动发展战略，研发经费投入不断增长，科技体
制改革不断深化，创新生态不断优化，取得了一批具有代表性
的重大成果，科技创新为经济发展、社会进步、民生改善和国
家安全提供了强有力的支撑，为全面建成小康社会作出了重要
贡献。同时，中国继续积极融入全球创新网络，与金砖各国开
展多方面合作，为人类命运共同体的构建贡献了科技力量。

关键词： 中国　科技创新　金砖国家

一　中国进入创新型国家行列

在习近平总书记关于科技创新的重要论述指引下，党的十八大以来，创
新驱动发展战略加快实施，中国成为世界第二大经济体，经济实力、科技实
力、综合国力进入世界前列，科技创新正从量的积累向质的飞跃、从点的突破
向系统能力提升转变。世界知识产权组织发布的全球创新指数排名显示：在全
球 132 经济体中，中国从 2012 年的第 34 位快速攀升至 2021 年的第 12 位，中国

---

* 康琪，博士，中国科学技术发展战略研究院副研究员，研究方向为国家创新体系、科技体制
改革、科技创新治理。

仍是前30位中唯一的中等收入经济体。科技创新在培育发展新动能、推动供给侧结构性改革中充分发挥重要作用，为经济发展、社会进步、民生改善和国家安全提供了强有力的支撑，为全面建成小康社会作出了重要贡献。

（一）科技创新基本情况

1.科技投入

2020年，中国研究与试验发展（R&D）经费投入达24393.1亿元，比上年增加2249.5亿元，增长10.2%；研究与试验发展经费投入强度（与国内生产总值之比）为2.40%。分活动类型看，基础研究、应用研究和试验发展经费所占比重分别为6.0%、11.3%和82.7%。分活动主体看，企业、政府属研究机构、高等学校经费支出所占比重分别为76.6%、14.0%和7.7%（见图1）。[①]

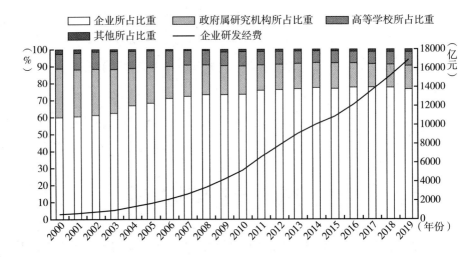

图1 2000～2019年中国研究与试验发展（R&D）经费投入情况（按活动主体）

其中，2020年，国家财政科学技术支出达10095.0亿元，比上年下降5.8%。其中，中央财政科学技术支出占国家财政科学技术支出的比重为

---

① 《2020年全国科技经费投入统计公报》，www. most. cn/xxgk/xinxifenlei/fdzdgknr/kjtjbg/ kjtj2021/202110/P020211013634183037189. pdf。

37.2%，地方财政科学技术支出占比为62.8%。图2所示为2019年中国研究与试验发展经费外部支出情况。

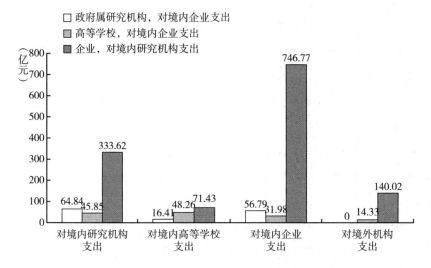

图2　中国研究与试验发展（R&D）经费外部支出情况（2019年）

2. 科技人才

截至2018年底，中国科技人力资源总量达到10154.5万人，规模继续保持世界第一。高等教育作为科技人力资源培养和供给的主渠道，大学生和研究生毕业人数再创新高。据国家统计局《中华人民共和国2020年国民经济和社会发展统计公报》，2020年中国普通本专科招生967.5万人，在校生3285.3万人，毕业生797.2万人；研究生教育招生110.7万人，在学研究生314.0万人，毕业生72.9万人；中等职业教育招生644.7万人，在校生1663.4万人，毕业生484.9万人；九年义务教育巩固率为95.2%，高中阶段毛入学率为91.2%。

根据《中国科技人才发展报告（2020）》，中国科技人才总量稳步增长，2019年，中国研究与试验发展（R&D）人员总量为712.9万人，是2015年的1.3倍。研究与试验发展人员全时当量快速增长，年均增速超过7%，从2016年的387.8万人年，增长到2020年的509.2万人年，连续多年位居世

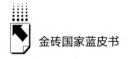

界第一。从活动类型看，中国研究与试验发展人员中的绝大部分从事的是试验发展工作。2019年，中国研究与试验发展人员中从事基础研究的人员全时当量为39.2万人年，比2018年增加8.7万人年，同比增长28.5%，占比为8.2%；从事应用研究的人员全时当量为61.5万人年，比2018年增加7.6万人年，同比增长14.1%，占比为12.8%；从事试验发展的人员全时当量为379.4万人年，比2018年增加25.6万人年，同比增长7.2%，占比为79%。从执行部门来看，中国企业研究与试验发展人员占比最大，近几年一直维持在70%以上。2019年，企业研究与试验发展人员全时当量达到366.8万人年（2017年为312.0万人年），占比达76.4%；研究与开发机构的研究与试验发展人员全时当量达到42.5万人年，占比为8.9%；高等学校研究与试验发展人员全时当量为56.6万人年，占比为11.8%。

同时，科技人才受教育水平不断提高，青年科技人才成为科研主力，人才队伍结构布局进一步优化。2019年，中国研究与试验发展人员中本科及以上学历占比为63.7%，其中，博士、硕士和本科学历人员占比分别为8.5%、14.6%和40.6%。女性研究与试验发展人员占比逐年提高，2019年，女性研究与试验发展人员为185.4万人，比2018年增加了9.4万人。博士后人才队伍不断壮大，截至2020年，累计招收博士后25万多人，期满出站博士后近15万人，已有125人成为两院院士。在卫生健康领域，2019年，卫生人员总数达1292.8万人，每千人口医师数提高至2.77人，每千人口护士数提高至3.18人，医护比由1∶1.04提高至1∶1.15。在生态环境领域，截至2019年底，生态环境保护系统专业技术人才共13.9万人，本科及以上学历人才为7.8万人，占比达56.1%；40岁以下青年人才为7.3万人。在水利领域，截至2019年底，水利系统有专业技术人才35.1万人，技能人才31.4万人；45岁及以下人才为47.5万人。

3. 创新主体

各类企业蓬勃发展，企业技术创新能力不断增强。2019年，全国开展创新活动的企业数为36.3万家，占全部企业的45.2%；其中，实现创新的企业为33.6万家，占全部企业的41.8%；同时实现四种创新（产品创新、工艺创新、组织创新、营销创新）的企业达到 6.8 万家，占全部企业的 8.5%。在规模以上高新技术企业中，有 2.7 万家企业开展了技术创新活动。其中，有 2.4 万家高新技术企业实现了技术创新。从创新活动类型看，在实现产品创新的全部规模以上高新技术企业中，有独立开发产品的企业占比为 91.9%；在实现工艺创新的高新技术企业中，有独立开发工艺的企业占比为 86.4%；在进行技术创新活动的高新技术企业中，74.9% 的企业开展了自主研发活动。① 科技型中小微企业快速成长，成为经济增长生力军，在 169 个国家高新区内，企业总数超过 200 万家，科技型中小微企业超过半数。高成长、高估值企业持续涌现，造就行业发展领头羊。创业板、新三板上市（挂牌）公司中，高新技术企业占比分别超过九成和六成。

高等学校科技创新活动持续活跃。2019 年，全国高等学校研究与试验发展人员全时当量为 56.5 万人年，比 2018 年增长 37.5%，占全国研究与试验发展人员全时当量的比重为 11.8%。全国从事科学研究（包括基础研究和应用研究）的人员中，高等学校占 52.1%。2019 年，高等学校研究与试验发展经费 1796.6 亿元，比 2018 年增长 23.2%；其中，基础研究经费 722.2 亿元，占全国基础研究经费的 54.1%。2019 年，高等学校发表 SCI 论文 38.7 万篇，占全国 SCI 论文的 85.9%。2019 年，高等学校的发明专利申请量为 21.1 万件，比 2018 年增长了 9.9%；发明专利授权 9.2 万件，比 2018 年增加 15.8%。2019 年，高等学校发明专利申请量占全国发明专利申请量的比重为 15.1%，其发明专利授权量占全国发明专利授权量的比重为 25.6%。2019 年，高等学校作为卖方在技术市场签订技术合同 10.2 万项，占全国技术合同成交量的 21.1%；技术合同成交金额为 592.9 亿元，占全国技术合同成交金额的 2.6%。②

政府属研究机构（以下简称研究机构）的研发经费继续保持稳定增长，科技产出不断提高。2019 年，研究机构的研究与试验发展经费投入为 3080.8

---

① http：//www. most. cn/xxgk/xinxifenlei/fdzdgknr/kjtjbg/kjtj2021/202106/P020210617385464704055. pdf.

② http：//www. most. cn/xxgk/xinxifenlei/fdzdgknr/kjtjbg/kjtj2021/202106/P020210622327699041567. pdf.

亿元，比 2018 年增长 14.5%。研究机构的研究与试验发展人员为 48.5 万人，比 2018 年增长 4.5%，研究与试验发展人员中具有博士、硕士学位的人员比重达到了 55.2%。研究机构的专利申请量为 6.7 万件，其中发明专利申请 5.2 万件，与 2018 年相比分别增长 9.6% 和 9.3%；专利授权量为 3.8 万件，比 2018 年增长 4.6%，其中发明专利授权达 2.4 万件，比 2018 年增长 6%。①

4. 科技创新产出及活力

在知识生产方面，2019 年，中国发表国内科技论文 144.8 万篇，其中，论文所占比重最多的 10 个学科分别是临床医学，计算技术，电子、通信与自动控制，中医学，农学，预防医学与卫生学，地学，环境科学，土木建筑，化工。这 10 个学科论文总数占国内科技论文总量的 62.9%，排名第一的临床医学论文数占国内科技论文总量的 26.4%。中国发表 SCI 论文 49.6 万篇，连续第 11 年排在世界第 2 位，占世界 SCI 论文总量的 21.5%。其中，发表 SCI 论文数量占世界份额均超过 20% 的学科领域包括化学、计算机科学、工程技术、地学、材料科学、数学、分子生物学与遗传学和物理学等领域。② 2020 年，中国医疗机构、疾控机构和科学家在《柳叶刀》《科学》《自然》《新英格兰医学杂志》等国际知名学术期刊上发表数十篇高水平论文，及时发布新冠肺炎首批患者临床特征描述、人际传播风险、方舱医院经验、药物研发进展、疫苗动物实验结果等研究成果。③

2019 年，中国专利申请量为 438.0 万件，比 2018 年增长 1.3%。其中，发明专利申请量为 140.1 万件，占专利申请总量的 32.0%。中国专利授权量为 259.2 万件，其中，发明专利授权量为 45.3 万件，比 2018 年增长 4.8%。国内企业发明专利申请量与授权量分别占国内发明专利申请量与授权量总数的 65.0% 和 61.6%，其中，华为技术有限公司以 4510 件发明专利授权量位居第一，中国石油化工股份有限公司和广东欧珀移动通信有限公司

① http：//www.most.cn/xxgk/xinxifenlei/fdzdgknr/kjtjbg/kjtj2021/202106/P020210623523278744022.pdf.
② http：//www.most.cn/xxgk/xinxifenlei/fdzdgknr/kjtjbg/kjtj2021/202106/P020210608383911826607.pdf.
③ 中华人民共和国国务院新闻办公室：《抗击新冠肺炎疫情的中国行动》白皮书，www.scio.gov.cn/ztk/dtzt/42313/43142/index.htm。

分别居第二、第三位。中国每万人口发明专利拥有量已达 13.3 件。中国 PCT 国际专利申请量达到 5.9 万件，国际排名第一。[①]

在科技创新绩效表现方面，2019 年，中国科技创新活力进一步释放，科技成果供给总量大幅提升。全国技术合同成交额首次突破 2 万亿元，达 2.2 万亿元，同比增长 26.6%。合同成交金额占 GDP 的比重继续增加，达到 2.3%。围绕社会发展和社会服务的技术交易持续活跃，成交额为 5289.7 亿元，同比增长 26.8%，占全国技术合同成交总额的 23.6%；促进基础设施以及城市和农村规划的技术交易居第二位，成交额为 3418.7 亿元，同比增长 12.8%。[②]

大众创业、万众创新在培育中国经济发展新动能、打造新业态、形成新产业、促进社会就业、培养企业家精神等方面发挥了重要作用。新型创新创业平台发展迅速，创新创业热情高涨，全国建立的 8000 多家众创空间与 5200 多家科技企业孵化器和 700 多家企业加速器，共同形成了接递有序的创新创业孵化链条，服务的创业团队和初创企业近 60 万家，带动就业超过 400 万人。围绕"互联网+"，推动平台经济、共享经济等新模式的形成，培育了新型消费模式、创造了新岗位、打造了新的产业发展空间。2020 年，中国数字经济规模达 39.2 万亿元，占 GDP 的比重达 38.6%，数字经济增速是 GDP 增速的 3 倍多。[③] 产业数字化转型提速，中国服务业、工业、农业数字经济占行业增加值比重分别为 40.7%、21.0% 和 8.9%。[④]

（二）重要科技成就

"十三五"时期，中国科技事业加快发展，科技实力大幅提升，围绕着"四个面向"，形成了一批重大科技成果。

[①] http：//www. most. cn/xxgk/xinxifenlei/fdzdgknr/kjtjbg/kjtj2021/202106/P020210611624600836186. pdf.

[②] http：//www. most. cn/xxgk/xinxifenlei/fdzdgknr/kjtjbg/kjtj2021/202106/P020210630533257882963. pdf.

[③] 中国信息通信研究院：《中国数字经济发展白皮书》，www. caict. ac. cn/kxyj/qwfb/bps/202104/t20210423 – 374626. htm。

[④] 中国信息通信研究院：《中国数字经济发展白皮书》，www. caict. ac. cn/kxyj/qwfb/bps/202104/t20210423 – 374626. htm。

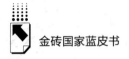

第一，强化高水平创新供给，依靠创新驱动的引领型发展能力不断增强。在基础前沿领域，加强数学、物理等学科建设；取得"九章"量子计算原型机、"天机"类脑芯片、散裂中子源、"慧眼"卫星、在实验室实现人工合成淀粉等重大成果；开展第二次青藏高原综合科考研究。在战略高技术领域，深海、深空、深地、深蓝等领域不断取得重大进展，北斗卫星导航系统完成全球组网；中国空间站在轨组装建造全面展开，中国航天员首次进驻自己的空间站；开启星际新征程，天问一号探测器及其搭载的"祝融号"火星车成功登陆火星；"嫦娥四号"首次登陆月球背面，"嫦娥五号"实现地外天体采样，"奋斗者"号实现万米载人深潜，悟空、墨子、碳卫星等科学实验卫星成功发射。"天河二号"超级计算机连续6次位居世界超算500强榜首，首次观测到三维量子霍尔效应。

第二，充分发挥科技创新在供给侧结构性改革中的重要作用，科技创新支撑高质量发展。新能源汽车、新型显示创新链和产业链融合发展，人工智能产业发展快速。中国新能源汽车保有量达100万辆，占世界的50%。具有完全自主知识产权的新一代高速动车组时速380公里，高速铁路营业里程达2.2万公里。时速600公里高速磁悬浮试验样车下线。建成全球首个第四代核电高温气冷示范堆，世界首座球床模块式高温气冷堆示范电站向正式启动运行、实现并网发电迈出了关键性的一步。5G成功商用，一批高端机床装备研制成功，研发完成"国和一号"核电机组；研制国产最大直径盾构机"京华号"并投入使用；自主研发235种新药；国产大飞机C919首飞成功。21个国家自创区、169个国家高新区发挥区域科技创新引领辐射作用，169个国家高新区的生产总值达12万亿元，经济总量占全国的1/10以上。各类科技型企业呈现勃勃创新生机，全国高新技术企业达27.5万家，科技型中小企业22.3万家，高新技术企业的研发投入占全国企业的70%。

第三，科技创新有力支持民生社会发展。全面推进农业农村科技创新，深入推进科技扶贫精准脱贫。科技支撑乡村振兴成效明显，围绕贫困地区乡村特色产业投入资金200多亿元，28.98万名科技特派员深入乡村振兴一线，打造1290个创新创业平台，推广5万多项先进适用技术。中国始终将民生科技摆在突出位置，研发出"一体化全身正电子发射/磁共振成像装备"等一批高端医疗器械。中国围绕重点疾病领域和临床专科，建立了50个国家临床医学研究中心；围绕重大疾病，聚焦癌症、心脑血管、呼吸和代谢性疾病等疾病防治需求，研发出一批早期筛查方法、检测产品和诊治方案，并加强基层技术推广；加大科研投入，研发相应的技术和产品，编制多部专门针对重点人群的诊疗方案和指南，不断加强妇女、儿童、老年人和残疾人的健康保障；进一步推动前沿技术研发，并转化应用于临床诊疗实践，在靶向治疗、免疫治疗、精准放疗等10多个方向取得研究突破。中国目前正在制定碳中和技术发展路线图及科技行动方案，加大污染防治的科技攻关力度，加强京津冀等重点区域大气污染联防联控，加快应用煤炭清洁高效利用等技术。以科技创新有力支撑服务社会发展，强化科技成果在公共安全领域的应用支撑。

（三）科技规划与创新政策

近年来，中国推进创新驱动发展战略，制定相关科技规划，科技创新基础制度不断完善，激励创新的法律法规和政策体系建立健全，创新生态不断优化。

第一，在科技战略、科技规划方面，将科技创新提高到前所未有的历史高度，发布了《中华人民共和国国民经济和社会发展第十四个五年规划和2035年远景目标纲要》等，并聚焦于强化国家战略科技力量、提升企业技术创新能力、激发人才创新活力、完善科技创新体制机制等四个方面。同时，注重因地制宜推动区域创新发展。如制定《中国特色社会主义先行示范区科技创新行动方案》，提出以深圳国家自主创新示范区为载体，加快建设重大科技创新平台和载体，建设国际科技创新城市；建设国家可持续发展议程创新示范区；深化科技体制改革，建设科技创新治理样板区，如支持深圳推行项目经理制、政企联投制、选题征集制、同行评议制、定期评估制和团队揭榜制，探索吸引外籍人才的先行先试政策措施等。制定《长三角科技创新共同体建设发展规划》，聚焦公共安全、民生保障、生态环境、智慧

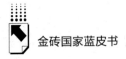

城市、智慧医疗等重点领域，优化科研力量布局，提升研发水平和技术储备能力，推动新兴产业发展，增强协同创新，深化国际科技合作等。制定《创新驱动乡村振兴发展专项规划（2018—2022年）》，围绕农业农村现代化总目标，打造农业农村战略性科技力量，推进科技特派员制度，强化科技创新供给，提高农业创新力、竞争力和全要素生产率，充分发挥科技创新在中国特色社会主义乡村振兴道路上的支撑作用。

第二，坚持以改革驱动创新，若干关键领域改革取得重要突破，科技体制机制建设进一步优化。改进完善科研项目和经费管理，结合科技计划管理改革，各部门出台了20多项配套政策和制度；国家社会科学基金、国家自然科学基金、高等学校哲学社会科学繁荣计划、重点研发计划等和各地方科研项目资金管理办法相继出台。推进"三评"制度改革，加大项目评审、人才评价、机构评估改革力度，评审项目减少29%，全年评审时间从6个月下降到4个月。改进完善院士制度，发挥院士在科技决策咨询、评审和科普等方面的作用。"放管服"改革进一步深化，开展减轻科研人员负担专项行动。加大简政放权力度，开展简化预算编制、提高间接费比例、科研经费"包干制"等试点工作，推动关于赋予科研人员职务科技成果所有权和长期使用权试点工作，提升科研人员获得感。制定《关于扩大高校和科研院所科研相关自主权的若干意见》，从完善机构运行管理、优化科研管理、改革相关人事管理方式、完善绩效工资分配方式等4个方面提出了14项具体改革举措。

第三，完善科技创新的政策体系。实行以增加知识价值为导向的分配政策，营造知识创造价值、价值创造者获得合理回报的良性循环。完善科技人才发展机制，中央、部门和地方上下联动，统筹推进各类科技人才发展。建立"全程嵌入式"的科技监督和评估体系。科技奖励制度改革认真落实《关于深化科技奖励制度改革的方案》要求，积极推进国家科技奖励改革先行先试，具体包括大幅精简奖励数量，完善提名评审制度，国家自然科学奖、国家技术发明奖、国家科学技术进步奖候选人向外国人开放，强化奖励政策导向，提高奖金标准，强化奖励荣誉性。修订完善相关法规规章，《国家科学技术奖励条例》修订草案于 2019 年 12 月 18 日提交国务院常务会议审议并原则通过。加强科学普及和创新文化建设，营造有利于科技改革发展的社会氛围。深入实施《全民科学素质行动计划纲要（2006—2010—2020年）》，到 2020 年公民具备基本科学素质的比例达到 10%。

第四，创新环境进一步优化。协调推进价格形成、市场准入负面清单、公平竞争审查等制度改革，加快形成有利于创新的公平市场环境。出台多项政策措施完善支持企业技术创新的政策环境，深入推进中央企业和民营企业创新发展。持续优化激励各创新主体的政策措施，制定《关于促进中小企业健康发展的指导意见》《关于新时期支持科技型中小企业加快创新发展的若干政策措施》《关于推动民营企业创新发展的指导意见》等，为中小企业、民营企业创新发展提供公平竞争环境。制定《关于进一步推进中央企业创新发展的意见》，推动中央企业高质量发展。2018 年出台《促进大中小企业融通发展三年行动计划》，支持不少于 50 个实体园区打造大中小企业融通发展特色载体，培育 600 家专精特新"小巨人"和一批制造业单项冠军企业。普惠性财税激励政策不断完善和落实，2018 年，研发费用加计扣除政策为企业减免税额达 2794 亿元。2019 年，财政部、国家税务总局等印发文件，将固定资产加速折旧企业所得税的优惠范围扩大到全部制造业领域。高新技术企业税收优惠效果显著，截至 2018 年底，高新技术企业享受企业所得税减免 1899.76 亿元。2019 年，制定《关于促进新型研发机构发展的指导意见》，加快引导地方培育和支持新型研发机构发展。

（四）科技创新支撑应对新冠肺炎疫情的挑战

面对突如其来的新冠肺炎疫情，坚持把人民生命安全和身体健康放在第一位，为打赢疫情防控人民战争、总体战、阻击战提供强大科技支撑。科技创新支撑应对新冠肺炎疫情集中体现在以下三个方面。

第一，协同全国科技力量应急攻关。面向疫情防控一线的紧迫需求，加强科研攻关的系统布局，部署启动 83 个应急攻关项目，明确了临床救治和药物、疫苗研发、检测技术和产品、病毒病原学和流行病学、动物模型构建

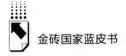

等五大主攻方向，加快推进研发和应用。① 同步从 5 条技术路线开展疫苗研发，包括灭活疫苗、重组蛋白疫苗、减毒流感病毒载体疫苗、腺病毒载体疫苗、核酸疫苗等，目前共有 14 种疫苗获批开展Ⅲ期临床试验，7 种疫苗获批使用，2 种疫苗纳入全球紧急使用清单。首款中和抗体有效药物获批上市，65 款检测试剂产品上市。② 创新产学研合作机制，将疫苗研发和产业化链条紧密连接，支撑常态化防控。组织科研团队开展科学溯源研究。完善平战结合的疫情防控和公共卫生科研攻关体系。

第二，推动新技术成为疫情防控的"科技利器"。信息化、数字化、智能化技术正在加速向经济社会各领域扩散和渗透，新冠肺炎疫情的发生更极大地推动了人类社会对数字化转型的主动认知和拥抱接纳，在疫情防控过程中，从科研、公共决策到临床医疗，乃至复工复产阶段的公共治理，大数据、人工智能等数字技术渗透至每一个阶段、每一个方面。基于大数据、人工智能等新技术，加速病毒基因分析，进行疫情趋势研判，开展流行病学调查。建立数据库，依法开展疫情防控风险数据服务，在精准识别不同风险人群、预判不同地区疫情风险、促进人员有序流动、复工复产等方面发挥重要作用。云计算、5G、内容共享和协作等技术不断应用于远程会诊等场景中，如偏远山区的流行病学调查团队可以通过 5G 视频实时对话平台，与几千公里之外的高级别专家开展实时交流。③ 远程办公、网络会议、在线挂号和自助终端、购物及物流配送等新模式快速发展。④

第三，加强多方位的国际交流合作。习近平总书记在二十国集团领导人应对新冠肺炎特别峰会、第 73 届世界卫生大会等多个国际场合，倡议各国加强药物、疫苗、检测、临床救治等方面的国际科技合作，也提出中国新冠

① 中华人民共和国国务院新闻办公室：《抗击新冠肺炎疫情的中国行动》白皮书，www. scio. gov. cn/ztk/dtzt/42313/43142/index. htm。
② 《2022 年全国科技工作会议在京召开》，中国科技部官网，http://www. most. cn/kjbgz/202201/t20220106_178939. html。
③ 中华人民共和国国务院新闻办公室：《抗击新冠肺炎疫情的中国行动》白皮书，www. scio. gov. cn/ztk/dtzt/42313/43142/index. htm。
④ 杨旭：《抗疫带来科技发展新机遇》，《人民日报》2020 年 3 月 9 日。

疫苗研发完成并投入使用后，将作为全球公共产品。积极开展科学数据和信息共享，中国第一时间向世界卫生组织、有关国家和地区分享新冠病毒全基因组序列信息和新冠病毒核酸检测引物探针序列信息。中国与世界卫生组织加强沟通交流，并与东盟、欧盟、非盟、亚太经合组织、上海合作组织等国际和地区组织，以及韩国、日本、俄罗斯、美国、德国等多个国家，进行了70多次疫情防控交流活动。中国与流行病防范创新联盟（CEPI）、全球疫苗免疫联盟（GAVI）等合作推进疫苗研发和药物临床试验，推动"一带一路"国际科学组织联盟成员之间的科技合作。① 赴有关国家的中国医疗队分别介绍了中国在抗击新冠肺炎疫情中的治疗方法、疗效和经验。② 搭建开放科学的共享平台，中国科学技术部、国家卫生健康委、中国科学技术协会、中华医学会联合搭建"新型冠状病毒肺炎科研成果学术交流平台"，国家中医药管理局联合上海合作组织睦邻友好合作委员会召开"中国中西医结合专家组同上海合作组织国家医院新冠肺炎视频诊断会议"，中国科学院发布"2019新型冠状病毒资源库"，建成"新型冠状病毒国家科技资源服务系统""新型冠状病毒肺炎科研文献共享平台"。中国科兴生物制药有限公司的新冠疫苗在巴西完成三期试验，结果证明有效，巴西是首个完成中国新冠疫苗三期试验的国家。2021年1月17日，由北京科兴中维生物技术有限公司和圣保罗州布坦坦研究所合作生产的"克尔来福"新冠疫苗获得了巴西国家卫生监督局的紧急使用授权，截至2021年7月底，布坦坦研究所已向巴西卫生部交付了6280万剂成品，占巴西疫苗接种总剂量的45%。

二 开展国际科技合作有关情况

近年来，中国致力于构建以合作共赢为核心的新型国际关系，探索新模式、新路径、新体制，积极融入全球创新网络，促进科技开放合作。

---

① 中华人民共和国国务院新闻办公室：《抗击新冠肺炎疫情的中国行动》白皮书，www. scio. gov. cn/ztk/dtzt/42313/43142/index. htm。

② 王志刚：《以务实高效国际科技合作为全球抗疫提供有力支撑》，《求是》2020年第8期。

（一）中国开展国际合作总体情况

截至 2020 年 8 月底，中国已与 161 个国家和地区建立了科技合作关系，签订了 114 个政府间科技合作协定，参与了涉及科技的 200 多个国际组织和多边机制。① 中国与美国、欧盟、俄罗斯、德国、法国、以色列、巴西等建立了十大创新对话机制，"科技伙伴计划"基本实现对发展中国家的全球覆盖，持续探索中国—中东欧国家科技创新合作机制，发布《推进"一带一路"建设科技创新合作专项规划》，拓展创新发展新空间。中国参加的国际组织和多边机制已超过 1000 个，其中政府间国际组织达 200 多个，积极参与国际热核聚变实验堆、平方公里阵列射电望远镜、地球观测组织等工作。

在知识生产方面，2019 年，中国科研人员通过国际合作产生的论文数为 13.0 万篇，比 2018 年增长 17.4%，占到中国发表论文总数的 9.0%。其中，中国作者为第一作者的国际合作论文共计 9.6 万篇，占中国全部国际合作论文的 73.8%；合作伙伴涉及 167 个国家和地区，其中，排在前 6 位的国家分别为美国、英国、澳大利亚、加拿大、德国和日本。其他国家作者为第一作者、中国作者参与的合作论文共 3.4 万篇，涉及 190 个国家和地区，其中，排在前 6 位的国家分别是美国、英国、德国、澳大利亚、日本和加拿大。从学科分布看，中国国际合作论文主要集中在化学，生物学，物理学，临床医学，材料科学，电子、通信和自动控制等领域。2019 年，中国作者作为第一作者的国际合作论文中，化学领域最多，为 11498 篇，占本学科论文的比例为 17.2%。中国作者参与的国际合作论文中，生物学领域最多，为 4389 篇，占本学科论文的比例为 7.9%。②

根据世界知识产权组织（WIPO）发布的《2020 年世界知识产权指标报告》，2019 年，全球专利申请量为 322.42 万件，其中，中国专利申请数量

① 《科技部：我国已与 161 个国家和地区建立科技合作关系 签订 114 个政府间科技合作协定》，http：//field. 10jqka. com. cn/20201021/c624207127. shtml。

② http：//www. most. cn/xxgk/xinxifenlei/fdzdgknr/kjtjbg/kjtj2021/202106/P020210608383911826607. pdf。

为140万件，位居世界第一，排名前十的其他9个国家和地区依次是美国62.15万件、日本30.8万件、韩国21.9万件、欧洲18.15万件、德国6.74万件、印度5.36万件、加拿大3.65万件、俄罗斯3.55万件、澳大利亚2.98万件。同时，全球约有1150万件商标申请，涵盖1520万个类别，同比增长5.9%。其中，中国的申请数量最多，涵盖了约780万个类别。在前20名中，2018～2019年增长最快的是巴西、越南、伊朗、俄罗斯和土耳其，分别增长22.3%、19.3%、18.4%、16.5%和15.5%。

（二）中国与金砖国家开展的国际合作

落实金砖国家新工业革命伙伴关系。在第五届金砖国家通信部长级会议上，与会各方审议通过《巴西利亚宣言》，深入讨论金砖国家信息通信领域政策重点、政府与企业合作、加强多边机制下的金砖协作、推动数字化转型等内容，明确金砖国家未来网络研究院职责范围，建立数字金砖任务组等，提出要增强信息通信领域设施互联互通、数字技术创新、数字治理等方面的合作。在第五次金砖国家环境部长会议上，与会各方探讨了海洋垃圾、固废管理、大气质量等议题，审议通过了《第五次金砖国家环境部长会议联合声明》等文件。

在第七届金砖国家科技创新部长级会议上，与会各方发表了《坎皮纳斯宣言》《金砖国家科技创新工作计划（2019—2022年)》《金砖国家科技创新新架构》《创新金砖网络实施框架》等成果文件，重申继续加强五国科技创新合作，完善五国伙伴关系。金砖国家在研究合作、创新合作、科研基础设施、打造可持续合作等方面进一步加强合作和交流，在防灾减灾、绿色能源、新材料与纳米技术、信息通信技术和高性能计算、天文学、生物技术及生物医药、海洋和极地科学技术、地理空间技术和光子学等领域开展合作研究。

从合作论文视角来看，中国与其他金砖国家合作的论文在金砖五国之间合作论文总量中占比较大。2020年，中国已经成为俄罗斯、印度、南非合作论文前5名合作伙伴（见表1）。

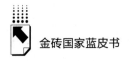

表 1 金砖国家关键研究合作伙伴——发表论文角度（2020 年）

巴西		俄罗斯		印度		中国		南非	
前 5 名合作伙伴，按照合作发表论文数量（单位：篇）及占比排序									
1. 美国	9336，15.0%	1. 美国	4548，10.0%	1. 美国	8007，8.2%	1. 美国	55666，10.2%	1. 美国	3648，22.0%
2. 英国	3527，5.7%	2. 德国	4469，9.9%	2. 中国	3883，4.0%	2. 英国	15381，2.8%	2. 英国	2586，15.6%
3. 德国	3108，5.0%	3. 中国	2921，6.4%	3. 英国	3352，3.4%	3. 澳大利亚	15151，2.8%	3. 德国	1578，9.5%
4. 西班牙	3026，4.9%	4. 法国	2760，6.1%	4. 沙特阿拉伯	3260，3.3%	4. 加拿大	10707，2.0%	4. 澳大利亚	1514，9.1%
5. 法国	2853，4.6%	5. 意大利	2469，5.4%	5. 韩国	2785，2.8%	5. 德国	10245，1.9%	5. 中国	1291，7.8%
金砖各国之间合作排序，按照合作发表论文数量（单位：篇）及占比排序									
10. 中国	1671，2.7%	3. 中国	2921，6.4%	2. 中国	3883，4.0%	13. 印度	3883，0.7%	5. 中国	1291，7.8%
15. 印度	1152，1.9%	13. 印度	1160，2.6%	15. 俄罗斯	1160，1.2%	18. 俄罗斯	2921，0.5%	7. 印度	1105，6.7%
21. 俄罗斯	878，1.4%	19. 巴西	878，1.9%	16. 巴西	1152，1.2%	28. 巴西	1671，0.3%	15. 巴西	690，4.2%
26. 南非	690，1.1%	29. 南非	595，1.3%	17. 南非	1105，1.1%	35. 南非	1291，0.2%	16. 俄罗斯	595，3.6%

数据来源：以 Web of Science 核心合集中收录金砖国家 SCI 论文数据进行统计。文献类型选择 Article 和 Review，出版年选择 2020 年，检索时间为 2021 年 8 月 19 日。

进一步分析 2018～2020 年中国和其他金砖国家论文合作情况发现，除了中国与巴西之外，中国与俄罗斯、印度、南非的合作论文数量均呈增加态势，其中，中国与印度的合作论文数量相对最多（见表 2）。

从合作专利视角来看，分析 2018～2020 年中国和其他金砖国家专利合作情况发现，中国与印度、俄罗斯、巴西的专利合作数量相对南非较多。但是，2020 年中国与俄罗斯、中国与巴西的专利合作数量未超过 10 件，依然有较大合作提升空间（见表 3）。

表2　中国和其他金砖国家合作论文情况（2018~2020年）

单位：篇

合作国家	2018年	2019年	2020年
中巴	1443	1683	1671
中俄	2161	2750	2921
中印	2408	3169	3883
中南	941	1193	1291

数据来源：以Web of Science核心合集中收录金砖国家SCI论文数据进行统计。文献类型选择Article和Review，出版年选择2020年，检索时间为2021年9月9日。

表3　中国和其他金砖国家合作专利情况（2018~2020年）

单位：件

合作国家	2018年	2019年	2020年
中巴	33	7	9
中俄	22	11	6
中印	9	27	24
中南	5	0	0

数据来源：Derwent Innovation专利数据库。

三　中国新工业革命重点领域科技创新发展情况

以信息与通信技术、智能制造技术等为代表的一系列前沿技术在推动中国技术进步、产业转型和经济发展等过程中发挥着关键作用。近年来，中国积极把握新工业革命机遇，不断强化重点领域科技创新，取得了一批具有自主知识产权的重要技术成果。

（一）信息通信

信息与通信技术的应用需求日益增加，包括制造业、服务业等在内的众多行业领域已经成为信息与通信技术的重要试验场。中国率先面向全球发布《5G愿景与需求》白皮书，八大5G关键性能和效率指标被国际电信联盟

（ITU）采纳，5G 应用正进入快车道，在服装生产、无人驾驶车辆、智慧港口、智慧矿山等一系列场景中都能见到 5G 的身影。[①] 中国高性能软件在领域应用算法、领域应用软件实现和软件的应用验证方面均取得良好研究进展。[②] 中国不断推进负责任的全球技术治理，国家新一代人工智能治理专业委员会发布《新一代人工智能治理原则——发展负责任的人工智能》，提出人工智能治理的框架和行动指南。[③]

（二）制造

中国制造业近年来蓬勃发展，制造技术在航空、航天、汽车、机械、电子等多个领域得到应用，通过鼓励创新、加强合作、以点带面，逐渐探索出了制造业领域的新业态。机床产业突破了高速切削、多轴联动加工等多项关键核心技术，形成了中国在航空航天、发电装备、船舶制造等领域的高端制造能力。[④] 中国科学院高能物理研究江门中微子实验历时 2 年零 2 个月，完成了 2 万多支 20 英寸光电倍增管（PMT）的防水封装任务。[⑤]

（三）能源

在传统能源领域，包括煤炭开采、石油天然气开采、石油加工及炼焦在内的技术不断实现突破。在新能源领域，从 2001 年起，中国设立了电动汽车重大科技专项，确立了以纯电动汽车、混合动力汽车、燃料电池汽车技术为"三纵"，电池、电机、电控为"三横"的"三纵三横"总体研发布局；[⑥] 在

---

① 《5G：中国标准》，http：//www. xinhuanet. com/2020 − 12/08/c_ 1126834947. htm。
② 中华人民共和国科学技术部：《中国科学技术发展报告（2019）》，科学技术文献出版社，2021。
③ 《发展负责任的人工智能：新一代人工智能治理原则发布》，http：//www. most. gov. cn/kjbgz/201906/t20190617_ 147107. html。
④ 曹雅丽：《构建生态体系 我国工业母机寻机突围》，《中国工业报》2021 年 8 月 13 日。
⑤ 《超 2 万支！江门中微子实验 20 英寸光电倍增管已封装》，《中国科学报》2021 年 9 月 1 日。
⑥ 《王志刚部长在中国电动汽车百人会论坛（2021）高层论坛上的讲话》，https：//www. 163. com/dy/article/G0T3M9EN0514CQ5V. html。

风能、太阳能、氢能、储能等方面都取得了较大进展。中国科学技术大学发展了水热沉积法制备硒硫化锑半导体薄膜材料，并将其应用到太阳能电池中，实现了光电转换效率10%的突破。[①]

（四）"双碳"

围绕碳达峰、碳中和目标，中国加强创新政策供给，调动各创新主体的主动性，调动全社会积极行动，加快形成节约资源和保护环境的产业结构、生产方式、生活方式、空间格局，坚定不移地走生态优先、绿色低碳的高质量发展道路。中国碳排放强度逐年下降，2019年碳排放强度比2005年降低48.1%，提前实现了2015年提出的碳排放强度下降40%～45%的目标，用实际行动履行了国际减排承诺。《中共中央国务院关于完整准确全面贯彻新发展理念做好碳达峰碳中和工作的意见》提出了构建绿色低碳循环发展的经济体系、提升能源利用效率、提高非化石能源消费比重、降低二氧化碳排放水平、提升生态系统碳汇能力等五个主要目标，提出了推进经济社会发展全面绿色转型、深度调整产业结构、加强绿色低碳重大科技攻关和推广应用、提高对外开放绿色低碳发展水平等十个方面的重点任务。国务院发布《2030年前碳达峰行动方案》，提出重点实施能源绿色低碳转型行动、工业领域碳达峰行动、绿色低碳科技创新行动、绿色低碳全民行动等"碳达峰十大行动"。我国将围绕构建以新能源为主体的新型电力系统，优化电力资源配置，服务绿色低碳转型发展；编制科技支撑碳达峰碳中和的行动方案，统筹推进基础研究、技术研发、推广示范、激励建设、人才培养和国际合作；开展国家高新区绿色发展专项行动，加大支持前沿性、颠覆性绿色低碳技术研发，积极培育支持绿色低碳科技企业，推动绿色低碳技术集群化、国际化发展。我国在大气污染防治、水污染防治、场地土壤污染防治、固废资源化利用等领域也取得了若干重要成果，研制出了大气氢氧自由基等在线测量系统，研发了炼焦煤多效密相分级干燥技术，建立了焦

---

① http://news.ustc.edu.cn/info/1048/72498.htm.

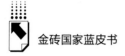

化场地污染治理与再开发利用技术与模式，形成了多金属协同冶炼的综合性解决方案。①

（五）生物

中国把生物技术作为基盘技术摆在国家科技发展全局的核心位置，积极布局社会发展科技体系 1（生物技术）＋N（科技支撑美丽中国、健康中国、平安中国、海洋强国等）建设体系。② 浙江工业大学创制了系列腈水解酶工业催化剂并开发了其应用技术，构建了腈水解酶催化剂工业应用的技术平台。③ 中国厌氧消化技术制备生物天然气应用模式已基本成熟，合成生物天然气技术正在发展过程中。④

（六）材料

材料是工业的基础。大力推动新材料产业发展，既有利于弥补工业"短板"，更可通过基础产业创新激发更多新动力，对抓住新工业革命机遇意义重大。中国科学院大连化学物理研究所研究团队在金属有机氢化物储氢材料研究方面合成了吲哚锂、吲哚钠、氮杂吲哚锂、氮杂吲哚钠等四种材料，解析了吲哚锂和氮杂吲哚钠的晶体结构。⑤ 浙江理工大学在化学顶级期刊《德国应用化学》上发表了一项研究成果，通过采用一种新型氢键——有机框架材料（HOF），对丙烯和丙烷气体分子进行吸附分离，可大幅降低丙烯/丙烷分离产生的能耗，为这项困扰全球化工行业半个多世纪的难题提供了一种新选择。⑥

---

① 中华人民共和国科学技术部：《中国科学技术发展报告（2019）》，科学技术文献出版社，2021。

② 《把生物技术放在更加突出位置》，http://digitalpaper.stdaily.com/http_www.kjrb.com/kjrb/html/2019-04/03/content_418567.htm?div=-1。

③ http://www.cj.zjut.edu.cn/cj/detail.asp?news_id=8698&type=jjh_gonggao。

④ 马隆龙：《生物天然气技术创新路线图》，《中国科学报》2019年3月18日。

⑤ 卜叶：《中科院大连化学物理研究所等筛选出20余种金属有机储氢新材料》，《中国科学报》2021年9月10日。

⑥ 《能耗降至传统工艺的60% 新材料凭多孔结构"吸"出丙烯》，《科技日报》2021年9月8日。

参考文献

杨玉良主编《中国科技之路总览卷 科技强国》，科学出版社，2021。

赵新力、李闽榕、黄茂兴主编《金砖国家综合创新竞争力研究报告（2019）》，社会科学文献出版社，2020。

中华人民共和国国务院新闻办公室：《抗击新冠肺炎疫情的中国行动》，人民出版社，2020。

中华人民共和国科学技术部编著《中国科技发展70年》，科学技术文献出版社，2019。

中华人民共和国科学技术部：《中国科学技术发展报告（2019）》，科学技术文献出版社，2021。

中华人民共和国科学技术部：《中国科技人才发展报告（2020）》，科学技术文献出版社，2021。

中国信息通信研究院：《中国数字经济发展白皮书》，www. caict. ac. cn/kxyj/qwfb/bps/202104/t20210423 – 374626. htm。

B.12

南非科技创新发展报告（2021）

王涛　庞宇　潘旭　刘顿　沈龙*

摘　要： 近年来，南非政府通过提升科技创新能力，发展"数字经济"和"生物经济"，推动减贫、就业和社会平等，促进包容性增长和经济社会可持续发展。南非政府高度注重制定科技创新战略和实施科技计划，在包括天文学、古人类学、航空航天、生物医药、先进制造等领域的科技创新取得了明显的进展。同时，南非政府重视国际合作，招揽全球科技人才，特别是重视与中国等金砖国家的合作，开展了一批有显示度的科技合作。

关键词： 南非　工业革命　科技创新　金砖合作

在相关背景指数中，2019 年，南非人口规模为 5770 万人，人均 GDP 为 6377.3 美元，10 年平均 GDP 增长率为 1.6%，GDP 占全球的比重为 0.58%，5 年平均外国直接投资（FDI）占 GDP 的比重为 1.0%。在社会与环境指数中，南非的"环境足迹"为 3.4 克温室气体排放/单位 GDP，可再生能源占能源消费的比例为 17.2%，平均失业率为 27.0%，性别差距指数为 0.8（0 为绝对平等，1 为绝对不平等），居民收入基尼系数为 63（0 为绝对平等，100 为绝对不平等）。

---

* 王涛，硕士，中国科学技术交流中心助理研究员，研究领域为国际科技合作政策、港澳台科技战略；庞宇，博士，科技部科技评估中心副研究员，研究领域为科技管理、科技评估；潘旭，博士，中国林业科学研究院湿地研究所副研究员，研究领域为湿地生态学；刘顿，硕士，河北省科学技术厅国际合作处二级主任科员，研究领域为国际科技创新合作与交流；沈龙（通讯作者）硕士，中国驻南非共和国使馆科技公参，研究领域为科技政策与科技管理。

一　南非科技创新基本情况

（一）重要科技创新指数和数据

1. 全球创新指数排名

据世界知识产权组织（WIPO）发布的《全球创新指数2020》，2020年，南非的全球创新指数排名第60位，在撒哈拉以南非洲地区排名落后于毛里求斯（第52位），较2019年上升3位，较2018年下降3位。在各分项指标中，南非排名最高的为"市场成熟度"，列全球第15位。其余指标中，南非的"创新投入"列全球第49位、"商业成熟度"列全球第50位、"创新制度"列全球第55位、"知识和技术产出"列全球第62位、"创新产出"列全球第68位，排名最低的为"创新人才资本"和"科研基础设施"，分列全球第70位和第79位。

2. 全球竞争力报告中的排名

据世界经济论坛（WEF）发布的报告，2019年，南非在141个经济体中排第60位。在各分项指标中，南非上升幅度最大的为"赋能环境"，从2018年的第69位上升至2019年的第55位。其余指标中，南非的"金融体系"列全球第19位、"市场规模"列全球第35位、"创新能力"列全球第46位、"制度"列全球第55位、"宏观经济稳定性"列全球第59位、"营商环境"列全球第60位、"劳动力市场"列全球第63位、"商品市场"列全球第69位、"基础设施水平"列全球第69位、"ICT应用率"列全球第89位、"劳动力技术水平"列全球第90位、"公共卫生水平"列全球第118位。

3. 国家研发投入

据南非国家创新咨询委员会（NACI）发布的《2020年南非科技创新指数报告》，2017—2018财年，南非全社会研发支出为259.6亿兰特，略高于2016—2017财年的251.9亿兰特，占GDP的比重为0.83%。《2021年南非科技创新指数报告》指出，南非全社会研发支出占GDP的比重为0.75%，

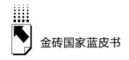

仍远低于"469 亿兰特和占 GDP 1.5%"的政府预设目标。2017—2018 财年，南非企业研发支出为 158.59 亿兰特，占研发总支出的比重为 61.1%。

4. 研发人员

2017—2018 财年，南非研发人员增加 4233 人，增幅为 5.3%，达到 84262 人。全职研发人员占就业总人口的比例为 1.8%，仅比上个财年增加 0.1 个百分点。技术人员和其他研发人员则继续维持在 11300 ~ 11600 人之间，已连续 6 个财年维持在该区间。企业研发人员占比已连续 12 年呈下降趋势。2008 年，企业研发人员占总研发人员的比例为 47.2%，2016 年为 36.1%，2017 年则低至 29.3%。

根据《2020 年南非科技创新指数报告》，2018 年，南非每千名就业人口中，全职研发人员数量为 1.8 人，与 2008 年水平基本一致。2017—2018 财年，南非政府科研机构和科学研究理事会净流失全职科研人员 219 名，流失比例为 14.9%。2018 年，南非共毕业博士研究生 1051 名，其中 229 名为工程学类专业，占比为 21.8%，其余为社会科学和人文科学类专业。

5. 创新产出

根据《2020 年南非科技创新指数报告》，2018 年，南非每百万人口论文发表数量为 360 篇，略高于全球中等收入国家平均水平（327 篇），较 2017 年的 371 篇，降幅为 2.96%。2018 年，南非发表论文数量占撒哈拉南部非洲地区发表论文数量的比例为 77.4%。2018 年，南非学者发表的高被引论文数量为 2022 篇，居全球第 32 位。2018 年，南非共获得 182 项发明专利授权和 10 项植物专利授权，分列全球第 30 位和第 16 位。表 1 所示为南非科技创新相关项目。

表 1 南非科技创新相关项目

相关指数	单位	2015—2016 年	2016—2017 年	2017—2018 年	2018—2019 年
R&D 经费总额	百万兰特	/	25190	25960	/
R&D 经费占 GDP 比重	百分比	0.8%	0.82%	0.83%	0.75%
企业 R&D 经费	百万兰特	13815	14781	15859	/
R&D 人员全时当量	人年	41054	42533	44259	/

相关指数	单位	2015—2016 年	2016—2017 年	2017—2018 年	2018—2019 年
R&D 研究人员全时当量	人年	26159	27656	29515	/
企业 R&D 研究人员全时当量	人年	17245	17998	17554	/
发表论文数	篇	17487	18576	19517	/
国内发明专利申请数	件	9314	9017		/
PCT 专利数	件	313	287	274	/

数据来源：《2018—2019 年度南非研究和试验开发（R&D）调查》《2020 年南非科技创新指数报告》《2021 年南非科技创新指数报告》。

（二）南非重要科技成就

1. 天文学

2019 年 3 月，南非、中国、澳大利亚等 7 个 SKA（Square Kilometre Array，平方千米阵）创始成员国在罗马正式签署 SKA 天文台公约。2019 年 5 月，南非参与完成 SKA 科学数据处理器的工程设计。SKA 科学数据处理器将由两台超级计算机组成，其中一台位于南非开普敦，处理来自 SKA – 中频的数据。2019 年 10 月，南非政府正式批准《关于建立 SKA 天文台公约》，为迎接 SKA 第一阶段建设做好准备。

SKA 的先导计划 MeerKAT 在 2019 年重点开展联调联试、数据处理和科学研究等。2019 年 7 月，《天文学与天体物理学》发表了基于 MeerKAT 观测数据的重要研究，发现在距地球 6000 万光年的银河系中存在大量氢气，解决了基于星系合并理论 NGC1316 星系应该具有却几乎没有氢气的长期谜团，提高了对星系形成和演化的认识。2019 年 9 月，《自然》杂志发表了首次利用 MeerKAT 观测到银河系中心存在巨大射电气泡的研究论文，为解释银河系中心超大质量黑洞在数百万年前的异常活跃爆发提供了重要证据。此前，这些巨大气泡一直被银河系中心极亮的无线电辐射所掩盖，只有借助 MeerKAT 的特性和理想位置才能实现技术上的突破。

2. 古人类学

南非金山大学进化研究所利用显微断层扫描技术，对在南非发现的

"小脚"化石进行了头骨解剖结构研究，获得了大脑印记和内耳的精细结构，与其他南方古猿化石和当代人类头骨进行比较，进而了解进化过程，探索人类祖先生活和进化的新情景。研究显示，"小脚"化石大脑印记清晰，额叶显示出类似南方古猿的特征，而与当代人类大为不同；视觉皮层似乎比地质年代更近一些的南方古猿和当代人类更为扩张；对"小脚"化石内耳的研究表明，它结合了类似人类和猿类的特征。研究结果发表在2019年1月《人类进化杂志》等期刊上。

3. 非洲本土知识体系（IKS）

2019年8月，南非及非洲首个数字语言资源中心（SAD iLaR）在南非西北大学正式启用。数字语言资源中心将创建南非本土语言数字资源和软件管理平台，推进11种官方语言的保护和发展权利平等，同时促进非洲本土语言的保护与研究，完善非洲本土知识体系，加强基础研究，挖掘语言传统，延续历史文脉。目前，已经有超过1000名来自10多个非洲国家的语言学、文学、历史学、新闻学等学科的学生和研究人员参与了该中心建设，并取得相关学术研究成果。

2019年11月，南非成立辣木发展协会，并召开第二届南非辣木国际研讨会。会议由国际园艺科学学会、南非高等教育和科学创新部、南非农业研究理事会、南非辣木发展协会共同主办。会议旨在分享和讨论南非在辣木研发、深加工、生产和产业化领域的最新科研成果。南非科技创新部还宣布在比勒陀利亚北郊资助成立一家大型辣木农场，用于试点提取辣木有效成分并加工成茶叶、杜松子酒、胶囊和保健品等。

（三）重大科技创新战略、政策及举措

2019年5月，拉马福萨总统大选连任后重组内阁，任命原高等教育和培训部部长、南非共产党总书记恩齐曼迪（Blade Nzimande）为新任高等教育和科学创新部（以下简称"科创部"）部长。原科技部归属该部。恩齐曼迪部长高度重视科技创新和中南科技创新合作。南非科技创新工作总体平稳推进，重点领域持续发展，国际合作不断深化，呈现硬实力缓降、软实力渐

强的态势。

1. 正式发布《科技创新白皮书》

2019 年 3 月 15 日，南非科技部宣布《科技创新白皮书》已获内阁正式批准。这是自 1996 年首份《科技白皮书》发布后，南非政府制定的第二份有关科技发展的纲领性文件。《科技创新白皮书》确定以迎接第四次工业革命为核心重点，将科技创新置于南非发展议程的中心地位，以协调并推动实现国家发展规划目标。

尽管首份《科技白皮书》发布以来，南非在国家创新体系发展方面取得了重大进展，但该体系尚存在明显不足。《科技创新白皮书》总结了过去 20 年南非科技创新体系存在的八大挑战：议程设置不充分和不具包容性，政策缺乏一致性和协调性，政策学习的机制不完善，企业和民间团体参与不充分，高水平的科技、工程和技术技能不足，研究体系过小，实现创新的环境不足，资金严重不足。

为确保南非从科技创新中受益并服务经济增长、社会发展和转型，以及应对全球快速技术进步和其他全球变化带来的风险和机遇，《科技创新白皮书》提出了"在变化的世界中以科技创新实现南非的可持续和包容性发展"的总体目标，确定了未来 5～15 年科技创新的高层次政策方向。重点包括五个方面：一是通过弘扬创新文化，将科技创新纳入政府最高层次的跨领域规划中，提升南非科技创新的总体地位。二是加强企业、政府、学术界和民间团体之间的伙伴关系，为科技创新创造更有利的环境。三是聚焦于创新对造福社会和根本性经济转型的促进作用。四是扩大和转变国家创新体系的人力资源基础。五是增加科技创新的公共和私营投资。

《科技创新白皮书》的内容有三个特点。第一，将科技创新与国家发展紧密结合，并摆在更重要的位置。为确保科技创新纳入相关政府部门的规划，并确保相关计划获得足够资金，提出将成立由科技部部长担任主席的科技创新部际委员会。第二，特别突出发挥民间团体在科技创新中的作用。拟推动民间团体参与规划制订，为其提供培训和资助，使其发挥技术优势服务社区，帮助发现并支持基层创新等。第三，加大科技创新的开放程度。表现在为实现十年内将 R&D 投资强度提高到 1.5%，将重点通过改善企业研发激励措施、省级政府对公共科技创新的投入，以及扩大吸引外国资金等方式实现。在加强人力资源基础方面，提出通过扩大国外的实习和培训机会等途径实现。

南非时任科技部部长库巴伊·恩古巴内（Mmamoloko Kubayi-Ngubane）表示，战略重点是投资并利用科技作为持续消除贫困的增长工具。在未来 15 年，新的科技创新政策将开辟新路径，释放南非科技创新全部潜能，以增强其在社会繁荣和包容性发展中的作用。为落实《科技创新白皮书》，南非科创部正在积极编制《十年（2019—2029 年）科技创新发展规划》。

2. 通过《国家科技法案》（修正案）并完成技术预测

2020 年 3 月 15 日，南非国民议会通过《国家科技法案》（修正案），该法案规定，南非科创部下属实体，如科学与工业研究理事会、南非科学院、人文科学研究理事会、技术创新署、国家航天局等的董事会成员任免由科创部决定，其董事会对科创部负责。科创部负责监管下属实体一切活动，具体而言有行政管理、预算管理和战略管理，确保事权统一、目标一致，以专责成。

2020 年 2 月，南非国家创新咨询委员会（NACI）发布《面向 2030 年的南非技术预测报告》（以下简称《报告》），此举是落实 2019 年《科技创新白皮书》的重要内容之一。《报告》包括南非科技创新的未来、科技创新面临的社会挑战、经济社会包容性和可持续发展未来三大部分。关于未来科技创新优先领域，《报告》指出十大方面：循环经济、未来教育、可持续能源、社会发展、公共卫生、高技术产业化、信息与通信技术、智能系统、营养健康、水资源安全保障等。《报告》指出，南非必须抓住第四次工业革命机遇，充分利用人口红利，实现减贫、就业和社会公平三大目标。

3. 实施发展多种战略和计划

（1）大力发展数字经济

拉马福萨总统对数字经济社会建设高度重视，南非科创部将重点支持数字经济社会建设关键核心技术的研发与合作。南非于 2019 年 7 月 5 日在约翰内斯堡召开了首次数字经济峰会，拉马福萨总统出席开幕式并致辞。他表示，数字经济社会建设将为南非带来革命性变化，进一步促进社会公平，推进可持续发展，进而提高竞争力。南非将大力发展以 5G 为代表的下一代信息与通信技术（ICT），并重申欢迎中国华为公司参与南非 5G 建设。为响应其号召，南非于 2019 年 8 月启动新一代通信基础设施（4G、5G）网络频谱分配。2019 年 10 月，南非 Vodacom、MTN 等 7 家电信运营商与南非邮电通信部、科创部、贸工部等签署协议，明确在光纤建设、发展和使用领域的行为准则，以发展包容性数字经济。

与此同时，中国华为公司积极参与南非 5G 建设。2019 年 5 月，华为南非公司在金山大学和比勒陀利亚大学启动了为 ICT 研究生开设的首个免费 5G 培训课程，并计划将课程拓展到南非全国高校。2019 年 9 月，南非移动数据网络运营商 Rain 与华为联合宣布非洲首个商用 5G 网络投入使用，第一阶段主要覆盖约翰内斯堡和比勒陀利亚的关键区域。2019 年 11 月，Rain 公司又与华为合作推出智能 5G 传输网络，首批用户可在家中体验 5G 超高速宽带服务。

（2）巩固发展优势技术

继续实施"曼德拉矿业创新计划"，加大对采矿技术研发和出口的支持力度。2019 年，曼德拉矿业创新园推出 Isidingo 钻探设备设计挑战赛，Isidingo 在南非祖鲁语中意思是"需要"，命名目的是鼓励本土创新型企业研发制造新型钻探设备。2019 年 11 月，曼德拉矿业创新园的团队研发出两个新型凿岩机。这两个新型设备应用了 3D 打印钻头等一系列先进技术，在自动化、坚固性、安全性、重量等方面表现优异，目前正在进行地下采矿测试。

继续实施《生物经济战略》。南非科创部下属技术创新署（TIA）实施"农业生物经济创新伙伴专项"，大力发展谷物、果蔬和林业科技，推动产业链再造和价值链提升，并同步实施多个子专项，如"小麦育种专项""畜禽品质提升专项""水产生物创新专项""豆制品和营养提升专项"等。在生物炼制方面，2019 年，当时的南非科技部实施生物炼制创新专项，支持对糖类、纸浆、纸品等初加工产品或原料进行精深加工，提高大宗产品附加

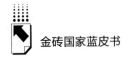

值等。2019 年 8 月，南非举办"2019 年国际生物炼制会议"，围绕可再生能源、合成生物学及技术平台、生物质预处理技术等 6 个领域分享研究成果，开展技术交流，推动生物炼制技术的发展和商业化进程。2019 年 8 月，南非举办非洲双年度生物科学研讨会，开展基因组编辑的管理对话。

（3）推广绿色和民生科技

南非科创部于 2019 年 7 月启动实施"绿色化学"（Green Chemistry）计划，提高化学合成药、生物催化剂、生物质液体燃料、循环化学品生产和利用效率。推动废弃化学品再利用和危化品风险防控等领域的科技创新。同时，南非政府支持和履行《巴黎协定》，南非科创部多次表示加强应对气候变化领域的科技创新，实施碳捕捉和存放计划，发展循环经济。

加强民生科技领域技术开发和应用，包括继续支持倡导和推广智慧交通、智能互联、共享汽车、安全驾驶等技术。在医疗领域，南非科创部 2019—2020 财年启动建设医疗器械和诊疗技术创新中心，支持南非生物和疫苗研究所（Biovac）与辉瑞公司、诺华集团和比尔及梅琳达·盖茨基金会开展疫苗和生物制剂研发与生产。2019 年 8 月，南非启动新一轮总价值约 120 亿兰特的儿童疫苗招标，只针对在本土研发和生产的疫苗，以促进南非疫苗产业健康发展。

（4）推动先进制造技术发展

南非政府高度重视增材制造（AM）技术，在技术研发领域持续进行大量投资，以彰显其世界一流能力。南非政府、学术机构和行业参与者已制订合作计划，搭建了众多科研平台，建立了 300 多种 AM 技术系统。南非约 2/3 的大学拥有 AM 设备，其中 25% 用于科学研究。南非政府部门发起了多项 AM 技术研发和产业化应用项目，如"钛基 AM"计划，由科创部下属科学与工业研究理事会发起成立，主要研发领域是金属增材制造。"快速原型制造中心"项目，由南非自由州中央理工大学发起成立，主要负责快速原型制造、小型和植入型医疗器械研发等。

（5）积极保护本土知识体系

在非洲语境中，"本土知识"（indigenous knowledge）是指根植于几千年

来形成的非洲哲学思想和社会实践中的知识体系。南非新政府成立后，高度
重视在全非洲范围内推动保护本土知识体系，推动构建相关政策法律体系。
2019 年 8 月 25 日，拉马福萨总统签署《非洲本土知识保护、推广、发展和
管理法案》。2019 年 9 月，科创部部长恩齐曼迪任命专家委员会评估认证非洲
本土知识体系（IKS）成果。专家委员会由 13 名来自加纳、肯尼亚、埃塞俄
比亚、南非等国的专家组成，将首先在南非夸纳省、西北省、林波波省的传
统医药卫生领域进行评估认证试点，建立相应评估模型，随后将修改完善后
的模型推广至其他非洲国家，为《非洲传统医药准则》实施提供便利条件。

（6）持续举办大型科学对话活动

2019 年 12 月 4—6 日，南非科创部成功举办了第五届南非科学论坛及
创新桥活动。该活动旨在打造一个大型、开放、公共的科学对话平台，已成
为南非最具国际和地区影响力的高端科技活动。本届活动延续"激发科学
对话"主题，共举办 60 多场平行论坛，重点围绕"科技创新在社会发展中
的作用"等议题广泛开展对话和研讨，促进国际科技创新伙伴关系发展。
南非高校、科研院所、驻南使团等近 70 个单位展示其科技创新和国际合作
成果，来自世界各国的 2400 多名科研人员、学者、政策制定者和学生等参
加了活动。其间，在非洲科学院院长达科拉教授倡议组织下，平行论坛
"中非科技合作：影响与未来"研讨会成为本届南非科学论坛的亮点之一。
中国驻南非大使林松添受邀出席并发表主旨演讲，中非知名专家学者代表，
10 多家中南媒体代表等上百人出席。

二 南非开展国际科技合作有关情况

（一）基本情况

1. 合作论文及 PCT 有关情况

据统计，2016～2020 年，南非合作发表论文数量呈逐年递增趋势，2020
年达到 10105 篇。南非 PCT 专利数变化不大，基本维持稳定（详见表 2）。

表2   南非合作发表论文数及 PCT 专利数

年份	2020	2019	2018	2017	2016
合作论文数(篇)	10105	9095	8110	7424	7138
PCT 专利数(件)	316	340	301	335	345

2. 参与全球科技创新治理

（1）积极参与国际科研诚信建设

南非是世界科研诚信大会基金会（WCRIF）理事会成员国，连续参加了7届世界科研诚信大会，参与起草《蒙特利尔宣言》与《新加坡宣言》，并于2021年承办第8届世界科研诚信大会。2019年7月，南非科学院、科创部、科学与工业研究理事会、高校联盟等根据《新加坡宣言》联合发布《关于加强学术诚信的联合声明》。

（2）积极承建世界经济论坛第四次工业革命南非中心

2019年4月，南非与世界经济论坛（WEF）签署东道国政府协议，拟设立世界经济论坛第四次工业革命中心国别中心。南非科创部将依托南非科学与工业研究理事会，通过公私合营方式建设世界经济论坛第四次工业革命中心南非中心，重点围绕人工智能、区块链、精准医疗、物联网等新兴技术，以及大数据、无人机及未来空域等前沿政策，征集合作伙伴，资助开展研究。

（3）积极承办第十届世界科学论坛

世界科学论坛是由匈牙利科学院、联合国教科文组织、国际科学理事会等组织倡议建立的一个国际性大型科学活动，旨在促进科学家、社会、决策者及产业界等进行对话，每2年举办一次。南非作为该论坛的重要成员，长期积极参与活动。2019年11月，南非科创部部长恩齐曼迪率团出席第九届世界科学论坛，发表多场演讲并支持会议通过《科学、伦理与责任宣言》。

3. 延揽国际科技创新人才的重要措施

广泛吸引国际科技人才，鼓励外籍科学家积极参与本国科技计划，一直是南非的重要科技创新举措。南非科技部于2006年实施的南非研究首席计划（SARChi），因对申报者水平要求高、资助力度大、时间长等因素，最受学术界关注。为鼓励引进海外人才，南非科技部限定研究首席人员的海外人员比例不得低于30%。至2018年，共有198位学者正在担任南非研究首席，其中50人已担任第二期。针对SKA及先导项目MeerKAT，通过研究首席计划吸引射电天文学等领域国际人才，提供长达15年的资助。此外，南非科技部还资助了近300名青年科研人员，主要是SKA领域的博士后、硕士、博士，以及物理学领域的本科生，其中过半数来自非洲伙伴国家。此外，南非还先后与瑞士、英国、纳米比亚等国联合设立研究首席子计划，共同吸引两国科学家开展双边或多边合作，取得良好效果。

卓越中心计划（CoE）是南非打造科技创新平台的重要举措。自2004年实施以来，已陆续建立15个卓越中心，在促进培养人才、支持研发、加强合作研究与跨领域研究等方面发挥了重要作用。其中，雷达与传感器卓越中心为南非科学与工业研究理事会与马来西亚国防大学共建，成立于2014年，是首个南非与外国机构共建的卓越中心。

积极推动实施非洲高端人才计划。"奥·坦博研究首席计划"自2018年12月在南非科学论坛期间由南非科技部宣布启动后，南非国家研究基金会（NRF）及时发布首轮征集指南。拟在气候变化、粮食安全、能源、水资源保护、人工智能、材料开发及纳米技术、非传染性疾病、科学创新政策等领域，在15个撒哈拉以南非洲国家内，遴选10名顶尖研究人员给予资助，促进相关国家的知识创造、高端技能和研究基础设施发展，构建更紧密的国际和地区战略伙伴关系。每届任期5年，表现出色者可最多续任2届。其中至少60%为女性，人文和社会科学领域的研究人员最多可占40%。

（二）与金砖国家开展的国际科技合作

1. 基本情况

南非在与金砖国家合作发表论文方面，基本呈现逐年增长趋势。其中，南非与中国合作发表的论文数增速最快，2020年南非与中国合作发表的论文数接近2016年的两倍。南非与其他国家合作发表的论文数基本保

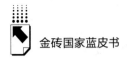

持稳定增长（见表3）。PCT合作方面，南非与金砖国家的合作基本保持稳定，且数量有限。

表3　南非与其他金砖国家合作发表论文数

单位：篇

年份	与中国合作发表	与巴西合作发表	与印度合作发表	与俄罗斯合作发表
2020	1168	601	974	974
2019	1107	637	880	880
2018	876	538	778	778
2017	659	453	704	704
2016	614	500	768	768

2. 重视参与"一带一路"及金砖国家科技合作

2019年4月，南非科技部副总长帕特尔应邀赴华参与第二届"一带一路"高峰论坛"创新之路"分论坛。南非作为5个发起国之一，签署《"创新之路"合作倡议》。2019年10月，南非科创部副部长马拉梅拉率团参加在巴西坎皮纳斯举办的第七届金砖国家科技创新部长级会议，并组织南非青年学者参加第四届金砖国家青年科学家论坛等系列活动。

（三）与中国开展的国际合作

1. 科技创新合作稳步推进

中南科技园跨境孵化器合作顺利签署谅解备忘录。中南科技园项目合作工作组经多次线上会议对接，双方同意按照"一区多园"理念，从跨境孵化器起步，建设中南科技园；中国西安联才工坊跨境孵化器与南非豪登省国际创新园达成合作意向。2020年12月11日，在南非科学论坛期间，中国驻南非使馆联合中国科技部和南非科创部，共同举办中南科技园合作研讨会暨中南科技园跨境孵化器签约仪式，中南双方完成在线签署谅解备忘录。

中国、比利时、南非三方科技主管部门于2020年7月召开视频会，三方同意加强政府间合作，以联合研究项目为抓手。2020年9月25日，三方共同发布《中国/比利时/南非三方联合研究项目征集指南》，支持三国科研人员共同开展"生物多样性、气候变化与公共卫生的相互影响"联合研究活动。

中南传统医药研发合作迈上新台阶。2020年4月29日，"中医药在新冠肺炎防治中的应用经验分享会"成功召开，会上北京中医药大学和南非自由州大学达成合作开展传统医药抗疫研究的共识。该合作提议得到中国、南非科技部门的高度重视，南非科创部将其列为南非科技抗疫的重要举措，中国科技部拟对其予以项目资助。中南两国科技部门已将"传统医药"列为2021年中南政府间联合研究旗舰项目的唯一支持领域。

2. 卫生抗疫合作成效显著

在南非尚未发生新冠肺炎疫情前，中国向南非卫生部提供疫情防控、新冠肺炎治疗等大量技术性文件，介绍中国抗疫经验，积极参与其防控方案修订讨论，助力其前期有效准备。在南非发生新冠肺炎疫情后，中国先后组织中南两国的科技、卫生等部门共同召开新冠肺炎抗疫防控、医院建设、药物及疫苗研发、中医药抗疫、大数据抗疫等6场视频会，宣介并分享中方的抗疫经验，推动中南科技抗疫合作。南非卫生部官员和专家积极参加中国外交部、国家卫健委举办的"中非连线、携手抗疫"全部5场专家视频交流会。

针对南非早期因尚无新冠肺炎病例而缺少阳性对照的燃眉之急，中国促成华大基因公司向其先后捐赠5500份核酸检测试剂。中方检测试剂不仅得到南方认可并最终获得南非卫生部46万份的商业采购。科兴生物、安徽智飞龙科马等新冠疫苗企业与南非合作伙伴对接，洽谈新冠疫苗三期临床试验及生产合作。

（四）与其他国家开展的国际合作

1. 与瑞士谋划未来合作

2019年10月，第五次南非－瑞士科技合作联委会在瑞士伯尔尼召开，双方续签了政府间科技合作协议。新协议明确提出要加强双方科学家、学者和研究人员互访，加强科技知识共享，共同举办研讨会和论坛等。瑞士将重点支持南非创建国家创新体系，支持南非创新驱动增长、减贫和就业，改善

民生，提高国际竞争力。十年来，南非和瑞士在协议框架下，执行一系列政府间联合研究项目，成立了"瑞士－南非商业开发计划"。南非和瑞士的高校也建立起长期交流合作关系。

2. 与英国加强人才培养

2019年10月，南非与英国在比勒陀利亚联合举办南非－英国联合研究计划研讨会。该计划自2017年启动实施，隶属于南非－英国牛顿基金合作项目，旨在提高南非高校青年科研人员的研究能力和国际影响力，重点支持生命健康、粮食安全、减贫、创新创业等领域的联合研究。截至2021年，该计划已资助政治理论、粮食安全及社会保护、海洋科学与海洋食物安全领域的3个双边研究首席，资助2个第四次工业革命和减贫领域的三边（英国、南非、肯尼亚）研究首席，资助数百名南非青年科学家开展科研或创业活动。南非－英国牛顿基金合作项目自2014年设立以来，已获得约3000万英镑的资助。

3. 与法国深化创新合作

2019年12月，首届法国－南非科学与创新活动在南非科学论坛开幕前成功举办。该活动旨在加强研究、培养和创新合作，以解决南非及非洲所面临的社会和经济挑战。为期2天的活动共包括6场研讨会，涵盖气候变化、人工智能、第四次工业革命、健康、水及卫生、生态环境等议题。此前，南非技术创新署与法国驻南使馆共同启动了南非青年创业计划大赛，面向南非青年的初创企业征集人工智能创业项目，将为优胜者提供赴法机会以指导孵化项目。

4. 着眼加强与日本合作

2019年8月28日，南非总统拉马福萨在日本横滨出席"日本－南非科技与社会高峰论坛"并致辞。该论坛是第七届"日本－非洲开发峰会"的重要组成部分，主题是"通过技术、创新和人民推动非洲发展"。拉马福萨总统认为日非科技合作具有巨大潜力，希望南非在高等教育、医疗卫生（疫苗）、领军人才培养、创新型社会建设、政府与企业的创新责任等方面加强与日本合作。南非科创部部长恩齐曼迪着重强调了三个日非积极推进的科技合作项目：太阳能制氢、农业与食品科技合作、传染性疾病防控；并指出，日非科技创新合作应服务于非洲发展，在非洲发展的大背景下开展。日本和南非在 2003 年签署科技合作协议，日本投入 7200 万兰特、南非投入 1300 万兰特共同资助了 55 个双边合作项目。日本和南非设立了青年科学家交流培训计划，24 对大学之间签订了合作备忘录。

5. 深化与欧盟紧密合作

南非自 1994 年起参加欧盟第四框架计划，已连续参加 4 期。迄今南非科研机构、企业、高校等已从欧盟框架计划中获得超过 10 亿兰特的研发经费。2019 年 4 月，南非 – 欧盟第 16 次科技创新合作联委会会议在比利时布鲁塞尔召开。双方发表《联合公报》称，南非与欧盟都认识到科技创新在促进经济社会发展中的重要性，科技创新合作是南欧关系的战略要素。双方同意加强在海洋科学、临床医学、天文学、生物经济等领域的联合研究，共建联合研究中心，启动非盟 – 欧盟创新政策对话，推动《南非科技创新白皮书》《非盟 2063 议程》与《欧洲地平线 2020》战略对接等。

6. 保持与非洲国家天文学合作

2019 年 10 月，第 6 次 SKA 非洲伙伴国家部长级会议在南非举行。会议充分肯定了非洲伙伴国家在人才能力发展、加强机构能力、制定新学术计划、科学参与和推广等方面取得的重要进展，并将强化在高性能计算和大数据等方面的合作，特别是南非高性能计算中心在合作伙伴国家能力建设方面作出的突出贡献。非洲伙伴国家希望参加 DARA 项目和大数据培训项目，以培养专业领域人才；提出应采取与各国经济发展能力和水平相匹配的措施，渐进发展天文学事业，可优先采用"两碟干涉测量"和"共址建设"等经济成本较低的方案。其中，"共址建设"方案将首先在加纳国家射电天文台进行试点。

三　南非新工业革命有关情况

（一）航空航天

在航天领域，南非第二颗纳米卫星 ZA Cube – 2 自 2018 年成功发射升空

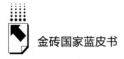

后，重点开展在遥感和通信等领域应用服务。南非国家航天局及射电天文台为印度第二次探月活动"月船 2 号"提供航天测控服务，负责南部非洲、南大西洋和印度洋上空的测控任务。

在航空领域，南非科创部重点支持国家航天局在航空安全、气象预报、气象服务等领域开展研究工作。2019 年 2 月 28 日，南非国家航天局被国际民用航空组织（ICAO）选为全球空间天气区域中心，成为向使用非洲领空的整个航空部门提供空间天气信息的指定区域提供者，显示出南非在国际航天市场具有较强竞争力。

（二）医学健康

在艾滋病治疗方面，南非金山大学利用干细胞移植方法取得重大进展。2019 年 3 月，金山大学唐纳德·戈登医疗中心宣布，一名艾滋病病毒（HIV）阳性男子在接受干细胞移植治疗并停用抗反转录病毒药物 18 个月后，体内未检出艾滋病病毒，或将被"治愈"。这是 HIV 被发现 38 年来，第二个借助干细胞移植而清除体内 HIV 的病例。该患者在感染 HIV 后，又患上霍奇金淋巴瘤，需要进行干细胞移植治疗。英国剑桥大学的研究团队为其选择了携带 CCR 5 基因突变的捐献者的干细胞。移植后，该患者的免疫系统获得重建，进而清除了体内的 HIV。第二个或将被"治愈"的 HIV 病例的出现，证明了第一例被治愈的 HIV 病例并非特例，为开发基于干细胞移植的艾滋病治疗方法提供了新动力。

在艾滋病药物研发方面，南非也取得了明显进展。2019 年 7 月，金山大学学者在第 10 届国际艾滋病学会 HIV 科学大会上首次发布正在南非开展的艾滋病治疗新方案 ADVANCE 的重要阶段性成果。ADVANCE 是一项为期96 周的新方案研究，旨在比较两种抗反转录病毒替代药物与目前所用一线方案——替诺福韦、恩曲他滨和依法韦仑的治疗效果差异。研究显示，在完成 48 周治疗时，含有多替拉韦（Dolutegravir）的治疗方案与含有依法韦仑的治疗方案一样有效，相关结果已发表在《新英格兰医学杂志》上。基于上述结果，南非自 2019 年 9 月起，在公共部门提供含有多替拉韦的新治疗方案（此前为私下使用）。此外，南非卫生部部长兹韦利·穆克兹于 2019 年 11 月 27 日宣布，政府将提供"三合一"新型艾滋病药 TLD，每片含有三种抗反转录病毒药物，每天服用一片可用于高危人群预防 HIV 感染。

2019 年 4 月，南非人口研究基础设施网络（SAPRIN）和南非医学研究理事会发布首个人口数据集。这是 SAPRIN 自 2017 年成立以来发布的第一个数据集，用于监测民众的健康和福祉，以便收集南非贫困人口状况的新信息。该数据集包含三个来自姆普马兰加省、林波波省、夸祖鲁－纳塔尔省农村地区卫生和人口监测系统节点的信息，后续将扩展到包括城市地区卫生和人口监测系统节点的信息。SAPRIN 将收集的数据进行测试，以向决策者提供有力证据，为卫生、社会发展、民政、基础教育和其他部门的决策提供支撑。

（三）先进制造

由于行业参与者和学术机构广泛参与，南非的增材制造（AM）技术已迅速发展成熟。2019 年，南非科创部加大对钛合金新材料的支持力度，支持方向主要为增材制造材料（AMM）和增材制造仪器设备（AME）。AMM 方面，南非科学与工业研究理事会已研发出世界上最大的钛粉 3D 打印设备，其优势领域为钛粉研发与生产；在 AME 方面，南非的 Aeroswift 是世界上最大和最快的热床增材制造平台，其生产的 3D 打印材料已应用于航空和军工领域。南非研发的一款轻型军用侦察机的机身和机翼材料就是由 Aeroswift 提供的。

2019 年 11 月 5—8 日，南非科创部与自由州中央理工大学主办的第 20 届快速产品开发协会（RAPDASA）年会在布隆方丹举行，会议主题为"层层开创南非制造业未来"和"建立 3D 打印产业链"。南非科创部还在会前举办了"钛粉增材制造"专题研讨会。

参考文献

https：//www. wits. ac. za/news/latest－news/opinion/2019/2019－01/secrets－of－an－

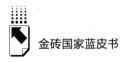

ancient – fossils – brain – and – inner – ear. html.

https：//www. wits. ac. za/news/latest – news/research – news/2019/2019 – 01/little – foots – inner – ear – sheds – light – on – her – movement – and – behaviour. html.

http：//www. wits. ac. za/news/latest – news/research – news/2019/2019 – 01/south – african – scottish – research – team – demonstrate – fractal – light – from – lasers. html.

https：//www. dst. gov. za/index. php/media – room/latest – news/2728 – south – afica – space – weather – appointment – as – global – regional – centre.

https：//allafrica. com/stories/201901140303. html.

https：//www. nature. com/articles/d41586 – 019 – 00798 – 3？ utm_source = Nature + Briefing&utm_campaign = 874a15059b – briefing – dy – 20190305&utm_medium = email&utm_term = 0_c9dfd39373 – 874a15059b – 43855065.

https：//www. wits. ac. za/news/latest – news/research – news/2019/2019 – 03/a – step – closer – to – an – hiv – cure. html.

https：//www. dst. gov. za/index. php/media – room/latest – news/2808 – first – population – dataset – to – track – south – africans – health – and – wellbeing.

https：//saprin. mrc. ac. za/structure. html.

https：//www. dst. gov. za/index. php/media – room/latest – news/2812 – minister – kubayi – ngubane – congratulates – scientists – on – national – orders.

https：//www. csir. co. za/csir – board – chairperson – bestowed – order – mapung ubwe.

https：//www. gov. za/about – government/national – orders.

https：//www. ska. ac. za/media – releases/ska – consortium – completes – design – of – science – data – processor/.

https：//www. dst. gov. za/index. php/media – room/latest – news/2970 – international – training – workshop – on – science – technology – and – innovation – diplomacy.

https：//www. theguardian. com/global – developmen/2019/nov/30/south – africa – begins – rollout – of – cutting – edge – hiv – drug.

https：//www. dst. gov. za/index. php/media – room/latest – news/2948 – deputy – minister – manamela – addresses – earth – observations – summit – in – australia.

https：//www. dst. gov. za/index. php/media – room/latest – news/2953 – south – africa – s – additive – manufacturing – technology – heralded.

https：//www. dst. gov. za/index. php/media – room/latest – news/2958 – burgeoning – moringa – industry – could – become – bigger – that – cocoa.

https：//www. dst. gov. za/index. php/media – room/latest – news/2959 – high – tech – rock – drills – to – boost – south – african – mining – industry.

http：//www. wits. ac. za/news/latest – news/research – news/2019/2019 – 07/advance – study – provides – evidence – for – shift – to – dolutegravir – containing – antir etroviral –

treatment – in – sa. html.

https：//www. dst. gov. za/index. php/media – room/latest – news/2933 – joint – media – statement – on – the – outcomes – of – the – 6th – ska – africa – partner – countries – meeting.

https：//www. dst. gov. za/index. php/media – room/latest – news/2930 – deputy – minister – of – higher – education – science – and – technology – to – visit – the – square – kilometre – array – site – near – carnarvon.

https：//www. iol. co. za/business – report/technology/sa – telecommunications – companies – government – sign – cooperation – agreement – 34442861.

https：//www. dst. gov. za/index. php/media – room/latest – news/2920 – uk – and – south – africa – to – showcase – successful – research – chairs – partnership.

https：//www. businesslive. co. za/bd/national/science – and – environmen/2019 – 09 – 11 – meerkat – telescope – finds – giant – bubbles – emerging – from – the – milky – way/.

https：//www. dst. gov. za/index. php/media – room/latest – news/2901 – africa – japan – to – forge – closer – ties – in – science – technology – and – innovation.

http：//www. dst. gov. za/index. php/media – room/media – room – speeches/minister/2308 – minister – pandor – s – speech – to – the – 2017 – indigenous – knowledge – systems – interface – conference.

https：//www. dst. gov. za/index. php/media – room/latest – news/2887 – sansa – space – operation – tracking – chandrayaan – 2 – to – the – moon.

https：//www. businesslive. co. za/bd/world/africa/2019 – 08 – 06 – uganda – begins – trial – of – ebola – vaccine/.

https：//www. businesslive. co. za/bd/national/2019 – 08 – 01 – biovac – institute – may – be – shut – out – of – r12bn – state – tender/.

https：//www. dst. gov. za/index. php/media – room/latest – news/2876 – the – 2019 – sti – indicators – report – highlight – critical – aspects – of – south – africa – s – innovation – balance – shee.

附　录

Appendices

B.13
附录一　金砖国家领导人第十三次
会晤新德里宣言（节选）

前　言

1. 我们，巴西联邦共和国、俄罗斯联邦、印度共和国、中华人民共和国、南非共和国领导人于 2021 年 9 月 9 日举行金砖国家领导人第十三次会晤。本次会晤主题是"金砖 15 周年：开展金砖合作，促进延续、巩固与共识"。

……

3. 2021 年，金砖国家克服新冠肺炎疫情带来的持续挑战，保持合作势头和延续性，基于共识原则，巩固各项活动。我们对此表示赞赏。我们欢迎签署《金砖国家遥感卫星星座合作协定》，制定《金砖国家海关事务合作与行政互助协定》，并就《金砖国家主管部门关于医疗产品监管合作的谅解备忘录》进行讨论。我们赞赏就《金砖国家反恐行动计划》、《金砖国家农业合作行动计划（2021—2024）》、《金砖国家创新合作行动计划（2021—2024）》、金砖国家绿色旅游联盟等合作成果达成共识。我们重申致力于通过现有各部长级会议和工作组渠道，落实《金砖国家经济伙伴战略 2025》。我们还欢迎启动金砖国家农业研究平台，欢迎就金砖国家数字公共产品平台进行讨论。

4. 我们欢迎今年在外交、国家安全事务、财金、经贸、工业、劳动就业、农业、能源、卫生和传统医药、环境、教育、海关、青年、文化、旅游等领域举行的 100 多场部长级和其他高级别会议，欢迎各领域取得的重要成果。这些活动旨在进一步加强金砖战略伙伴关系，促进五国和五国人民的共同利益。

巩固和盘点

5. 在金砖机制成立 15 周年之际，我们回顾以往丰硕合作成果并为之自豪，包括建立新开发银行、应急储备安排、能源研究平台、新工业革命伙伴关系和科技创新合作框架等成功合作机制。同时，我们也在思考金砖合作的前进道路。我们赞赏印度继续推进历届金砖主席国工作，在各类平台和机制下巩固金砖各项活动，提高其相关性、效率和效力，同时认可这些活动的重要性。我们赞赏协调人通过了修订版《金砖国家建章立制文件》，就金砖合作工作方法、参与范围和主席国职权等进行规范。我们重申致力于在各层级合作中维护并进一步加强基于共识的工作方法，这是我们合作的标志性特征。我们赞赏印度在今年主席国主题中突出延续、巩固与共识的原则。

全球健康挑战和新冠病毒肺炎

6. 近两年来，新冠肺炎疫情在全球政治、经济和社会等领域造成不可估量的损失。我们向所有新冠肺炎疫情遇难者表示最深切的哀悼，向生活和生计受到疫情影响的人们表示支持。我们呼吁通过动员政治支持和必要的财

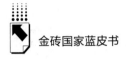

政资源，为应对新冠肺炎疫情及其他当前和未来卫生挑战做好更充分准备并加强国际合作。

7. 我们强调，以真正的伙伴精神，在包括世界卫生组织等现有国际框架内合作应对新冠肺炎疫情是国际社会的共同责任。我们注意到溯源研究合作是应对新冠肺炎疫情的重要方面。我们支持通过基于科学、包括各领域专业知识、透明、及时、非政治化和不受干扰的研究进程，增强国际社会对新型病原体出现过程的了解和预防未来大流行病的能力。

8. 我们认识到，在相互关联的全球化世界中，只有每个人都安全，所有人才能安全。新冠疫苗的生产为战胜疫情带来了最大希望，大规模免疫接种是一项全球公共产品。令人遗憾的是，在疫苗和诊疗手段获取方面还存在明显不平等现象，对世界上最贫困和最脆弱的人群而言尤其如此。因此，我们认识到安全、有效、可及和可负担的疫苗至关重要。在这方面，我们特别注意到世界贸易组织正在进行的关于新冠肺炎疫苗知识产权豁免和《与贸易有关的知识产权协定》和《关于〈与贸易有关的知识产权协定〉和公共卫生的多哈宣言》规定灵活运用的讨论。我们还强调，全球监管机构对疫苗安全性和有效性进行科学、客观评估至关重要。

9. 我们重申将继续努力，通过提供资金支持、捐赠、本地生产以及促进疫苗、诊疗手段和救生设备出口等方式，支持世界各国抗击疫情，欢迎金砖国家为此所作贡献。五国通过双边、国际组织和"新冠疫苗实施计划"，以赠款和捐赠等方式，共提供了超过 10 亿剂疫苗。

10. 我们满意地注意到金砖国家在包括疫苗合作等领域开展合作，加强疫情防范和应对。我们欢迎在以线上方式尽快启动金砖国家疫苗研发中心方面取得的进展。我们支持根据《国际卫生条例（2005）》和世界卫生组织全球疫情警报和反应网络，建立金砖国家预防大规模传染病早期预警系统取得的进展，通过机制性合作识别未来大流行病和预测疫情。我们强调在新冠疫苗接种及检测证书互认方面加强国际合作的重要性，特别是借此促进国际旅行。

11. 我们祝贺印度举办金砖国家数字健康高级别会议并欢迎会议取得的成果，包括加强在国家层面的数字健康系统应用合作，建立一个统一的多方面整体框架，在所有平台提供用户友好型界面，对数据加以保护，并利用数字技术加强疫情防控合作。

12. 我们重申致力于加强金砖国家应对其他卫生挑战合作，包括针对主要疾病特别是结核病的持续传播制定有效的联合应对措施。我们赞赏金砖国家结核病研究网络在新冠肺炎疫情期间开展的工作。我们认识到通过金砖国家传统医药研讨会、传统医药高级别会议和传统医药专家会分享经验和知识的重要性，鼓励在传统医药领域进一步开展交流。

加强和改革多边体系

......

14. 我们支持五国外长通过的《金砖国家关于加强和改革多边体系的联合声明》，回顾其中的原则，我们一致认为加强和改革多边体系包括以下方面：

......

应利用数字和技术工具等创新包容的解决方案，促进可持续发展，并帮助所有人可负担和公平地获取全球公共产品；

应加强各国及国际组织的能力，使其能够更好地应对新的、突发的、传统和非传统挑战，包括来自恐怖主义、洗钱、网络领域、信息流行病和虚假新闻的挑战；

......

和平、安全与反恐合作

21. 我们注意到金砖国家继续在相关机制内就和平与安全等热点问题开展积极对话。我们欢迎金砖国家安全事务高级代表会议成果，赞赏其围绕反恐，信息通信技术安全使用，全球、地区和国家安全威胁，执法机构合作前景以及金砖国家卫生安全和医疗卫生合作前景等议题进行富有意义的讨论。

我们欢迎会议通过《金砖国家反恐行动计划》。

……

27. 我们继续承诺致力于促进开放、安全、稳定、可及、和平的信息通信技术环境。我们重申应秉持发展和安全并重原则，全面平衡处理信息通信技术进步、经济发展、保护国家安全和社会公共利益和尊重个人隐私权利等的关系。我们强调联合国应发挥领导作用，推动通过对话就信息通信技术安全和使用、普遍同意的负责任国家行为规则、准则和原则达成共识，同时不排斥其他相关国际平台。为此，我们欢迎联合国信息安全开放式工作组以及政府专家组圆满完成其工作，欢迎 2021—2025 年联合国开放式工作组更新授权。我们期待通过落实《金砖国家确保信息通信技术安全使用务实合作路线图》和网络安全工作组开展的各项活动，推进金砖国家在这一领域的务实合作。我们强调要建立金砖国家信息通信技术安全使用合作的法律框架，并承认在研提相关倡议方面所做工作，包括缔结金砖国家网络安全政府间协议和相关双边协议。

28. 我们对滥用信息通信技术从事犯罪活动不断增长的现象，以及由此带来的风险和威胁深表关切。联合国网络犯罪政府间专家组的工作成功结束，根据联合国大会第 75/282 号决议，联合国关于制定打击为犯罪目的使用信息和通信技术全面国际公约的开放式特设政府间专家委员会已开始工作，我们对此表示欢迎。我们对在保护儿童免受网上性剥削和其他不利于儿童健康和成长内容的毒害方面面临日益严峻的挑战表示关切，并期待金砖国家加强合作，制定旨在保护儿童网上安全的倡议。

……

可持续发展及其创新实现手段

35. 我们重申致力于从经济、社会和环境三个方面落实《2030 年可持续发展议程》。我们关切地注意到，新冠肺炎疫情对落实《2030 年可持续发展议程》带来干扰，并逆转了多年来在减贫、消除饥饿、医疗保健、教育、应对气候变化、获得清洁水和环境保护等方面取得的进展。新冠病毒对每个人尤其是世界上最贫困和最脆弱人群带来巨大影响。因此，我们呼吁国际社会构建全球发展伙伴关系，应对新冠肺炎疫情带来的影响，并通过推进执行手段加快落实《2030年可持续发展议程》，同时要特别关注发展中国家的需求。我们敦促捐助国落实官方发展援助承诺，根据受援国国内政策目标，向发展中国家提供能力建设、技术转让等额外发展资源。

36. 我们注意到大规模电子政务平台、人工智能、大数据等数字和技术手段对促进发展和提高金砖国家疫情应对效率的重要作用。我们鼓励更广泛应用这些平台和技术，实现信息和通信对民众的可负担性和可及性。这需要电信和信息通信技术系统的无缝运行，并采取必要措施减轻疫情对社会经济的负面影响，实现可持续的包容性复苏，特别是要确保教育的延续性和保障就业，尤其是中小微企业的用工。我们认识到，在国家间以及国家内部存在着数字鸿沟。为了不让任何人掉队，我们敦促国际社会制定促进数字资源对所有人包容可及的方案，无论其居住在世界何地。

37. 我们认识到，疫情也加速了全球数字技术应用，并向我们表明获得正确数据可以为制定应对危机的每一步政策提供指南。进入"可持续发展目标行动十年"之际，我们相信金砖国家必须将技术和数据的有效和高效应用作为各项发展的优先方向，并鼓励在这方面深化合作。我们赞赏今年主席国印度将"数字技术实现可持续发展目标"确定为今年优先合作领域之一，注意到印度倡议的"金砖国家数字公共产品平台"可以作为金砖国家为实现可持续发展目标而创建的开源技术应用储存库，造福金砖各国和其他发展中国家。这项倡议将由金砖各国有关机构进一步讨论。我们期待将于2021年10月在中国北京举行的第二届联合国全球可持续交通大会取得成功。

38. 和平利用空间技术可以对实现2030年可持续发展议程作出贡献。因此，我们赞赏金砖国家航天机构签署《金砖国家遥感卫星星座合作协定》，这将有助于提升我们在全球气候变化、灾害管理、环境保护、预防粮食和水资源短缺、社会经济可持续发展等方面的研究能力。

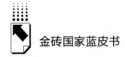

39. 我们认识到农业和乡村振兴对实现 2030 年可持续发展议程的重要性，重申致力于加强金砖国家农业合作，促进粮食安全和农村地区全面发展。我们欢迎建立金砖国家农业信息交流系统和金砖国家农业研究平台，欢迎通过《金砖国家农业合作行动计划（2021—2024）》。

40. 我们赞赏金砖国家科技创新合作在汇集五国研究人员共同应对新挑战方面的重要性，注意到金砖国家科技创新指导委员会和联合研究项目取得的进展，特别是在各专题工作组方面。我们期待尽早制定《金砖国家创新合作行动计划（2021—2024）》。

41. 我们欢迎进一步推进金砖国家贸易投资合作，以及有关金砖国家新工业革命伙伴关系倡议的讨论。我们重申共同合作建立工业能力中心，欢迎在中国建立金砖国家新工业革命伙伴关系创新基地，以及印度提出的金砖国家新工业革命伙伴关系创业活动等倡议。

42. 新冠肺炎疫情从根本上改变了教育和技能的提供方式，我们认为，运用数字解决方案确保包容和公平的优质教育、加强研究和学术合作至关重要。我们致力于通过交流最佳实践经验和专业知识，加强在儿童早期发展、小学、中学、高等教育以及职业技术教育与培训领域的合作，并将探索在该领域创建金砖国家合作平台的可能性。我们欢迎教育部长会议宣言，呼吁在开发、分配和获取公开数字内容等方面进行合作，消除数字鸿沟。

43. 我们欢迎金砖国家劳工和就业部长承诺通过建立包容性劳动力市场和社会保障体系实现以人民为中心的复苏。我们期待金砖国家劳动研究机构网络关于金砖国家以数字技术促正规化实践的研究成果。

44. 我们重申金砖国家在灾害管理领域继续开展交流对话的重要性，并期待召开金砖国家灾害管理部长级会议。我们鼓励在以人民为中心、用户友好型和因地制宜创新方法基础上，进一步开展技术合作，分享运用地理空间、数字技术开发高性能多灾种早期预警系统和提前预报方面的成功经验做法，以提高综合减灾能力，减轻灾害风险。

45. 我们强调实现 2030 年可持续发展议程及其目标的重要性，重申致力于实现所有可持续发展目标，包括可持续发展目标 12，即确保可持续消费和生产模式作为可持续发展的关键因素。我们同意在英国举行的《联合国气候变化框架公约》（UNFCCC）第二十六次缔约方会议和在中国举行的《生物多样性公约》第十五次缔约方大会筹备过程中保持密切合作。我们强调"2020年后全球生物多样性框架"的重要性并支持通过这一框架，该框架将以平衡的方式实现《生物多样性公约》的三项主要目标。

46. 我们重申致力于全面落实《联合国气候变化框架公约》及其《京都议定书》和《巴黎协定》，并根据各国不同国情，坚持 UNFCCC 共同但有区别的责任原则和各自能力原则等。我们认识到，在实现可持续发展和努力消除贫困的背景下，发展中国家的温室气体排放达峰需要更长时间。我们强调需要采取一种全面的方法应对气候变化，关注包括减缓、适应、融资、能力建设、技术转让和可持续生活方式等在内的所有方面。我们鼓励金砖国家就此开展进一步讨论并举办相关活动。我们回顾《巴黎协定》的相关条款，这些条款要求附件二所列发达国家向发展中国家提供资金、能力建设支持和技术转让等必要的实施手段，帮助发展中国家有能力在可持续发展的背景下实施气候行动。

47. 我们强调，化石燃料、氢能、核能和可再生能源等的可持续和高效利用以及提高能效和使用先进技术，对于各国实现能源转型、建立可靠的能源体系和加强能源安全至关重要。我们欢迎金砖国家能源研究合作平台正在进行的务实合作，并注意到《金砖国家能源技术报告2021》。

……

经贸财金合作促进可持续发展

……

53. 我们认识到要加强基础设施和信息共享，更好发现投资机遇、撬动私营部门投资和满足金砖国家基础设施投资需求。我们欢迎金砖国家基础设施及政府和社会资本合作工作组编写的《社会基础设施：融资和数字技术应用技术报告》。该报告体现了金砖国家推动知识分享的集体努力。我们期

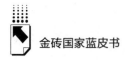

待同新开发银行和金砖国家基础设施及政府和社会资本合作工作组继续就基础设施投资数字平台保持技术接触，并呼吁加强这方面的工作。

54. 我们欢迎金砖国家经贸部长会议的成果特别是《第十一届金砖国家经贸部长会议联合公报》，核可《金砖国家多边贸易体制合作声明》《专业服务合作框架》《电子商务消费者保护框架》《知识产权合作下开展遗传资源、传统知识和传统文化保护合作》等文件。我们欢迎通过《〈金砖国家经济伙伴战略2025〉贸易投资领域实施路线图》。我们强调在努力应对疫情及其影响的同时，要继续努力创造有利环境，加强金砖国家间贸易，特别是增值贸易。

55. 我们欢迎中小微企业圆桌会议的成果，会议有助于加强中小微企业发展领域合作，帮助相关企业融入全球价值链。我们也欢迎金砖国家财政部和央行正在开展的金融科技服务中小微企业调查和数字普惠金融报告相关工作。

56. 我们赞赏新开发银行克服新冠肺炎疫情影响，在扩员方面取得实质性进展。我们重申，扩员进程应是渐进的，体现成员地域代表性平衡，并应有助于银行获得最高信用评级，实现机构发展目标。我们满意地注意到新开发银行理事会年会相关讨论，期待新开发银行制定第二个五年总体战略（2022—2026年）。我们肯定新开发银行在应对疫情引发的健康和经济挑战中发挥的重要作用，鼓励新开发银行积极为包括运用数字技术在内的更多社会基础设施项目提供资金。我们还敦促新开发银行在动员和催化私人资本方面发挥更大作用，并与其他多边开发银行和开发性金融机构开展更多联合融资项目。我们期待新开发银行今年入驻位于中国上海的永久总部大楼，并期待印度区域办公室年内开业。

……

60. 我们认可《金融信息安全法规电子手册》和《金砖国家信息安全风险最佳实践汇编》是金砖国家信息安全快速沟通机制下有关规则和最佳实践的综合性文件。

……

63. 我们强调有必要继续实施技术规则、标准、计量和合格评定程序工作机制，促进金砖国家间贸易合作。

人文交流

64. 我们重申人文交流在增进金砖国家及五国人民间相互了解和友谊、促进合作等方面的重要性。我们满意地注意到，在今年主席国印度的领导下，治国理政、文化、教育、体育、艺术、电影、媒体、青年和学术交流等合作领域取得进展，并期待在上述领域进一步合作。

……

66. 我们欢迎金砖国家工商理事会发起的"2021年金砖国家可持续发展目标解决方案奖"，以表彰金砖国家通过创新解决方案实现可持续发展目标所做工作。我们认识到这些奖项将有助于交流分享可持续发展目标领域的知识和最佳实践。我们也赞赏金砖国家工商理事会充分运用数字技术成功组织线上贸易博览会，各国企业、企业家和相关参与者齐聚数字平台，为金砖国家经济合作提供动力。

67. 我们赞赏金砖国家在应对城市发展新挑战方面取得的进展，并注意到金砖国家智慧城市研讨会、城镇化论坛、友好城市暨地方政府合作论坛等活动为此所作贡献。

……

70. 我们认识到，青年在科学、教育、艺术文化、创新、能源、外交、志愿服务和创业等领域保持交流，这将确保金砖国家合作的美好未来，并赞赏印度克服疫情影响举办金砖国家青年论坛。

……

72. 我们赞赏金砖国家智库理事会会议和学术论坛取得的成果，肯定在加强五国学术界对话和交流，促进面向未来的研究、政策分析和知识分享方面取得的进展。我们欢迎金砖国家民间社会论坛的成果并注意到其建议。

……

B.14
附录二 金砖国家领导人第十二次
会晤莫斯科宣言（节选）

前 言

1. 我们，巴西联邦共和国、俄罗斯联邦、印度共和国、中华人民共和国、南非共和国领导人于 2020 年 11 月 17 日举行金砖国家领导人第十二次会晤。本次会晤主题是"深化金砖伙伴关系，促进全球稳定、共同安全和创新增长"。

......

团结共创美好世界

......

10. 我们重申应加强国际合作，提升各国和国际社会能力，共同有效、务实、协调、迅速地应对新冠肺炎疫情及其负面影响等新的全球性威胁。我们强调迫切需要通过国家间合作恢复国际信任、经济增长和贸易，增强市场稳定和韧性，维持就业和收入水平，特别是保护最弱势社会群体的就业和收入。

......

12. 我们认为一旦出现安全、优质、有效、可及和可负担的新冠疫苗，开展大规模免疫接种有利于预防、遏制和阻断新冠病毒，结束疫情大流行。我们注意到世界卫生组织、各国政府、非营利性组织、研究机构、医药行业有关加快新冠疫苗和治疗手段的研发和生产倡议，支持在上述方面开展合作。我们将努力确保疫苗面世后，将以公平、平等和可负担方式分配。为此，我们支持全球合作加速开发、生产、公平获取新冠肺炎防控新工具倡议。

政治安全合作

……

14. 我们欢迎 2020 年 9 月 17 日举行的第十次金砖国家安全事务高级代表视频会议，赞赏他们加强了金砖国家在反恐、信息通信技术安全使用、重大国际和地区热点问题、维和及跨国有组织犯罪等问题上的对话。

……

20. 我们重申应严格遵守《外空条约》确立的各项原则，为促进可持续及和平利用外空作出贡献，维护各国利益和福祉。我们重申应根据包括《联合国宪章》在内的国际法，开展和平探索和利用外空的活动，为后代保护好外空。和平利用有关空间技术有助于实现可持续发展目标。我们强调金砖国家在遥感卫星领域进一步开展合作的重要性。

……

39. 我们强调应秉持发展和安全并重原则，全面平衡处理信息通信技术进步、经济发展、保护国家安全和社会公共利益和尊重个人隐私权利等的关系。我们强调联合国应发挥领导作用，推动通过对话就信息通信技术安全和使用、普遍同意的负责任国家行为规则、准则和原则达成共识，同时不排斥其他相关国际平台。强调适用于本领域的国际法和原则的重要性。外长们对联合国开放工作组以及政府间专家组的工作表示欢迎，并注意到其讨论取得进展。

40. 我们强调要建立金砖国家信息通信技术安全使用合作的法律框架。我们注意到金砖国家网络安全工作组的活动，认可网络安全工作组在研提相关倡议方面所做工作，包括缔结金砖国家网络安全政府间协议和相关双边协

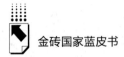

议。我们重申推进金砖国家间合作的重要性，包括考虑提出相关倡议和落实《金砖国家确保信息通信技术安全使用务实合作路线图》。

41. 我们强调数字革命在促进经济增长和发展方面潜力巨大，同时也意识到它可能带来新的犯罪活动和威胁。我们对信息通信技术非法滥用的水平和复杂性不断上升，以及对缺乏打击将信息通信技术用于犯罪目的的多边框架表示关切。我们还认识到，数字革命的新挑战和新威胁需要各国合作应对，并探讨制定法律框架，包括在联合国主持下商定关于打击将信息通信技术用于犯罪目的的全面国际公约。我们注意到根据 2019 年 12 月 27 日联合国大会第 74/247 号决议，在联合国主持下设立了相关开放性政府间专家特设委员会。

42. 我们对在保护儿童免受网上性剥削和其他不利于儿童健康和成长内容的毒害方面面临日益严峻的挑战表示关切，并期待金砖国家加强合作，制定旨在保护儿童网上安全的倡议。

......

经贸财金以及政府间合作

......

55. 我们注意到落实《金砖国家经济伙伴战略》的进展，强调《金砖国家经济伙伴战略》在拓展金砖合作方面的作用。我们欢迎《金砖国家经济伙伴战略 2025》，为推动金砖贸易、投资、金融、数字经济、可持续发展方面合作提供重要指南，促进金砖国家经济快速恢复，提升人民生活水平。我们将继续落实《金砖国家经贸合作行动纲领》，指导金砖国家经贸合作。

......

57. 我们认为加强基础设施数据共享对更好发现投资机遇，利用私营部门投资，满足金砖国家基础设施投资需要非常重要。我们注意到关于探索在自愿基础上通过金砖国家基础设施投资数字平台，分享已有基础设施投资项目国别数据的倡议。我们注意到金砖国家基础设施和政府和社会资本合作工作组取得的进展，期待金砖国家进一步合作，并探索新开发银行参与该倡议的可行模式。

……

63. 我们欢迎设立金砖国家信息安全快速沟通机制，帮助五国央行交流网络威胁信息，分享应对金融领域网络攻击的经验。

……

65. 我们重申应促进产业增长，欢迎在金砖国家新工业革命伙伴关系等框架下进一步推动贸易投资合作。我们鼓励金砖国家同联合国工发组织开展互利合作，通过适当后续讨论，探讨建立金砖国家工业能力中心。我们注意到中国关于建立金砖国家新工业革命伙伴关系创新基地的倡议。

66. 我们认识到数字经济的重要作用，认为数字经济是实现工业现代化和转型、促进包容性经济增长、支持紧密的全球贸易和商业活动的重要工具，将促进金砖国家实现可持续发展目标。同时，我们认为数字技术和电子商务前所未有的发展也带来了挑战，强调应聚焦弥合数字鸿沟，支持发展中国家应对数字经济的社会经济影响。面对电子商务的加速发展和线上交易的增多，我们将通过金砖国家电子商务工作组加强合作。我们认识到可探讨成立工作组，研究金砖国家、其他国家和国际协会在电子商务消费者保护方面的经验，并通过推出试点项目和倡议等，为探讨制定保护金砖国家消费者的务实框架奠定基础。

67. 我们重申愿意在平等、非歧视以及充分尊重主权和国家利益的基础上进一步深化能源领域国际合作，并注意到能源在促进可持续发展方面的关键作用。我们认为确保为所有人提供可负担的、可靠和可持续的现代能源依然是国际能源政策的优先事项，我们将加强合作，消除能源贫困。我们强调，所有形式的能源可持续和高效利用、能效以及技术普及对各国能源转型、建立可靠的能源体系和加强能源安全至关重要。我们强调基于五国在世界能源生产和消费中的份额，金砖国家在全球能源合作中作出更大贡献的重要性。

68. 我们将促进培育能源相关商品贸易，推动技术合作，促进相互投

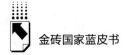

资，就监管和能源政策交换意见，强化能源领域战略伙伴关系。我们欢迎金砖国家就能源领域热点问题进行非正式磋商，并在国际组织和国际场合进行讨论。我们将加强对话，在全球层面促进金砖国家利益。我们欢迎通过《金砖国家能源合作路线图》，欢迎金砖国家能源研究平台开展包括撰写联合报告在内的务实合作。我们注意到扩大联合研究范围、实施联合项目、强化能源研究平台的重要性。

69. 我们强调金砖国家应在知识产权、技术法规、标准、计量和合格评定等领域进一步加强合作。我们赞赏金砖各国知识产权主管部门间的合作，赞赏金砖国家在技术法规标准计量合格评定程序工作机制下的合作成果，我们重申进一步加强合作的重要性。

……

72. 我们忆及金砖五国农业产出占全球总量三分之一以上，强调金砖国家在确保农业和粮食行业可持续性以及全球粮食安全和营养方面的作用和责任。我们强调，在应对新冠肺炎疫情蔓延时，采取的紧急措施应有针对性、适度、透明、及时并符合世贸组织规则，并在满足各国需要的同时尽量减少对全球粮食供应链和农产品市场稳定的影响。我们承诺如果在抗击疫情过程中不再需要这些措施，将立即予以撤销。

73. 我们将考虑新冠肺炎疫情影响，通过深化农业南南合作以及符合世贸组织农业规则的支持方式，促进农村地区全面发展，增强农业、农村和农民的抗风险能力。农村的发展对于平衡改善全球农业生产、保障粮食安全和实现农业领域可持续发展目标具有重要意义。我们认识到避免粮食损失和浪费的重要性，鼓励金砖国家共同努力减少粮食损失和浪费。

74. 我们忆及自 2015 年《乌法宣言》以来所有金砖国家领导人宣言，重申致力于进一步加强金砖国家在应对卫生挑战、增强人类福祉，包括通过制定共同的有效措施，应对主要疾病（如艾滋病、肺结核、疟疾和其他疾病）持续传播，预防大流行病的暴发。我们欢迎各国制定和实施适合本国国情的抗击新冠肺炎疫情的政策和举措。我们忆及《金砖国家领导人第十次会晤约翰内斯堡宣言》决定建立金砖国家疫苗研发中心，鼓励中心尽早投入有效运作。我们欢迎金砖国家发布应对新冠肺炎病毒传播相关举措总结，注意到俄罗斯关于预防大规模传染病风险早期预警机制的倡议，将进一步研究讨论。我们认为包括世卫组织在内的联合国系统在协调全球综合施策应对新冠肺炎疫情中发挥了根本性作用，联合国各会员国作出了核心努力。我们强调金砖国家应单独或共同采取协调、果断行动，对国际公共卫生安全作出更多积极贡献。

75. 我们注意到金砖国家科技创新框架计划取得的进展，该计划吸引了多个来自金砖国家的资助方参与，为百余个不同主题的金砖国家项目提供了支持，为金砖五国研究机构和科学家建立联系网络提供了便利，为应对共同社会挑战制定可负担的解决方案。我们认识到金砖国家科技创新合作在应对新冠肺炎疫情传播及其影响中发挥的重要作用，包括金砖国家科技创新框架计划下发起的特别联合研发项目征集以及专家在线交流。我们认可金砖国家科技创新架构下科技创新指导委员会取得的进展，特别是在专题工作组方面取得的进展。

76. 我们强调教育对于提升人力资本、开展技能重塑与提升、助力疫后经济复苏、实现可持续发展和经济包容增长发挥着关键作用。我们致力于在职业教育与培训及高等教育等方面加强合作，分享数字技术领域的最佳实践和专业知识，提供高质量、稳定可及的教育工具，促进远程教育和混合学习。

……

80. 我们重申致力于落实《2030 年可持续发展议程》，认识到消除一切形式的贫困，包括极端贫困，是最大的全球挑战，也是实现可持续发展不可或缺的要求。我们认识到非洲、亚洲和拉丁美洲的许多发展中国家从新冠肺炎疫情及其造成的影响中恢复需要更长时间。我们呼吁捐助国履行其官方发展援助承诺，促进能力建设，向发展中国家转移技术，提供额外的发展资源。

……

82. 我们重申致力于落实气候变化《巴黎协定》，该《协定》是根据各国不同国情以及《联合国气候变化框架公约》规定的"共同但有区别的责任"和各自能力等原则制定的。我们敦促附件二所列发达国家增加对发展中国家的资金、技术和能力建设援助，支持发展中国家的减缓和适应行动。我们认可 2020 年 7 月 6 日通过的《第六次金砖国家环境部长会议联合声明》。我们欢迎金砖国家环境友好技术平台取得的进展，包括建立平台架构模型的倡议。我们期待在环境问题上进一步加强合作，尤其是共同应对"金砖国家清洁河流项目"重点关注的海洋塑料垃圾问题。

83. 我们认为应共同努力推动联合国《生物多样性公约》第十五次缔约方大会制定和通过"2020 年后全球生物多样性框架"，包括实施支持机制，平衡推进生物多样性保护、可持续利用其组成部分，以公平、平等方式分享利用遗传资源的惠益。

84. 我们呼吁金砖国家在相关多边论坛下加强合作，共同打击海关违法行为，开发海关技术，开展能力建设合作。我们欢迎《金砖国家海关合作战略框架》落实取得重要进展。五国在达成《海关事务合作与行政互助协定》技术共识方面取得了重大进展，我们对此感到鼓舞，并欢迎尽早缔结协定。

85. 我们支持在金砖国家工商理事会框架下就促进贸易投资、基础设施建设、数字经济、能源领域最佳实践交流、有效监管、负责任的商业行为、发展融资等加强互动，密切金砖国家间的商业联系。我们也欢迎金砖国家银行间合作机制的活动，包括在制定金砖国家发展机构负责任融资和高效绿色金融机制原则方面取得的进展。

……

人文交流

87. 我们重申人文交流在增进金砖国家及其人民间相互了解、促进友谊与合作方面的重要性。我们满意地注意到，在金砖国家主席国俄罗斯的领导下，治国理政、文化、体育、艺术、电影、青年和学术交流等领域的活动基本没有因疫情影响而中断，为这一支柱领域合作取得实质性进展作出贡献。我们鼓励更多样化的倡议和活动。

……

89. 我们对金砖国家首席大法官论坛取得的成果表示赞赏。该论坛讨论了通过行政司法程序、根据"数字时代"新现实调整法院机制等举措，保护经济实体、企业家和消费者权益等问题。

……

93. 我们致力于保持金砖国家伙伴关系的延续性，以使金砖国家的后代和青年能够共享繁荣，传承友谊。我们认识到，在科学、创新、能源、信息通信技术、志愿服务、创业等领域进一步促进金砖国家青年沟通交流潜力巨大，意义重大。我们满意地注意到金砖国家举办了青年官员会议、青年外交官论坛、青年科学家论坛和其他与青年相关的活动，以及金砖国家全球青年能源峰会、金砖国家青年能源机制框架下的合作等非正式倡议。五国举办了第四届金砖国家中小学生线上数学大赛，五国儿童踊跃参与，令人鼓舞。我们对即将举办的年度金砖国家青年峰会表示欢迎。

94. 我们满意地注意到金砖国家举行了教育部长会，赞赏教育合作取得的进展。我们鼓励整合金砖国家网络大学和金砖国家大学联盟，推动两者各项活动形成合力。我们欢迎深化大学网络成员间合作，加强大学能力建设，增强他们在推动数字化转型和创新、提供高质量教育、促进经济增长和繁荣方面的作用。

95. 我们赞赏金砖国家智库理事会会议和学术论坛取得的成果，认可在促进金砖国家专家学者交流对话、推动面向未来的研究政策分析和知识共享等方面取得的进展。金砖国家智库理事会应继续完善内部机制，加强同金砖国家政府部门以及新开发银行、金砖国家工商理事会等机制的联系。我们注意到金砖国家举办了民间论坛，也注意到发起金砖解决方案奖。

……

B.15
附录三 金砖国家领导人第十一次
会晤巴西利亚宣言（节选）

前　言

1. 我们，巴西联邦共和国、俄罗斯联邦、印度共和国、中华人民共和国、南非共和国领导人于 2019 年 11 月 14 日在巴西利亚举行金砖国家领导人第十一次会晤。本次会晤主题是"金砖国家：经济增长打造创新未来"。

……

3. 我们对 2019 年金砖主席国取得的成就感到满意。我们回顾今年举行的一百多场会议和活动，欢迎在金融、贸易、外交、国家安全事务、通信、环境、劳动就业、科技创新、能源、农业、卫生、文化等领域召开的部长级会议以及其他高级别会议。我们也注意到新开发银行理事会会议。

4. 我们对金砖合作成果表示欢迎，包括建立"创新金砖"网络等。欢迎金砖国家科技创新合作新架构得到通过，该架构将由金砖国家科技创新指导委员会实施。欢迎通过《金砖国家能源研究合作平台工作章程》。我们还对举行金砖国家反恐战略研讨会、母乳库研讨会和资产返还会议表示欢迎。我们赞赏签署《金砖国家贸易和投资促进机构合作谅解备忘录》以及建立金砖国家女性工商联盟。我们赞赏 2019 年金砖国家主席国推动批准结核病合作研究计划等倡议。

加强和改革多边体系

……

9. 我们重申落实《2030 年可持续发展议程》的重要性，呼吁加倍努力确保其及时得到落实。我们呼吁发达国家全面履行官方发展援助承诺，向发展中国家提供额外的发展资源。

10. 我们重申致力于根据各自国情落实在《联合国气候变化框架公约》原则基础上制定的《巴黎协定》，坚持共同但有区别的责任原则和各自能力原则。我们敦促附件二所列发达国家加大对发展中国家的资金、技术和能力建设援助，支持发展中国家的减缓和适应行动。我们期待，至 2019 年底绿色气候基金的首次增资将大幅超过最初动员的资源，确保捐助方的捐款与发展中国家的雄心、需求和优先事项匹配。我们还致力于推动《联合国气候变化框架公约》第 25 次缔约方会议取得成功，特别是就《巴黎协定》工作计划所有剩余议程取得平衡和全面的成果。

11. 我们忆及《金砖国家区域航空伙伴关系谅解备忘录》的签署，重视金砖国家在航空领域的合作。考虑到航空业在金砖国家等新兴市场的关键作用以及"国际航空碳抵消和减排计划"对航空业发展的潜在影响，我们重申致力于在相关框架审议过程中加强合作。

12. 我们致力于推动制定 2020 年后全球生物多样性框架，支持将于 2020 年在中国昆明举行的《生物多样性公约》第十五次缔约方大会取得圆满成功。我们将就各自在生物多样性领域的立场深化对话和合作。我们期待《生物多样性公约》的三个目标在框架中能得到平衡考虑，避免忽视经常不被重视的可持续利用生物多样性组成部分和遗传资源获取与惠益分享的支柱性目标。

13. 我们致力于落实《联合国防治荒漠化公约》第十四届缔约方大会成果，实现 2030 年可持续发展目标 15.3，防治荒漠化，恢复退化的土地和土壤，努力建立一个土地退化零增长的世界。我们欢迎印度建立可持续土地恢复中心，就"关于土地退化零增长目标设定项目"开展能力建设以及数据和信息交换，促进该领域南南合作。我们认可《"投资土地，开启机遇"新德里宣言》和《鄂尔多斯宣言》。

……

18. 我们强调开放、安全、和平、稳定、可及和非歧视的信息通信技术环境的重要性。我们强调需要在联合国框架下制定各方普遍接受的网络空间负责任国家行为规则、准则和原则，维护联合国在这方面的核心作用。鉴此，我们欢迎联合国建立的开放式工作组，以及建立新一届政府专家组。我们支持这两个机制，同时强调双进程可为该领域国际努力提供补充和协同。

19. 我们重申致力于打击滥用信息通信技术的犯罪和恐怖主义活动。在这方面的新挑战和威胁需要国际合作，包括为防止将信息通信技术用于犯罪目的探讨在联合国制定具有普遍约束力的文书等可能的合作框架。我们认可金砖国家通过网络安全工作组和《金砖国家网络安全务实合作路线图》在加强合作方面取得的进展，网络安全工作组修订了工作章程。基于此前金砖领导人会晤共识，我们重申金砖国家建立网络安全合作法律框架的重要性，认可网络安全工作组相关考虑和阐述。我们注意到俄罗斯提出的缔结金砖国家网络安全政府间协议的建议和巴西提出的金砖国家缔结相关双边协议的倡议。

……

经济财金合作

……

29. 我们将在适当框架下探索促进和便利对生产部门、电子商务、中小微企业、基础设施和互联互通进行投资的方式，促进经济增长、贸易和就业。我们将充分考虑国家法律和政策框架，以加强透明、有效、投资友好型的营商环境。

……

37. 我们积极评估《金砖国家经济伙伴战略》所取得的进展，包括在创新、可持续和包容性经济增长方面的进展，并期待在 2020 年由俄罗斯担任金砖国家主席国时就进展情况进行评估。我们赞赏成员国通过促进政策共享、信息交流、促进贸易和投资便利化并开展贸易研究等活动推动落实《金砖国家经贸合作行动纲领》。我们欢迎金砖国家贸易联合研究审议的结论，其指出金砖国家间贸易和投资的潜力，并指示我们的部长继续采取行动，为成员国之间的合作倡议提供支持。

38. 我们欢迎举行金砖国家工商论坛，认可金砖国家工商理事会在基础设施、制造业、能源、农业及生物科技、金融服务、区域航空、技术标准对接、技能开发和数字经济等领域开展的合作，以及促进成员间贸易和投资的努力。

......

地区热点问题

......

金砖务实合作

......

52. 我们强调科技创新是经济增长的主要驱动力和塑造未来社会的关键元素。我们欢迎第七次金砖国家科技创新部长会达成的成果和提出的合作倡议。这些成果和倡议使五国的研究人员、青年科学家和政府机构间的合作日益密切，也使我们的创新系统联系更加紧密。我们对"创新金砖"网络等金砖国家创新合作行动计划落实成果表示满意。我们欢迎通过金砖国家科技创新合作新架构，新架构将在金砖国家科技创新指导委员会的指导下，对五国科技创新合作项目进行精简和强化。

53. 我们欢迎第五次金砖国家通信部长会议成果。我们将继续加强金砖国家间联合项目合作，创造新的合作机会，拓展和强化现有伙伴关系，包括采取必要行动早日设立数字金砖工作组。我们满意地注意到第一次金砖未来网络研究院理事会会议取得的成果。

54. 我们认识到新工业革命是至关重要的发展机遇，所有国家都应从中平等获益，我们同时意识到它带来的挑战。我们满意地注意到，在落实领导

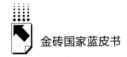

人约翰内斯堡会晤关于启动金砖国家新工业革命伙伴关系全面运作的决定方面取得的进展。我们也欢迎通过新工业革命伙伴关系工作计划和新工业革命伙伴关系咨询组工作职责。根据 2019 年 9 月在巴西举行的第二次金砖国家新工业革命伙伴关系咨询组会议通过的工作计划，我们将继续在工作计划确定的 6 个合作领域开展互利合作项目，包括建立金砖国家工业园和科技园、创新中心、技术企业孵化器和企业网络等。

55. 我们注意到金砖国家遥感卫星星座合作协定磋商工作取得的进展，并期待磋商早日完成。

56. 我们认识到能源在促进社会和经济发展以及环境保护方面的关键作用。我们认识到每个国家的能源转型都因其国情而异，我们强调确保各国人民获得清洁、可持续和负担得起的能源的重要性。在这方面，能源多样化对实现能源安全至关重要。为此目的，我们致力于继续有效利用化石燃料，并提高包括生物燃料、水电、太阳能和风能在内的可再生能源在我们经济中的比重。我们欢迎五国正在进行的能源领域合作。我们欢迎在巴西利亚举行的第四次能源部长会和《金砖国家能源研究合作平台工作章程》得到批准，这将便于深入交流意见和最佳实践，进一步推进我们的合作，为全球能源研究作出重大贡献。

57. 我们欢迎第九次金砖国家卫生部长会议的举行和金砖国家结核病研究网络于 2019 年制定的结核病合作研究计划，该计划旨在通过支持与结核病有关的诸多相关问题的科研项目，促进新的科学、技术和创新方法来降低结核病负担。我们同时欢迎在第一次人类母乳库研讨会中提出的金砖国家母乳库网络倡议。我们强调各国共同采取行动促进药物和诊断工具的研究和开发，提高安全、有效、优质和可负担的基本药物的可及性，这对于遏制传染病和加强非传染病防控至关重要。

......

59. 我们注意到金砖国家海关部门在《金砖国家海关行政互助协定》草案磋商上取得的进展，并指示相关部门努力争取协定早日签署和生效。我们欢迎金砖国家海关合作战略框架落实工作取得的重大进展，特别是在经认证经营者项目方面。该项目包括监管互认和经营者互认，应于 2022 年底开始运作。我们注意到建立金砖国家海关培训中心的积极做法，并指示有关部门今后继续开展此类合作。我们认识到金砖国家海关合作委员会的潜力，要求金砖国家在相关多边框架下加强贸易便利化、执法、先进信息技术应用和能力建设等领域合作。

……

61. 我们赞赏金砖国家税务部门支持落实税收透明度和信息全球交换标准，以及防止税基侵蚀和利润转移行动计划最低标准。我们始终致力于解决经济数字化带来的税收挑战。我们期待对税基侵蚀和利润转移包容性框架所制定的双支柱方案的讨论取得进一步进展。我们欢迎最近在税收透明度方面取得的成就，包括在税收情报自动交换方面取得的进展。我们呼吁各方签署和批准《多边税收征管互助公约》。我们将继续加大努力，防止税基侵蚀和利润转移，加强税收情报交换，并根据发展中国家需要开展能力建设。我们致力于更深入地交流和分享经验和最佳实践，并在税收征管方面相互学习。

62. 我们赞赏第九次金砖国家经贸部长会在经贸联络组支持下所取得的积极成果，以及它们为深化金砖国家投资、电子商务、中小微企业等领域合作，以及会同金砖各国知识产权主管部门在知识产权领域所作努力。我们也欢迎《金砖国家贸易投资促进机构合作谅解备忘录》的签署。

63. 我们支持金砖国家经贸部长关于必须采取果断、协调的全球行动以促进经济增长的共识。促进贸易有利于全球经济增长，但是全球经济需求不足，需要更多增长点，例如对包括数字基础设施在内的基础设施投资、针对青年人等的技能培训、可持续投资、对地方基本公共服务投资和对包括非洲大陆在内的高增长潜力地区投资。

……

65. 我们认可第五次金砖国家环境部长会成果，此次会议主题为"城市环境管理对提高城市生活质量的贡献"。我们强调金砖国家环境合作倡议对改善我们城市生活质量的重要性，包括在废物管理、循环经济、可持续消费和生产、卫生和水质、城市空气质量和城市绿地等重要议题上分享知识和经

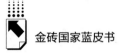

验。我们欢迎俄罗斯关于将应对海洋垃圾纳入金砖国家清洁河流项目的提议。

66. 我们欢迎第九次金砖国家农业部长会取得的成果。作为世界领先的农产品生产国和人口大国，我们强调金砖国家农业合作的重要性。我们认识到以科学为支撑的农业以及为实现此目的将信息通信技术应用于农业的重要性。我们强调金砖国家需要通过增加农业产量和生产力、可持续管理自然资源和农业贸易，确保实现粮食安全、食品安全、解决营养不良、消除饥饿和贫困的目标。

67. 我们欢迎第五次金砖国家劳工和就业部长会成果，此次会议主题为"金砖国家：经济增长打造创新未来"。我们注意到全球化、技术创新、人口变化和其他现象驱动劳动力市场的转变及其带来的机遇和挑战。我们满意地注意到，金砖国家在未来工作、高质量和生产性就业、可持续社会保障体系，以及劳动力市场数据交换等领域合作取得的进展。我们强调，劳动力市场需要变得更具适应性和包容性。

……

69. 我们重申金砖国家人文交流在增进五国人民相互了解、促进友谊与合作方面的重要性。我们对金砖国家在文化、治国理政、艺术、体育、媒体、电影、青年和学术交流等领域举行的一系列会议和活动表示满意。

……

B.16

附录四　第九届金砖国家科技
创新（STI）部长级会议宣言

1. 根据 2015 年 3 月签署的《金砖国家政府间科技创新合作谅解备忘录》和 2021 年 9 月 9 日通过的《金砖国家领导人第十三次会晤新德里宣言》，我们，巴西联邦共和国、俄罗斯联邦、印度共和国、中华人民共和国、南非共和国部长于 2021 年 11 月 26 日以视频会议方式举行第九届金砖国家科技创新部长级会议。

2. 2021 年金砖国家领导人会晤由印度担任主席国，会晤主题为"金砖 15 周年：开展金砖合作，促进延续、巩固与共识"。主题的重点是审议金砖国家合作成就和对全球议程和各国增长的贡献。"合作、延续、巩固、共识"某种程度上成为金砖国家伙伴关系的基本原则。我们重申致力于促进金砖国家可持续发展，进一步推动创新和技术发展，增进人民福祉。

3. 今年是《金砖国家政府间科技创新合作谅解备忘录》签署六周年。六年来，金砖国家科技创新各领域合作活动持续增加，取得巨大进展。我们对此表示赞赏。

4. 过去 15 年来，金砖国家合作平台取得了若干成就。今天，我们已经成为一个具有影响力的机制，在世界舞台上代表新兴经济体发声。金砖国家合作机制还成为集中讨论发展中国家优先事项的平台。

5. 近两年来，新冠肺炎疫情在全球政治、经济和社会等领域造成不可估量的损失。我们呼吁通过动员政治支持和必要的财政资源，为应对新冠肺炎疫情及其他当前和未来卫生挑战做好更充分准备并加强国际合作。今年，金砖国家克服新冠肺炎疫情带来的挑战，组织了 150 多场会议和活动，其中有 20 多场为部长级别。从这个意义上讲，金砖国家保持了合作势头和延续

性，基于共识原则，巩固了各项活动。我们对此表示赞赏。我们在科技创新领域共召开了 20 多场会议。

6. 我们重申致力于从经济、社会和环境三个方面落实 2030 年可持续发展议程。我们关切地注意到，新冠肺炎疫情对落实 2030 年可持续发展议程带来干扰，并逆转了多年来在减贫、消除饥饿、医疗保健、教育、应对气候变化、获得清洁水和环境保护等方面取得的进展。新冠病毒对每个人尤其是世界上最贫困和最脆弱人群带来巨大影响。因此，我们呼吁加强科技创新合作，促进金砖国家发展伙伴关系，应对新冠肺炎疫情带来的影响，并通过推进执行手段加快落实 2030 年可持续发展议程。

7. 我们赞赏金砖国家科技创新合作在汇集五国研究人员共同应对新挑战方面的重要性，并感谢金砖国家科技创新指导委员会和联合研究项目取得的进展，特别是在各专题工作组方面。

8. 我们重申继续支持青年科研人员，欢迎印度举办第六届金砖国家青年科学家论坛，论坛聚焦于三个主题：医疗保健、能源解决方案和网络物理系统，见证了 100 多项由年轻科学家开展的激动人心的创新研究。论坛是促进科学、创新、教育、文化和人文交流最成功的金砖倡议和网络之一，除了科学交流、最佳实践和知识分享，论坛还推动金砖国家建立新的联系、开展联合科学研究，为金砖各国共同繁荣和世界社会发展提供助力。我们对金砖国家青年创新者大赛的成果表示满意，主张赛事继续举办，鼓励有才华的青年一代对金砖国家社会经济环境产生深远影响。

9. 我们欢迎印度于 2021 年 5 月 19—20 日以视频方式主办金砖国家天文学工作组第七次会议，确定天文学领域未来研究方向，包括建立智能望远镜和数据网络等。我们还对印度于 2021 年 9 月 20—30 日举办的第五届金砖国家科技创新创业会议表示欢迎，会议提出了《金砖国家创新合作行动计划（2021—2024 年）》和实施框架。

10. 我们欢迎巴西于 2021 年 10 月 26—28 日在马瑙斯以线上线下相结合的方式主办材料科学和纳米技术工作组第三次会议，与会代表讨论了金砖国家材料和纳米技术发展的环境和加强该领域合作的战略。

11. 我们赞赏俄罗斯于2021年3月3日以视频方式主办金砖国家研究基础设施和大科学项目工作组特别会议，会议强调要继续完善金砖全球先进基础设施网络平台。感谢俄罗斯于10月6—7日以线上线下相结合的形式举办金砖国家科普论坛，充分表明金砖科技界强烈希望通过科普促进可持续发展和推动世界变革。

12. 我们感谢金砖国家光子学工作组为建立、支持和进一步发展金砖国家虚拟光子学研究所作出的努力，我们欢迎制定并最终确定将于2022年2月提交给金砖国家科技创新合作机制的战略文件《金砖国家光电子技术路线图》。

13. 我们欢迎中国于2021年5月25—26日主办第四届金砖国家生物技术和生物医学（包括人类健康和神经科学）工作组会议；2021年7月27—28日主办金砖国家"海洋与极地科学"专题领域工作组第四届会议；2021年10月18日、20日和22日主办金砖国家企业孵化研讨会；2021年9月8—9日主办金砖国家半导体照明合作工作组第八次会议；2021年10月27日主办金砖国家技术转移网络合作会议及相关活动。我们对会议结果表示满意，鼓励指导委员会进一步讨论工作组的建议。

14. 我们欢迎南非于2021年5月27—28日以视频方式主办信息通信技术和高性能计算工作组第五次会议，工作组决心在发展信息通信技术和高性能计算系统领域继续加强合作。

15. 创新是经济和社会发展的关键动力之一。我们赞赏印度在制定《金砖国家创新合作行动计划（2021—2024年）》方面所作的努力。我们认可科技创新伙伴关系工作组的建议并同意通过《金砖国家创新合作行动计划（2021—2024年）》和《金砖国家技术转移合作网络实施框架》。

16. 《金砖国家科技创新框架计划》在吸引科学家和研究组织进行合作研究方面取得了巨大成功，过去五年中，已有100多个项目获得了支持。我们重申致力于利用《金砖国家科技创新框架计划》，将其作为推动在优先领域开展联合研究的有效合作机制。我们注意到金砖五国2021年共收到300多份项目申请。我们也了解到金砖国家应对新冠肺炎疫情领域12个研究项

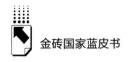

目的启动实施。我们认可印度于 2021 年 6 月 24 日召开的金砖国家科技创新资金资助方工作组会议取得的成果。我们支持继续实施《金砖国家科技创新框架计划》，继续征集联合研发项目，并改进机制，进一步加强金砖国家科研合作和提高运行效率。

17. 考虑到自 2015 年《金砖国家政府间科技创新合作谅解备忘录》签署以来出现的新的科技创新问题和挑战，我们呼吁对我们合作的优先主题进行审查，以便在未来几年更新金砖国家科技创新合作议程。

18. 我们赞赏金砖国家科技创新指导委员会在科技创新活动管理和协调中作出的努力。金砖国家科技创新指导委员会克服新冠肺炎疫情挑战，坚持不定期举行会议，证明了指导委员会的高效和不可或缺。

19. 我们认可《金砖国家科技创新 2022 年活动计划表》，该计划表是《金砖国家科技创新工作计划（2019—2022 年）》的补充。

20. 巴西、俄罗斯、中国和南非衷心感谢印度科技部分别于 2021 年 11 月 25 日和 11 月 26 日以视频方式举办第 11 届金砖国家科技创新高官会和第 9 届金砖国家科技创新部长级会议。

21. 巴西、俄罗斯、印度和南非对中国提出将主办第 10 届金砖国家科技创新部长级会议和第 12 届金砖国家科技创新高官会表示感谢并给予全力支持。

于 2021 年 11 月 26 日以视频会议方式通过

B.17

附录五 第八届金砖国家科技创新（STI）部长级会议宣言

根据 2015 年 3 月在巴西签署的《金砖国家政府间科技创新合作谅解备忘录》以及 2019 年 11 月 14 日巴西举行的金砖国家领导人第十一次会晤上通过的《巴西利亚宣言》，我们，巴西、俄罗斯、印度、中国、南非部长，于 2020 年 11 月 13 日在俄罗斯的主持下召开第八届金砖国家科技创新（STI）部长级会议。

基于 2020 年金砖国家轮值主席国俄罗斯确定的主题："维护全球稳定、共同安全和创新增长的金砖国家伙伴关系"，我们重申致力于推动可持续发展，并确保进一步促进创新和技术研究，增进金砖国家人民福祉。

我们迎来《金砖国家政府间科技创新合作谅解备忘录》签署五周年纪念。我们对 2015 年以来金砖国家在科技创新领域合作取得的巨大进步表示肯定，我们在已发布的小册子《金砖五国 STI 概述》中对此进行了描述。

我们注意到并感谢金砖国家科技创新指导委员会在管理和协调金砖国家科技创新新架构方面所做的关键工作，并采取进一步措施发展我们合作的四大支柱：研究合作、研究基础设施、创新合作和可持续性（长期合作）。

我们对由新冠肺炎全球大流行引起的新挑战深表关切。我们目睹了全世界人类的损失和苦难。针对新出现的传染病，我们强调需要我们的合作努力，以建立金砖国家科技创新社区的长期伙伴关系。我们欢迎在金砖国家科技创新框架计划下发起"应对新冠肺炎大流行"的协调呼吁，要求采取紧急措施，征集 2020 年金砖国家多边研发项目。我们相信这些研究的结果将为金砖国家政府提供科学指导，以寻求解决方案来克服大流行在健康、经济学、社会科学和人类其他领域中造成的影响和后果。我们感谢金砖国家科技

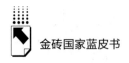

创新指导委员会成功组织了六次虚拟会议，金砖国家各专题领域工作组和各国研究机构围绕新冠肺炎相关不同科研主题交流信息和合作，例如针对新冠肺炎的诊断、疫苗、药物、基因组测序、针对新冠肺炎的 AI、ICT 和 HPC 应用研究以及新冠肺炎和其他合并症的研究，会议聚集了 300 多名专家和政府官员。

鉴于目前旨在克服新冠肺炎大流行的全球旅行限制，我们将会以视频会议形式继续保持我们的合作。

我们重申对青年科学界的持续支持，欢迎俄罗斯举办第五届金砖国家青年科学家论坛，这是发展科学、创新、教育、文化和友谊联系的重要平台之一。除了在科学领域互动，交流最佳实践和知识，这次活动也为未来建立新的联系提供了积极的动力，以促进各国共同繁荣和全球社会发展。我们对"金砖国家青年创新奖"竞赛的结果感到高兴，将继续鼓励有才华的青年一代对金砖国家的社会经济环境产生深远影响。

我们欢迎俄罗斯于 2020 年 9 月 24—25 日通过视频会议主办金砖国家天文学工作组第六次会议，并注意到工作组提出"金砖国家智能望远镜和数据网络（BITDN）"旗舰项目。对俄罗斯 10 月 8—9 日主办 ICT 和 HPC 工作组第四次会议视频会议上所取得的成果感到满意，并注意到该工作组提出的旗舰项目。感谢俄罗斯 10 月 13—15 日主办金砖国家第二次光子学工作组会议、10 月 14—15 日主办新能源和可再生能源与能效工作组第二次会议、10 月 14—15 日主办金砖国家科技创新创业伙伴关系（STIEP）第三次工作组会议。

根据 2017 年 9 月在厦门通过的《金砖国家创新合作行动计划（2017—2020 年)》的执行情况，我们欢迎巴西提出《金砖国家技术转移合作网络实施框架》，该文件已得到 STIEP 工作组的认可。我们强调鼓励金砖国家开展技术转移合作以增加金砖国家竞争力和创新产出的重要性。因此，我们呼吁每个金砖国家指定技术转移机构以形成合作网络。

我们欢迎印度在 9 月 23 日主办金砖国家海洋与极地科学技术工作组第三次会议，10 月 1—2 日主办金砖国家材料科学和纳米技术第二次工作组会议。我们支持继续推动金砖国家材料科学和纳米技术虚拟网络中心的倡议。

我们欢迎中国在 7 月 14—15 日主办金砖国家半导体照明工作组第七次会议，在 9 月 5 日、12 日、19 日、26 日主办创新金砖网络孵化器培训研讨会。我们欢迎 ICT 和 HPC 工作组在建设金砖国家 ICT 和 HPC 创新协作综合中心工作方面取得的进展，包括开发交互式网站。

我们重申对金砖国家科技创新框架计划的承诺，认为这是在优先领域开展联合研究的有效合作机制。我们认可 11 月 10 日由俄罗斯主办的第六次金砖国家科技创新资金资助方工作组会议的成果。我们支持金砖国家科技创新框架计划的第二次实施，并进一步加强金砖国家联合研究合作和提高运行效率。

我们认识到金砖国家科技创新指导委员会是管理和协调金砖国家科技创新活动的主要机制。面对需要我们共同努力的 2020 年挑战，金砖国家科技创新指导委员会举办了八次视频会议，证明了其效率和必要性。

我们通过《金砖国家 2020—2021 年活动列表》，以补充《金砖国家科技创新工作计划（2019—2022 年）》。

巴西、印度、中国和南非对俄罗斯科学和高等教育部于 11 月 12—13 日主办第十届金砖国家科技创新高官会（SOM）和第八届金砖国家科技创新部长级会议表示感谢。

巴西、俄罗斯、中国和南非感谢印度提出主办 2021 年第九届金砖国家科技创新部长级会议和第十一届金砖国家科技创新高官会，并为此提供全力支持。

于 2020 年 11 月 13 日以视频会议方式通过

B.18

附录六 2020年金砖国家科技创新框架
立项项目：应对全球新冠肺炎疫情

BRICS STI FRAMEWORK PROGRAMME Call 2020: Response to COVID-19
Global Pandemic List of Successful Projects

序号	登记号和缩略语	项目名称	国家	项目负责人	承担单位	各国资助组织
1	010 – COVID-AI	Multidisciplinary platform based on artificial intelligence for accelerating drug discovery and repurposing for COVID-19	BRAZIL	Carolina Horta Andrade	Federal University of Goias	CNPq
			RUSSIA	Vadim Makarov	Federal Research Center "Fundamentals of Biotechnology" RAS	RFBR
			SOUTH AFRICA	Kelly Chibale	University of Cape Town	SAMRC
2	027 – GSSEMMCP	Genomic sequencing of SARS-CoV-2 and studies on the epidemiology and mathematical modelling of the COVID-19 pandemic	BRAZIL	Marilda Mendonça Siqueira	Oswaldo Cruz Foundation, Brazilian MoH	CNPq
			RUSSIA	Ivan Sobolev	Federal Research Center of Fundamental and Translational Medicine	RFBR
			INDIA	Ch. Sasikala	JNT University Hyderabad	DST
			CHINA	Yuhua Xin	Institute of Microbiology, CAS	NSFC

续表

序号	登记号和缩略语	项目名称	国家	项目负责人	承担单位	各国资助组织
3	033 – BRICSmart	BRICS-ICT Alliance for Smart Resource Utilization to Combat Global Pandemic Outbreaks	BRAZIL	Esther Luna Colombini	University of Campinas	CNPq
			RUSSIA	Vladimir Sudakov	Keldysh Institute of Applied Mathematics, RAS	RFBR
			SOUTH AFRICA	Hanlie Smuts	University of Pretoria	SAMRC
4	048 – MFQuantiC	Multi-level framework for quantitative analysis of COVID – 19 Pandemic：mathematical modeling approaches	BRAZIL	Daniel Villela	Oswaldo Cruz Foundation	CNPq
			RUSSIA	Eduard Vladimirovich Karamov	National Medical Research Center of Phthisiopulmonology and Infectious Diseases	RFBR
			CHINA	Jingyuan Wang	Beihang University, School of Computer Science	NSFC
5	049 – NGS-BRICS	SARS-CoV – 2 Network for Genomic Surveillance in Brazil, Russia, India, China and South Africa	BRAZIL	Ana Tereza Ribeiro de Vasconcelos	National Laboratory for Scientific Computation – LNCC/MCTI	CNPq
			RUSSIA	Georgii Bazykin	Skolkovo Institute of Science and Technology	RFBR
			INDIA	Arindam Maitra	National Institute of Biomedical Genomics	DBT
			CHINA	Mingkun Li	Beijing Institute of Genomics, CAS	NSFC
			SOUTH AFRICA	Tulio de Oliveira	University of KwaZulu-Natal	SAMRC
6	051 – ABRICOT	Impact of COVID – 19 on clinical manifestations, diagnosis, treatment outcome and immune response for pulmonary tuberculosis	BRAZIL	Valeria Cavalcanti Rolla	National Institute of Infectious Diseases Evandro Chagas, FIOCRUZ	CNPq
			INDIA	Subash Babu	National Institute for Research in Tuberculosis, ICMR	DBT
			SOUTH AFRICA	Bavesh Kana	University of the Witwatersrand	SAMRC

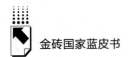

续表

序号	登记号和缩略语	项目名称	国家	项目负责人	承担单位	各国资助组织
7	071 – RDCEEA-S-C – 2NND	Research and development and clinical effect evaluation of anti-SARS-CoV – 2 new nucleoside drugs	BRAZIL	Renato Martins da Silva	Galzu Institute for Research	CNPq
			RUSSIA	Mariia Sergeeva	Smorodintsev Research Institute of Influenza	RFBR
			CHINA	Jijie Chai	Tsinghua University	NSFC
8	085 – ChitoTarCoV	Chitosan-based carriers and targeted delivery systems for clinically approved/repurposed anti-SARS-CoV – 2 drugs and disinfectants	BRAZIL	Thiago Moreno L. Souza	Center for Technological Development in Health, FIOCRUZ	CNPq
			RUSSIA	Andrey Vladimirovich Shibaev	Moscow State University	RFBR
			CHINA	Jun Liu	National Institution for Viral Disease Control and Prevention	NSFC
9	086 – MULTICON – 19	COVID – 19: Integrated multi-scale spread model and control strategies	BRAZIL	Elbert E. N. Macau	Federal University of Sao Paulo	CNPq
			RUSSIA	Mikhail Kirillin	Institute of Applied Physics RAS	RFBR
			CHINA	Ming Tang	East China Normal University	NSFC
10	101 – IMPAC19TB	Epidemiological impact and intersection of the COVID – 19 and tuberculosis pandemics in Brazil, Russia, India and South Africa	BRAZIL	Anete Trajman	State University of Rio de Janeiro	CNPq
			RUSSIA	Yakov Sh. Schwartz	Novosibirsk Tuberculosis Research Institute	RFBR
			INDIA	Kuldeep S. Sachdeva	National TB Elimination Program	DBT
			SOUTH AFRICA	Anneke Hesseling	Desmond Tutu TB Centre	SAMRC
11	115 – BRICS/COVID-UFPB	Epidemiological features and geospatial evaluation of COVID – 19: Correlation with comorbidities and prognostic biomarkers between SARS-CoV – 2 and Mycobacterium tuberculosis	BRAZIL	Tatjana Keesen de Souza Lima	Federal University of Paraiba	CNPq
			INDIA	Sanghamitra Pati	ICMR-RMRC Bhubaneswar	DST
			SOUTH AFRICA	Uchechukwu Nwodo	University of Fort Hare	SAMRC

续表

序号	登记号和缩略语	项目名称	国家	项目负责人	承担单位	各国资助组织
12	127 –	Repurposing of drugs and validation of lead compounds against main protease and RNA dependent RNA polymerase of SARS-CoV – 2	BRAZIL	Lindomar Jose Pena	Centro de Pesquisas Aggeu Magalhães, FIOCRUZ	CNPq
			RUSSIA	Vladimir Potemkin	South Ural State University	RFBR
			INDIA	Dhruv Kumar	Amity University Uttar Pradesh	DST
			SOUTH AFRICA	Anil Chuturgoon	University of KwaZulu-Natal	SAMRC

B.19
附录七 2019年金砖国家科技创新框架立项项目

BRICS STI FRAMEWORK PROGRAMME 3rd CALL 2019 List of successful projects

序号	登记号和缩略语	项目名称	国家	项目负责人	承担单位	各国资助组织
1	028 – GEMOECO	Environmental MOnitoring and assessment of land use / land cover change impact on ECOlogical security using Geospatial technologies	RUSSIA	Eldar Kurbanov	Volga State University of Technology	RFBR
			CHINA	Jinliang Wang	Yunnan Normal University	MOST
			SOUTH AFRICA	Abraham Thomas	Council for Geoscience	NRF
2	032 – MHSSSHP	Modelling of the hydrogen storage and supply systems with output hydrogen pressure in wide range of pressures (up to 80MPa) using low-potential heat-transfer agent	RUSSIA	Mitrokhin Sergey	Moscow State University	RFBR
			INDIA	Bhogilla Satya Sekhar	Indian Institute of Technology Jammu	
			CHINA	Yan Huizhong	BRIRE Rare Earth Functional Materials Engineering Technology Research Center	MOST
3	036 – SONG	Supercomputer Simulation and Big Data Analysis Of Environmental Noise from Aircraft and Mechanisms of its Generation	BRAZIL	Juan Salazar	Universidade Federal de Santa Catarina	CNPq
			RUSSIA	Tatiana Kozubskaya	Keldysh Institute of Applied Mathematics RAS	RFBR
			CHINA	Xin Zhang	HKUST Shenzhen Research Institute	MOST

续表

序号	登记号和缩略语	项目名称	国家	项目负责人	承担单位	各国资助组织
4	040 – TCLB/WBBUICE	Thermochemical conversions of lignocellulosic biomass/wastes into bioenergy and biofuels and its utilization in internal combustion engine	BRAZIL	Electo Eduardo Silva Lora	Federal University of Itajubá	CNPq
			RUSSIA	Alexander N. Kozlov	Melentiev Energy Systems Institute	RFBR
			INDIA	K. A. Subramanian	Indian Institute of Technology Delhi	DST
			CHINA	Shu Zhang	Nanjing Forestry University	MOST
			SOUTH AFRICA	Yusuf Isa	Durban University of Technology	NRF
5	053 – STARS	Superconducting Terahertz Receivers for Space and Ground-based Radio Astronomy	BRAZIL	Jacques Lepine	University of São Paulo	CNPq
			RUSSIA	Valery Koshelets	Kotel'nikov Institute of Radio Engineering and Electronics	RFBR
			CHINA	Huabing Wang	Nanjing University	NSFC
			SOUTH AFRICA	Coenrad Fourie	Stellenbosch University	NRF
6	058 – IENA	Installed Engine Noise Attenuation	BRAZIL	Julio Apolinário Cordioli	Federal University of Santa Catarina	CNPq
			RUSSIA	Victor Kopiev	Central Aerohydrodynamic Institute named after Professor N. E. Zhukovsky	RFBR
			CHINA	Chen Bao	AVIC Harbin Aerodynamics Research Institute	MOST
7	070 – Vibrios as biosensors	Vibrios as biosensors of global/local changes	BRAZIL	Fabiano Lopes Thompson	Universidade Federal do Rio de Janeiro	CNPq
			INDIA	Neelam Taneja	Vellore Institute of Technology	DST
			CHINA	Shenghua Liu	Xi'an Jiaotong University	MOST

续表

序号	登记号和缩略语	项目名称	国家	项目负责人	承担单位	各国资助组织
8	075 – PLUMPLAS	River plumes as major mediators of marine plastic pollution	BRAZIL	Osmar Olinto Möller Jr.	Instituto de Oceanografia	CNPq
			RUSSIA	Peter Zavialov	Shirshov Institute of Oceanology RAS	RFBR
			CHINA	Xinhong Wang	Xiamen University	NSFC
9	083 – LDMHWBEATAILED	Low-dimensional metal halides with broadband emission and their application in light-emitting diodes	RUSSIA	Maxim Molokeev	Kirensky Institute of Physics SB RAS	RFBR
			INDIA	Angshuman Nag	Indian Institute of Science Education and Research	DST
			CHINA	Zhiguo Xia	South China University of Technology	NSFC
10	104 – IRMMA	Improving risk management of landslide and debris flow hazards in mountainous area	BRAZIL	Francisco Dourado	University of Rio de Janeiro State	CNPq
			RUSSIA	Sergey A. Sokratov	Lomonosov Moscow State University	MSHE
			CHINA	Mingtao Ding	Southwest Jiaotong University	MOST
11	122 – BIO-OCD	Biosignatures as predictors of response to SSRIs in OCD: Developing a successful paradigm of personalized medicine	BRAZIL	Roseli G. Shavitt	University of São Paulo	CNPq
			INDIA	Y. C. Janardhan Reddy	National Institute of Mental Health and Neurosciences	DST
			SOUTH AFRICA	Christine Lochner	Stellenbosch University	NRF
12	123 – GPTNOM	Green Printing Technology for Novel Optical Metadeviecs	RUSSIA	Pavel Alexandrovich Below	ITMO University	RFBR
			INDIA	A. K. Ganguli	Indian Institute of Technology, Delhi	DST
			CHINA	Yanlin Song	Institute of Chemistry, CAS	NSFC

续表

序号	登记号和缩略语	项目名称	国家	项目负责人	承担单位	各国资助组织
13	124 – CRIAP	Characterizing Risk Indicators to cause Anaemia Prevalence among young Children and Adolescents in BRICS countries using Artificial Intelligence	RUSSIA	Aleksandra Mashkova	Central Economics and Mathematics Institute RAS	RFBR
			INDIA	Rishemjit Kaur	Central Scientific Instruments Organisation, Chandigarh	DST
			SOUTH AFRICA	Natisha Dukhi	Human Sciences Research Council	NRF
14	134 – Ga2O3: Galium Oxide	Ga2O3 – based nanomaterials with controlled defect and impurity composition for advanced electronic devices	BRAZIL	Pedro Luis Grande	Federal University of Rio Grande do Sul	CNPq
			RUSSIA	David Tetelbaum	Lobachevsky University	RFBR
			INDIA	Mahesh Kumar	Indian Institute of Technology Jodhpur	DST
15	142 – CESSW	Comprehensive experimental and simulation study on wildfire of BRICS countries: Fire occurrence, spread and suppression	BRAZIL	Guenther C. Krieger Filho	University of São Paulo	CNPq
			RUSSIA	Oleg Korobeinichev	Voevodsky Institute of Chemical Kinetics and Combustion SB RAS	RFBR
			INDIA	Amit Kumar	Indian Institute of Technology Madras	DST
			CHINA	Naian Liu	University of Science and Technology of China	NSFC
16	154 – CO2 – Carbon dioxide	Life cycle assessment of CO2 reduction by energy efficient hybrid biomass pyrolysis and gasification	BRAZIL	Amaro Pereira	Universidade Federal Rio de Janeiro	CNPq
			RUSSIA	Pavel A. Strizhak	National Research Tomsk Polytechnic University	RFBR
			INDIA	Anand Ramanathan	National Institute of Technology Tiruchirappalli	DST
17	156 – SPMMWSMC	Single phase multiferroic materials with strong magnetoelectric coupling	BRAZIL	Jose Antonio Eiras	Federal University of São Carlos	CNPq
			RUSSIA	Anatoly K. Zvezdin	A. M. Prokhorov General Physics Institute RAS	RFBR
			CHINA	Xiang Ming Chen	Zhejiang University	NSFC

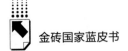
金砖国家蓝皮书

续表

序号	登记号和缩略语	项目名称	国家	项目负责人	承担单位	各国资助组织
18	173 - MHPPQIP	Multi-photon and high-dimensional platforms for photonic quantum information processing	BRAZIL	Paulo H. Souto Ribeiro	Universidade Federal de Santa Catarina	CNPq
			RUSSIA	Sergei Kulik	Moscow State University	RFBR
			CHINA	Xiaosong Ma	Nanjing University	NSFC
19	174 - JVRIS	Joint validation of multi-source remote sensing information and sharing in BRICS countries	RUSSIA	V. G. Bondur	State scientific Institution "Institute for Scientific Research of Aerospace Monitoring" AEROCOSMOS	RFBR
			INDIA	R B Singh	University of Delhi	DST
			CHINA	Xiang Zhou	Institute of Remote Sensing and Digital Earth Research CAS	MOST
20	191 - PRISE	Precision Radio Imaging In The SKA Era	INDIA	Dharam Vir Lal	Tata Institute of Fundamental Research	DST
			CHINA	Feng Wang	Center For Astrophysics Guangzhou University	NSFC
			SOUTH AFRICA	Oleg Smirnov	Rhodes University & South African Radio Astronomy Observatory	NRF
21	198 - F3DNCFMTERM	Fabrication of three-dimensional nanocellulose-based multifunctional materials for tissue engineering and regenerative medicine applications	RUSSIA	Victor Vasilievich Revin	National Research Ogarev Mordovia State University	RFBR
			INDIA	Sabu Thomas	Mahatma Gandhi University	DST
			CHINA	Guang Yang	Huazhong University of Science and Technology	MOST
22	210 - SIMRO	Sustainable and Integrated Solutions for Monitoring and Remediation of Emerging Contaminants (Organo-chlorine) from Non-point Source	RUSSIA	Inna P. Solyanikova	Institute of biochemistry and physiology of microorganisms RAS	RFBR
			INDIA	S. Venkata Mohan	CSIR-Indian Institute of Chemical Technology, Hyderabad	DST
			CHINA	Yonghong Wu	Institute of Soil Science CAS	NSFC

续表

序号	登记号和缩略语	项目名称	国家	项目负责人	承担单位	各国资助组织
23	224 –	The fundamental research and key materials development in the novel high performance alkaline membrane fuel cells	RUSSIA	A. Bulanova	Samara University	RFBR
			INDIA	K. Ramya	International Advanced Research Centre for Powder Metallurgy and New Materials	DST
			CHINA	Zhongming Wang	Beijing University of Chemical Technology	NSFC
24	228 – GaO-Nitrides	Wide Bandgap Semiconductor (Al) GaO/Nitrides Heterostructures for High Power Electronic and Optoelectronic Devices	RUSSIA	Wsevolod Lundin	Ioffe Institute	RFBR
			INDIA	Rajendra Singh	Indian Institute of Technology Delhi	DST
			CHINA	Shibing Long	University of Science and Technology of China	NSFC
25	240 – NanoDrug	Polymeric Nanostructures for Treatment of Microbial Infections	BRAZIL	Pedro Henrique Hermes de Araujo	Federal University of Santa Catarina	CNPq
			INDIA	Amit K. Goyal	National Institute of Animal Biotechnology, Hyderabad	DST
			CHINA	Xiaoyu Huang	National Engineering Research Center for Nanotechnology	NSFC
26	243 – IRUEMSCARGLRB	Impact of rapid urbanization on the evolution and multi-scale control of antibiotic resistance genes in the large river basin	BRAZIL	José Tavares Araruna Júnior	Pontifical Catholic University of Rio de Janeiro	CNPq
			RUSSIA	Aleksei Nikolavich Makhinov	Institute of Water and Ecology Problems FEB RAS	RFBR
			CHINA	Shuguang Liu	Tongji University	NSFC
27	252 – ERSPIC	Energy-efficient reconfigurable silicon photonic integrated devices and circuits for optical interconnects	BRAZIL	Roberto Ricardo Parepucci	Centro de Tecnologia da Inovação Renato Archer	CNPq
			INDIA	Rajesh Kumar	Indian Institute of Technology Roorkee	DST
			CHINA	Daoxin Dai	Zhejiang University	NSFC

续表

序号	登记号和缩略语	项目名称	国家	项目负责人	承担单位	各国资助组织
28	286 – PORMAT	Natural and artificial porous materials filled with liquid and solid dielectrics	RUSSIA	Sergey Vakhrushev	Peter the Great St. Petersburg Polytechnic University	RFBR
			INDIA	Ravi Kumar N V	Indian Institute of Technology-Madras	DST
			SOUTH AFRICA	Georges-Ivo Ekosse	University of Venda	NRF
29	314 – QuSaF	Quantum Satellite and Fibre Communication	RUSSIA	Anton Bourdine	Povolzhskiy State University of Telecommunications and Informatics	RFBR
			INDIA	Manish Tiwari	Manipal University Jaipur	DST
			CHINA	Juan Yin	University of Science and Technology of China	NSFC
			SOUTH AFRICA	Francesco Petruccione	University of KwaZulu-Natal	NRF
30	374 – FunTiSurf	Functionalization of new titanium alloys after ECAP processing and surface treatment	BRAZIL	Paulo Noronha Lisboa-Filho	São Paulo State University	CNPq
			RUSSIA	Dmitry Gunderov	Ufa State Aviation Technical University	RFBR
			INDIA	Murugan Ramalingam	Vellore Institute of Technology	DST
31	394 – HyMMIA	Hybrid Methods for Radiological Medical Image Analysis and Pathological Grading Prediction	BRAZIL	Mylene Christine Queiroz de Farias	University of Brasilia	CNPq
			RUSSIA	Andrey S. Krylov	Lomonosov Moscow State University	RFBR
			CHINA	Yong Ding	Zhejiang University	MOST

续表

序号	登记号和缩略语	项目名称	国家	项目负责人	承担单位	各国资助组织
32	439 – Climate change and flow regimes in the plateaus of Asia	Detect and predict the impacts of climate change on the flow regimes of rivers originated from plateaus in Asia	RUSSIA	Olga Makarieva	Melnikov Permafrost Institute	RFBR
			INDIA	J. Indu	Indian Institute of Technology Bombay	DST
			CHINA	Lei Cheng	Wuhan University	NSFC
33	444 –	Stimuli responsive photothermal nano-particles in cancer therapy	INDIA	Kaushik Pal	Indian Institute of Technology Roorkee	DST
			CHINA	Yucai Wang	University of Science and Technology of China	NSFC
			SOUTH AFRICA	Moganavelli Singh	University of KwaZulu-Natal	NRF
34	447 – BioTheraBubble	Bioactive ultrasound-driven microbubbles for theranostics	RUSSIA	Dmitry Gorin	Skolkovo Institute of Science and Technology	RFBR
			INDIA	Krishna Kanti Dey	Indian Institute of Technology Gandhinagar	DST
			CHINA	Yongfeng Mei	Fudan University	NSFC
35	470 – Designing novel inhibitors for HIV protease	An integrative approach for understanding the structure, function and dynamics of HIV protease: applications to design novel inhibitors	BRAZIL	Vasco Azevedo	Federal University of Minas Gerais	CNPq
			INDIA	M. Michael Gromiha	Indian Institute of Technology Madras	DST
			SOUTH AFRICA	Yasien Sayed	University of the Witwatersrand	NRF

B.20
后　记

金砖国家蓝皮书一经推出便受到有关方面的高度重视。随着金砖国家新工业革命伙伴关系的提出和落实，国内外对《金砖国家综合创新竞争力研究报告（2021）》多有期待，让我们在编写过程中信心倍增、干劲十足，也让我们深深感觉到肩上的责任和压力。

本报告由国际欧亚科学院院士、清华大学中国科技政策研究中心资深顾问、中国科技部原二级专技岗研究员、中国科学技术交流中心原三级职员赵新力研究员，福建省新闻出版广电局原党组书记、中智科学技术评价研究中心理事长李闽榕教授，福建社会科学院副院长、全国经济综合竞争力研究中心福建师范大学分中心原常务副主任黄茂兴教授，共同担任主编，巴西里约热内卢联邦大学经济学院约瑟夫·卡西奥拉托教授、清华大学中国科技政策研究中心副主任梁正教授、微志云创（厦门）有限公司合伙人王鹏举担任副主编。

本书在编著过程中，得到了中国科技部国际合作司、中国科学技术交流中心、国际欧亚科学院中国科学中心、金砖国家智库合作中方理事会、中共中央党校国际战略研究院等单位领导和同事的长期支持，特别是叶冬柏原司长、高翔主任、陈霖豪副司长、李啸副主任的大力支持。本书还得到了中国科学技术发展战略研究院、中国工业和信息化部国际合作司、厦门市科技局、云南省科技厅、昆明市科技局（金砖国家技术转移中心）、中国工业和信息化部国际经济技术合作中心等单位领导和同事的大力支持，特别是戴钢、梁颖达、徐朝锋、王学勤、朱科儿、孔曙光、王键、唐子才等领导的大力支持。在此，表示衷心的感谢！

本书还直接或间接引用、参考了其他研究者的相关研究文献。对这些文献的作者表示诚挚的感谢!

社会科学文献出版社的编辑为本书的出版提出了很好的意见和建议,付出了辛苦劳动,在此一并向他们表示由衷的谢意!

由于时间紧张,编著团队知识和经验有限,加上疫情原因,纰漏和不妥之处在所难免,敬请各位读者不吝指正。

本书编委会
2022 年 7 月

Abstract

The BRICS Comprehensive Innovation Competitiveness Report 2021 is the third report of blue book of BRICS. Compared with the 2017 and 2019 editions, the main features of this report include the following: first, the five BRICS countries are placed among the 148 Belt and Road participating countries and 17 members of the Asian Infrastructure Investment Bank for assessment; second, the Partnership on New Industrial Revolution is used as the main logical line for comprehensive analysis and thematic reports; third, the country-based analysis is better organized for the convenience of country-to-country comparison.

The report concludes that from 2011 to 2019, the five BRICS countries embarked on different trajectories for changes in comprehensive innovation competitiveness: India registered the fastest increase, followed by Russia and South Africa. China saw modest improvement and Brazil experienced a decline. It is estimated that by 2030, the trend of comprehensive innovation competitiveness of BRICS countries will be further diverging, with India, Russia, South Africa and China continuing to go up, Brazil facing much uncertainty. BRICS countries should keep their focus on basic research, especially academic disciplines such as information science/digital economy, materials science, environmental science, energy, medicine, biotechnology, semiconductors and aerospace, which are important foundations for BRICS countries to deepen the Partnership on New Industrial Revolution.

The BRICS Partnership on New Industrial Revolution is a holistic and future-oriented major initiative. It charts a new course for the second Golden Decade of BRICS cooperation. To foster such a partnership, BRICS countries need to explore new models to improve domestic circulation efficiency through international circulation and promote openness and development across the innovation chain from scientific research, technology development and engineering to commercialization. BRICS countries should make use of cyber physical system (CPS)-related technology to drive industrial transformation, leverage the unique strengths of each in production and innovation systems, and foster more growth drivers through STI. BRICS countries should increase technology development and application in priority areas, establish a BRICS technology bank, and accelerate the development of a BRICS intellectual property network. BRICS countries should facilitate the development of a top BRICS STI think-tank, put in place a regular mechanism on innovative talent exchange and improve BRICS governance system.

To establish an innovation base for BRICS Partnership on New Industrial Revolution is an important initiative to deepen pragmatic BRICS cooperation in trade and investment, digital economy, STI, energy and climate change. BRICS countries need to launch projects in comprehensive platform, STI bases and centers, education and training, and supporting services. BRICS countries should leverage the leading and exemplary role of the innovation base, increase policy communication and coordination, and cement industrial cooperation foundation. BRICS countries should uphold multilateralism, diversify cooperation models and enable multiple participation, and improve information sharing platform, network-based platforms for service system and talent exchange, and STI cooperation environment.

From 2007 to 2019, all five BRICS countries have notably improved their level of informatization, and the average level of information and communication technology (ICT) in BRICS countries exceeded the global average in 2015. According to ICT Development Index (IDI) released by ITU, Russia and Brazil started early in ICT development among the five countries, while China has been making rapid progress over the past decade, with the fastest growth in the ICT application index; Russia is leading by a big margin in the ICT skills index.

Technology transfer has played a positive role in the advances of science, technology and innovation (STI) in BRICS countries. The proposed efforts include: strengthening the building of the BRICS Technology Transfer Center, facilitating cooperation in areas of technology vital to the Partnership on New Industrial Revolution, exploring industry standards and international mechanisms

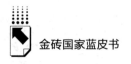
applicable to BRICS countries, and promoting models of technology transfer driven by the demand side of technologies.

The report concludes that in recent years, Brazil has launched a series of reform initiatives on the science and technology system and achieved significant progress in areas including life sciences, epidemic prevention and control, artificial intelligence, aerospace and polar research. Brazil attaches high importance to international cooperation and has carried out fruitful science and technology cooperation under multilateral and bilateral frameworks. Russia enjoys a strong foundation for STI development. The Russian government attaches great importance to science and technology and the role of science and technology in supporting economic and social development. Russia's R&D investment has seen steady growth, research institutions and research outputs including papers and PCT patents have kept growing. Notable progress has been made in biomedicine, advanced manufacturing, aerospace, and high-energy physics. India has great potential and space for STI development. With the support of the government, India's STI capacity has continued to improve, and its R&D output has registered sustained growth. India is a world leader in information technology, biomedicine, aerospace, energy and other fields of science and technology. China is accelerating an innovation-driven development strategy, and has joined the ranks of innovative countries. STI has empowered its high-quality development, providing strong support to economic growth, social progress, a better life, national security and the addressing of big challenges such as COVID-19; STI has contributed to China's poverty eradication, rural revitalization and the building of a moderately prosperous society. The South African government attaches great importance to STI, and is harnessing the power of STI in developing the "digital economy" and "bio-economy", driving poverty reduction, employment and social equality, and promoting inclusive growth and sustainable economic and social development. South Africa has made significant progress in the fields of astronomy, paleoanthropology, aerospace, biomedicine, and advanced manufacturing.

Keywords: BRICS Countries; Science and Technology; Innovation Competitiveness

Contents

I　General Report

B. 1　Forecast of Innovation Competitiveness of BRICS Countries &
Current Status of and Suggestions for BRICS Science,
Technology and Innovation Cooperation

Wang Pengju , Li Junjie and Zhao Xinli * / 001

Abstract: BRICS countries (Brazil , Russia , India , China and South Africa)
are an important part of the world's emerging economies and a major group of
developing countries that are playing a leading role in the STI field. They have
become an important engine for STI development and economic growth in the
world , and will have a bigger role to play in driving global STI advances and
economic and social development in the course of the new industrial revolution.
This report analyzes the rankings of BRICS countries among the participating
countries of the Belt and Road Initiative and members of the Asian Infrastructure

＊　Wang Pengju, D. A. , copartner of Weekey Yunchuang (Xiamen) , Co. Ltd. ; research interests:
industrial economy, marine civilization, history of science. Li Junjie, Ph. D. , Lecturer, School of
Applied Mathematics, Xiamen University of Technology; research interests: statistical computation,
machine learning, rheology. Zhao Xinli, Ph. D. , Academician of the International Eurasian Academy
of Sciences (IEAS) ; Senior Advisor of China Institute for Science and Technology Policy at Tsinghua
University; Former Lead Researcher, Chinese Ministry of Science and Technology; Former Senior
Research Fellow, China Science and Technology Exchange Center; research interests: management
science and engineering, information management, international studies; corresponding author.

331

Investment Bank (AIIB) in 31 level −3 indicators as well as five level −2 and level −1 indicators; measures the comprehensive STI competitiveness of BRICS countries, and predicts their future performance and trend of STI development. According to our study, from 2011 to 2019, the five BRICS countries embarked on different trajectories in innovation competitiveness: South Africa registered the biggest increase; India and China saw modest improvement; Russia dropped slightly; and Brazil experienced a decline. Also during this period, we saw a diverging trend of changes in the comprehensive innovation competitiveness of the five BRICS countries: India registered the biggest increase, followed by Russia and South Africa; China saw modest improvement and Brazil experienced a decline. It is estimated that by 2030, the trend of comprehensive innovation competitiveness of BRICS countries will be further diverging, with India, Russia, South Africa and China continuing to go up, and Brazil facing much uncertainty.

Keywords: BRICS Countries; Science and Technology; Innovation Competitiveness

II Special Reports

B.2 Build BRICS Partnership on New Industrial Revolution Based on Science, Technology and Innovation

Guo Tengda, Kang Qi, Zhou Daishu, Pan Yuntao, Ma Zheng,

Liu Yali, Zheng Chuhua, Duan Liping and Zhao Xinli */ 030

Abstract: BRICS Partnership on New Industrial Revolution (PartNIR) is an important, forward-looking initiative that bears the overall landscape in mind,

---

* Guo Tengda, Ph. D., Associate Research Fellow, Chinese Academy of Science and Technology for Development; research interests: science and technology policy, technology governance. Kang Qi, Ph. D., Associate Research Fellow, Chinese Academy of Science and Technology for Development; research interests: national innovation system, science and technology system reform, STI governance. Zhou Daishu, Ph. D., Assistant Research Fellow, Chinese Academy of Science and Technology for Development; research interests: technology finance and Fintech. （转下页注）

and it opens up a new direction, a new journey and a new field for BRICS cooperation in the second "golden decade". There has been a foundation to build the BRICS partnership on the new industrial revolution, but many challenges remain ahead. It is suggested that BRICS countries should leverage STI, stick to the principles of "openness, inclusiveness and reciprocal cooperation", and explore cooperation and engagement mechanisms related to key technologies that might trigger the new industrial revolution, and grasp opportunities brought by the new industrial revolution to the greatest extent. Specifically, BRICS countries can push for open innovations in key directions, build a BRICS technology bank and take the initiative to join the global innovation network; make joint efforts in the research, development and application of artificial intelligence, big data and blockchain technologies, and speed up the construction of BRICS fintech innovation center; build "BRICS intellectual property protection network", set up business incubators, accelerators or joint funds; advance construction of BRICS high-end STI think tank, and develop virtual knowledge communities; create a sound mechanism for regular exchange of innovators between BRICS countries

---

（接上页注＊）Pan Yuntao, Ph. D. , Senior Research Fellow, Institute of Scientific and Technical Information of China, Director of Scientific Metrology and Evaluation Research Center; research interests: information science, scientometrics, scientific research management, science and technology evaluation, journal research. Ma Zheng, Ph. D. , Senior Research Fellow, Institute of Scientific and Technical Information of China, Deputy Director of Scientific Metrology and Evaluation Research Center; research interests: information science, scientometrics, scientific research management, science and technology evaluation, journal research. Liu Yali, Ph. D. , Assistant Research Fellow, Institute of Scientific and Technical Information of China; research interests: management science and engineering, scientometrics, management and evaluation of scientific research institutions. Zheng Chuhua, Ph. D. , Assistant Research Fellow, Institute of Scientific and Technical Information of China; research interests: social psychology, scientific and technological talent management and evaluation. Duan liping, Ph. D. , Senior Research Fellow, Center for Science and Technology Personnel Exchange and Development Service; research interests: international science and technology policy research, international science and technology cooperation management. Zhao Xinli, Ph. D. , Academician of the International Eurasian Academy of Sciences (IEAS); Senior Advisor of China Institute for Science and Technology Policy at Tsinghua University; Former Lead Researcher, Chinese Ministry of Science and Technology; Senior Research Fellow, China Science and Technology Exchange Center; research interests: management science and engineering, information management, international studies; corresponding author.

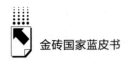

and facilitate their customs clearance, work and academic exchange between BRICS countries; improve the governance framework and build a multi-tiered system for member countries; reshape the space of cooperation based on the central role of innovation bases of BRICS partnership on new industrial revolution.

Keywords: BRICS Countries; STI; New Industrial Revolution

B.3 Information Development Report of BRICS Countries

Lin Xiyan, Han Hengda and Zhao Xinli * / 058

Abstract: BRICS countries witnessed a substantial improvement in the adoption of information technologies between 2007 and 2019, with four countries seeing a notch up. Among the five BRICS countries, Russia has the highest ICT access index, while China and South Africa are making the most significant improvement in ICT access; China's ICT application index has increased almost fivefold, and China overtook Russia in 2015 to have the highest ICT application index; more than 80% of Russian citizens are able to communicate and work on the Internet, and that skill has been mastered by more than 60% citizens in Brazil, China and South Africa; Russia and Brazil have always been front-runners in terms of information development, followed by China and South Africa. ICT access index at BRICS countries exceeded global average in 2015, and the achievement is mainly a result of Internet infrastructure construction and wide

* Lin Xiyan, Project Officer, Associate Research Fellow, China Science and Technology Exchange Center; research interests: science and technology project management, international science and technology cooperation, science and technology innovation cooperation for "Belt and Road". Han Hengda, Postdoc, School of Energy and Power Engineering, Huazhong University of Science and Technology. Zhao Xinli, Ph. D., Academician of the International Eurasian Academy of Sciences (IEAS); Senior Advisor of China Institute for Science and Technology Policy at Tsinghua University; Former Lead Researcher, Chinese Ministry of Science and Technology; Senior Research Fellow, China Science and Technology Exchange Center; research interests: management science and engineering, information management, international studies; corresponding author.

Internet penetration. Analysis shows that information development index of a country is positively correlated to the amount of SCI papers in the field of information communication, and has little to do with the country's per capita GDP.

Keywords: ICT; BRICS Countries; IDI

B.4 BRICS Technology Transfer Centers and Development of BRICS Technology Transfer

Zhang Zhang, Wang Xueqin, Wang Jian, He Wei,

Shi Xiaofeng and Li Muqian * / 076

Abstract: BRICS countries have different characteristics in terms of the development of technology transfer. Brazil is striving to optimize its national STI system; Russia is trying to increase the proportion of high-tech industries in GDP; India has made a lot of efforts to improve STI management; China now aims to produce tangible results from the transfer and commercialization of scientific and technological achievements; and South Africa is paying more attention to

* Zhang Zhang, Master, Secretary General of the International Technology Transfer Network (ITTN), member of the Academic Committee of the Chinese Society for Science and Technology Evaluation and Achievement Management, member of the National Science and Technology Evaluation Standards and Technical Committee (SAC/TC580) and an off-campus tutor at the School of Trade Negotiations, Shanghai University of International Business and Economics; research interests: international technology transfer and international trade. Wang Xueqin, Ph. D, Director-General of Yunnan Science and Technology Deparment; he served successively at the China Rural Technology Development Center, the Agricultural Division and the Information Center of the Rural Science and Technology Department of the Ministry of Science and Technology, and as the Municipal Committee Member and Deputy Mayor of Yuxi, Yunnan Province, Deputy Director-General of Yunnan Science and Technology Department, and Deputy Secretary of the Party Committee and President of Kunming University of Science and Technology; research interests: ecology resources, agricultural technology, S&T administrative Management. Wang Jian, Master, Engineer, former Director of Kunming Science and Technology Bureau, research interests: ecological environment, science and technology administration, international science and technology cooperation. He Wei, Master, Director of Science （转下页注）

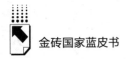

technology transfer at local colleges and universities. In 2017, BRICS countries established a technology transfer center in Kunming City of China's Yunnan Province, which was the first official cooperation mechanism about technology transfer within the bloc. The center was listed as part of the New BRICS STI Architecture in 2019, and has produced significant results. BRICS countries have different technology transfer systems, but they have one thing in common-huge demand in their domestic markets. With great attention from the government, natural and human resources have underpinned the development of industrial systems in different fields. On that basis, the report proposes a series of recommendations, including stepping up the construction of the technology transfer center, deepening cooperation in the research and development of key technologies, exploring industry standards and cooperation mechanisms, and guiding expectations on the demand side.

Keywords: BRICS Countries; Technology Transfer; STI Cooperation

———————————

（接上页注＊） and Technology Cooperation Division, Yunnan Science and Technology Cooperation Department; research interests: science and technology administration, international science and technology cooperation. Shi Xiaofeng, Master, Director of Science and Technology Cooperation Division of Kunming Science and Technology Bureau (Director of BRICS Technology Transfer Center Office); research interests: ecological environment, technology promotion, computer information, science and technology administration and international science and technology cooperation. Li Muqian (corresponding author), Master, Chief Researcher of the International Technology Transfer Network (ITTN).

B . 5　（Xiamen）Innovation Base for BRICS Partnership on New

Industrial Revolution　　　　　　*Li Minrong , Zhao Xinli* * / 105

Abstract: Building Xiamen Innovation Base under the BRICS Partnership on New Industrial Revolution (PartNIR) is a strategic move proposed by the 12th BRICS Summit to deepen pragmatic cooperation in trade & investment, digital economy, STI, energy and climate change. This chapter analyzes the great significance of building a PartNIR innovation base, and points out that the innovation base aims to become a platform for BRICS strategic cooperation and policy coordination on the fourth industrial revolution, stay ahead of the curve, and build industrial bases to embrace the fourth industrial revolution. The chapter also describes 41 projects in six categories, including integrated platforms, STI bases, STI centers, education & training, cultural & creative development, and supporting services.

Keywords: Partnership on New Industrial Revolution; BRICS Countries; Innovation Center; Xiamen

＊ Li Minrong, Ph. D. , Chairman of China Institute of Science and Technology Evaluation, Professor and doctoral tutor of Fujian Normal University, Director of China Council for BRICS Think Tank Cooperation; research interests: macroeconomics, regional economic competitiveness. Zhao Xinli, Ph. D. , Academician of the International Eurasian Academy of Sciences (IEAS); Senior Advisor of China Institute for Science and Technology Policy at Tsinghua University; Former Lead Researcher, Chinese Ministry of Science and Technology; Senior Research Fellow, China Science and Technology Exchange Center; research interests: management science and engineering, information management, international studies; corresponding author.

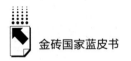

B.6　Innovation Development of BRICS Countries in the Era of New Industrial Revolution

Huang Maoxing, Ye Qi, Wang Zhenzhen,

Bai Hua and Chen Weixiong * / 123

Abstract: This chapter discusses the policy trends and major characteristics in embracing the new industrial revolution worldwide, and presents the latest progress of BRICS countries in promoting a partnership on the new industrial revolution. In the meantime, it discusses the direction and path for building the partnership on new industrial revolution, as well as some strategic choices for cooperation in STI field. Finally, in view of the ongoing efforts to advance the Xiamen Innovation Base, this chapter proposes some key measures to further improve the work mechanism, step up policy support, deepen industrial cooperation and strengthen training and personnel exchange.

Keywords: BRICS Countries; New Industrial Revolution; Xiamen

---

*　HuangMaoxing, Ph. D. , Professor, School of Economics, Fujian Normal University; research interests: technological innovation, international economy. Ye Qi, Ph. D. , Associate Professor, School of Economics, Fujian Normal University; research interests: industrial economy. Wang Zhenzhen, Ph. D. , Associate Professor, School of Economics, Fujian Normal University; research interests: logistics, supply chain management. Bai Hua, Ph. D. , Associate Professor, School of Economics, Fujian Normal University; research interests: science and technology management, data analysis. Chen Weixiong, Ph. D. , Associate Professor, School of Economics, Fujian Normal University; research interests: industrial economy and management.

B.7 Importance of STI in Industry 4. 0 Process of BRICS Countries

José E Cassiolato (Brazil) Gautam Goswami (India)

Jancy Ayyaswamy (India) Michael Kahn (South Africa) */ 143

Abstract: Against the backdrop of the new industrial revolution and the global COVID − 19 pandemic, STI will have great significance for BRICS countries transforming into Industry 4.0, during which STI cooperation among BRICS countries could play a major role. The development and application of Industry 4.0 technologies are crucial to advancing the new industrial revolution. Key technologies represented by blockchain, which have been adopted in the supply chain, will support supply chains in a more comprehensive way in the era of Industry 4.0. Taking technology challenges faced by India's manufacturing sector as an example, this chapter explains the status quo of STI in BRICS countries and their prospects. Besides, the transforming industries and constantly developing industrial technologies require more efforts on personnel training for BRICS countries. In short, BRICS countries should strengthen cooperation in the field of STI, and join hands to meet challenges of the new industrial revolution.

Keywords: STI; BRICS Countries; Industry 4.0; International Cooperation

* José E Cassiolato, Prof. , Institute of Economics, Federal University of Rio de Janeiro; research interests: economics. Gautam Goswami, Jancy Ayyaswamy, researcher at the Technology Information, Forecasting and Assessment Council (TIFAC), India. Michael Kahn, Ph. D. , independent advisor on policy for research and innovation; Extraordinary Prof. , StellenboschUniversity and the University of Western Cape.

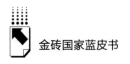
Ⅲ　Country Reports

B.8　2021 STI Development Report of Brazil

Yun Tao, Guo Dong and Gao Changlin */ 160

Abstract: Brazil is an important innovative country in Latin America and Caribbean. In 2020, Brazil's Ministry of Science and Technology's expenditures reached 8.02 billion Brazilian Reals. The country has built synchrotron light source Sirius and a research station at Antarctica, and has made significant progress in the research of AIDS and asthma therapies. Since the new administration was sworn in 2019, Brazil has launched a 5G network strategy, a national initiative on the Internet of things, and a plan to bring science into schools, and released the National Innovation Policy and the MCTIC Priorities 2020 – 2023. Brazilian government split the Ministry of Science, Technology, Innovation and Communications into two separate ministries-the Ministry of Science, Technology and Innovation and the Ministry of Communications-and rebuilt the National Council for Science and Technology. As the epicenter of the COVID – 19 pandemic, Brazil has set up a virus research network. At the same time, pharmaceutical companies and vaccine makers worldwide have conducted clinical trials in the country. Between 2016 and 2021, Brazil published a total of 244, 100 academic papers, with 39% published through international cooperation; physics, engineering and chemistry ranked the top three in terms of international cooperation on academic research, with most research partners from the US, the

＊　Yun Tao, Ph. D. , Associate Research Fellow, China Science and Technology Exchange Center; research interests: STI development strategy, research project management, international science and technology cooperation. Guo Dong, Associate Research Fellow, China Science and Technology Exchange Center; research interests: international science and technology cooperation policy. Gao Changlin, Senior Research Fellow, Deputy Director-General of the Science and Technology Talent Exchange and Development Service Center of the Ministry of Science and Technology; research interests: STI policy, S&T strategy and planning, S&T statistics and indicators.

UK and Spain. Academic papers jointly published by Chinese and Brazilian researchers accounted for 6.97% of the total number of internationally coauthored papers. Brazil has also carried out fruitful international cooperation under the BRICS cooperation framework as well as other multinational and bilateral mechanisms. In the fields related to the new industrial revolution, Brazil has leveraged its solid industrial foundation to launch "Industry 4.0 initiative" and a digital transformation strategy, and has made a series of remarkable progress in artificial intelligence, aviation manufacturing and aerospace.

Keywords: Brazil; BRICS Countries; S&T Policies

B.9 2021 STI Development Report of Russia

Xin Bingqing, Sun Jian */ 186*

Abstract: Russia is an important innovative country with sound STI foundation. The Russian government attaches great importance to science and technology, and leverages the significant role of science and technology in the country's economic and social development. In the face of unfavorable factors such as COVID - 19 pandemic and global economic headwinds, the government has introduced a series of policy measures to develop science and technology. R&D investment has continued to rise, and the number of R&D institutions, research papers and PCT patents has increased as well. Progress has been made in the development of biomedicine, advanced manufacturing, aerospace, and high energy physics. Technology has played an important role in dealing with the COVID - 19 pandemic in Russia. The country has carried out sound and stable S&T cooperation with BRICS members and other countries. In the fields of new industrial

* Xin Bingqing, Ph.D, Associate Research Fellow, China Science and Technology Exchange Center; research interests: management of international science and technology cooperation projects, climate change. Sun Jian (corresponding author), Ph.D, former Deputy Director-General of China International Nuclear Fusion Energy Program Execution Center; research interests: management science and engineering, international relations.

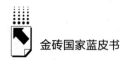

revolution such as information, manufacturing, energy and biomedicine, Russia has issued industry development plans to drive STI development.

Keywords: BRICS Countries; Russia; STI

B.10 2021 STI Development Report of India

Gu Peng, Ye Han, Shan Zuhua and Bai Jie */ 209*

Abstract: India is an important innovative country in the South Asian subcontinent, with its economy rapidly developing in recent years. Thanks to government efforts and support, India has witnessed a significant improvement in STI. Its ranking on the global innovation index rose from 81st in 2015 to 46th in 2021. R&D output is also on the rise. Indian research papers have increased at an average annual growth rate of 8.24% in the past decade, compared to global average of 4.1% in the same period; the country's patent authorizations have also spiked, accounting for 45% of the total patent applications in 2019. India now enjoys certain advantages in information technology, biomedicine, aerospace and energy sectors. It has participated in the global top-level governance and played a unique role in important global institutions. As the government attaches higher importance to STI and introduces more favorable policies, and India has established stable mechanisms on STI cooperation with other countries, there is enormous potential and space for Indian STI advances.

Keywords: India; R&D Spending and Output; STI; International Cooperation

* Gu Peng, Master, Associate Research Fellow, China Science and Technology Exchange Center; research interests: science management, policy research. Ye Han, Ph. D., Associate Research Fellow, Strategic Research Center of Oil and Gas Resources, MNR; research interests: oil and gas resources management, science and technology management research. Shan Zuhua, Ph. D. candidate, Central South University; research interests: science management and policy research. Bai Jie (corresponding author), Ph. D. in Management Science, Associate Research Fellow, General Office, Ministry of Science and Technology; research interests: S&T Policy.

Contents ↖↘

B.11 2021 STI Development Report of China   *Kang Qi* */ 241

Abstract: China climbed from 34th place in 2012 to 12th place in 2021 in the ranking of the Global Innovation Index. In the past three years, China has accelerated the implementation of innovation-driven development strategy, increased R&D investment, deepened the reform of scientific and technological system, and optimized the innovation ecosystem. A number of major achievements have been made. STI has provided strong support for economic development, social progress, improvement of people's livelihood and national security, and made important contributions to China's goal of building a moderately prosperous society in all respects. In the meantime, China will continue to integrate into the global innovation network, carry out cooperation in multiple directions with BRICS countries, and play its part in building a community with a shared future for mankind.

Keywords: China; STI; BRICS Countries

* Kang Qi, Ph. D. , Associate Research Fellow, Chinese Academy of Science and Technology for Development; research interests: national innovation system, S&T system reform, STI governance.

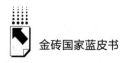
B.12 2021 STI Development Report of South Africa

Wang Tao, Pang Yu, Pan Xu, Liu Dun and Shen Long * / 262

Abstract: In recent years, South African government has promoted poverty reduction, employment and social equality, inclusive growth and sustainable economic and social development by enhancing STI capabilities and developing "digital economy" and "bioeconomy". The government has drafted strategies and plans to develop STI, and has made remarkable progress in such areas as astronomy, paleoanthropology, aerospace, biomedicine, and advanced manufacturing. At the same time, South African government attaches importance to international cooperation and attracts global talents. In particular, it has carried out a batch of visible cooperation projects with China and other BRICS countries.

Keywords: South Africa; Industrial Revolution; STI; BRICS Cooperation

* Wang Tao, MSc, Assistant Research Fellow, China Science and Technology Exchange Center; research interests: international S&T cooperation policy, S&T strategy of Hongkong, Macau and Taiwan. Pang Yu, Ph. D. , Associate Professor, National Center for Science and Technology Evaluation; research interests: science and technology management, science and technology evaluation. Pan Xu, Ph. D. , Associate Professor, Institute of Wetland Research, Chinese Academy of Forestry; research interests: wetland ecology. Liu Dun, Master, Hebei Provincial Department of Science and Technology, Principal Staff Member for International Cooperation. ; research interests: international STI cooperation and exchange. Shen Long (corresponding author), Minister Counsellor, Embassy of the People's Republic of China in the Republic of South Africa; research interests: S&T policy, S&T management.

权威报告·连续出版·独家资源

皮书数据库
ANNUAL REPORT(YEARBOOK)
DATABASE

分析解读当下中国发展变迁的高端智库平台

所获荣誉

- 2020年，入选全国新闻出版深度融合发展创新案例
- 2019年，入选国家新闻出版署数字出版精品遴选推荐计划
- 2016年，入选"十三五"国家重点电子出版物出版规划骨干工程
- 2013年，荣获"中国出版政府奖·网络出版物奖"提名奖
- 连续多年荣获中国数字出版博览会"数字出版·优秀品牌"奖

皮书数据库

"社科数托邦"
微信公众号

成为会员

　　登录网址www.pishu.com.cn访问皮书数据库网站或下载皮书数据库APP，通过手机号码验证或邮箱验证即可成为皮书数据库会员。

会员福利

- 已注册用户购书后可免费获赠100元皮书数据库充值卡。刮开充值卡涂层获取充值密码，登录并进入"会员中心"—"在线充值"—"充值卡充值"，充值成功即可购买和查看数据库内容。
- 会员福利最终解释权归社会科学文献出版社所有。

数据库服务热线：400-008-6695
数据库服务QQ：2475522410
数据库服务邮箱：database@ssap.cn
图书销售热线：010-59367070/7028
图书服务QQ：1265056568
图书服务邮箱：duzhe@ssap.cn

社会科学文献出版社 皮书系列
SOCIAL SCIENCES ACADEMIC PRESS (CHINA)

卡号：295583365815
密码：

S 基本子库
SUB DATABASE

中国社会发展数据库（下设 12 个专题子库）

紧扣人口、政治、外交、法律、教育、医疗卫生、资源环境等 12 个社会发展领域的前沿和热点，全面整合专业著作、智库报告、学术资讯、调研数据等类型资源，帮助用户追踪中国社会发展动态、研究社会发展战略与政策、了解社会热点问题、分析社会发展趋势。

中国经济发展数据库（下设 12 专题子库）

内容涵盖宏观经济、产业经济、工业经济、农业经济、财政金融、房地产经济、城市经济、商业贸易等 12 个重点经济领域，为把握经济运行态势、洞察经济发展规律、研判经济发展趋势、进行经济调控决策提供参考和依据。

中国行业发展数据库（下设 17 个专题子库）

以中国国民经济行业分类为依据，覆盖金融业、旅游业、交通运输业、能源矿产业、制造业等 100 多个行业，跟踪分析国民经济相关行业市场运行状况和政策导向，汇集行业发展前沿资讯，为投资、从业及各种经济决策提供理论支撑和实践指导。

中国区域发展数据库（下设 4 个专题子库）

对中国特定区域内的经济、社会、文化等领域现状与发展情况进行深度分析和预测，涉及省级行政区、城市群、城市、农村等不同维度，研究层级至县及县以下行政区，为学者研究地方经济社会宏观态势、经验模式、发展案例提供支撑，为地方政府决策提供参考。

中国文化传媒数据库（下设 18 个专题子库）

内容覆盖文化产业、新闻传播、电影娱乐、文学艺术、群众文化、图书情报等 18 个重点研究领域，聚焦文化传媒领域发展前沿、热点话题、行业实践，服务用户的教学科研、文化投资、企业规划等需要。

世界经济与国际关系数据库（下设 6 个专题子库）

整合世界经济、国际政治、世界文化与科技、全球性问题、国际组织与国际法、区域研究 6 大领域研究成果，对世界经济形势、国际形势进行连续性深度分析，对年度热点问题进行专题解读，为研判全球发展趋势提供事实和数据支持。

法律声明